国家出版基金项目
NATIONAL PUBLICATION FOUNDATION

国际语言学前沿丛书
Trends in Contemporary Linguistics

胡建华　主编

语法中的显著性与局部性

Wh疑问句与反身代词的句法和语义

胡建华　著
杨萌萌　译

上海教育出版社
SHANGHAI EDUCATIONAL
PUBLISHING HOUSE

国际语言学前沿丛书
Trends in Contemporary Linguistics

主　编　胡建华（中国社会科学院）

编　委
（按姓氏音序排列）

作 者 简 介

　　胡建华,语言学专业哲学博士,中国社会科学院语言研究所二级教授,广东外语外贸大学外国语言文学学科建设云山工作室首席专家,国务院政府特殊津贴专家,国家社会科学基金重大项目"儿童语言发展的行为学和脑机制研究及临床应用与数据库建设"首席专家。研究领域涉及理论语言学、句法学、语义学、儿童语言获得与认知发展、心理语言学、语用学、跨语言比较句法、上古汉语句法等。其论文刊于《中国语文》《外语教学与研究》《世界汉语教学》《当代语言学》《外国语》《现代外语》《语言教学与研究》《语言研究》《语言科学》《汉语学报》《外语研究》《外语学刊》《语言战略研究》《外国文学》《文化艺术研究》以及 *Nature Human Behaviour*、*Linguistics*、*The Linguistic Review*、*Journal of Pragmatics*、*Lingua* 等国内外学术期刊。最近出版的著作有:《形式句法研究——走向新描写主义》(商务印书馆,2024)、*Prominence and Locality in Grammar: The Syntax and Semantics of Wh-Questions and Reflexives* (Routledge, 2019)、*Interfaces in Grammar* [Hu Jianhua & Pan Haihua (eds.), John Benjamins, 2019]。

译 者 简 介

　　杨萌萌,博士,中国社会科学院语言研究所副研究员,哈佛燕京学社访问学者(Harvard-Yenching Institute Visiting Scholar, 2021—2022)。2011 年毕业于山东大学,获文学学士学位,同年进入中国社会科学院研究生院攻读硕士、博士学位,分别于 2014 年、2017 年获文学硕士、文学博士学位。2017 年起就职于中国社会科学院语言研究所,现任历史语言学研究一室副研究员。主要研究方向为句法学、语义学、上古汉语语法、历史语言学。其论文刊于《中国语文》《外语教学与研究》《当代语言学》《古汉语研究》《语言教学与研究》《语言研究》《外语学刊》《辞书研究》等学术期刊。2018 年获国际中国语言学学会青年学者奖(YSA)。

本书系国家社会科学基金重大项目"儿童语言发展的行为学和脑机制研究及临床应用与数据库建设"（项目批准号：23&ZD319）系列阶段性成果之一

走"兼通世界学术"之路

——"国际语言学前沿丛书"总序

胡建华

现代语言学,自改革开放以来,在我国已有了很大的发展。今日中国的现代语言学研究,大多借助国际上流行的某一语言学理论、方法或通用术语系统而展开。但是,这并不意味着我国的语言学研究已经可以构成或代表国际语言学主流。我们现有的一些所谓与国际"接轨"的研究,为国际主流语言学理论做"注解"的多,而真正能从根本上挑战国际主流学术观点的少;能提出既可以涵盖汉语语言事实,又能解释其他语言现象,并为国际语言学界所关注,进而跟随其后做进一步研究的理论框架的,则更少,或者竟至于无。在这种情况下,国内语言学界就会时不时地出现一种声音:国际语言学现有的理论和方法都不适合用来研究汉语,我们应该发展有本上特色的语言学;由于汉语与印欧语等世界其他语言有很大的不同,所以在印欧语等其他语言基础上建立起来的语言学理论自然无法用来描写、分析汉语。实际上,这种声音以及与之相类似的观点,不仅在语言学界经常浮现,而且在其他的研究领域历来也都有一定的市场。比如,针对中国的社会研究,以前也曾有过这样一些声音,对此,郭沫若曾经发表过以下意见:

只要是一个人体,他的发展,无论是红黄黑白,大抵相同。

由人所组成的社会也正是一样。

中国人有一句口头禅,说是"我们的国情不同"。这种民族的偏见差不多各个民族都有。

然而中国人不是神,也不是猴子,中国人所组成的社会不应该有什么不同。

我们的要求就是要用人的观点来观察中国的社会,但这必要的条件是需要我们跳出一切成见的圈子。①

郭沫若的这番话同样适用于中国语言学。语言学的研究对象是人类语言,汉语是人类语言的一种,人类语言的本质特性在汉语中也一样会有所体现。因此,只要跳出一切成见的圈子,也一样可以使用探索人类语言本质特性的理论、思想和方法来观察、描写、分析中国的语言。

改革开放四十多年来,国内语言学界经常纠结于借鉴国外语言学理论与创建本土特色理论的矛盾之中,而争论到最后往往变成理论"标签"之争,而非理论本身的实质性问题之争,更与具体问题解决与否,以及解决方案是否合理、是否符合科学精神,没有太大关系。科学理论的建设,最重要的是要讲可证伪性(falsifiability)和理论的一致性(consistency)。这两个特性决定了任何一种科学理论对真相的探索和认知永远都在路上。科学探索的目标当然是揭示自然事物或现象的真相,但科学理论的这两个特性决定了科学理论只能不断逼近真相,但却无法穷尽对真相的全部认知。因此,科学对真相的探索从来都是尝试性的,对很多问题的认知也仅是初步的或阶段性的,更具体、更深入的探索只能留待科学理论的进一步发展和进步。科学从不也绝不妄称自己掌握了事物的全部真相,只有巫术才会狂妄地宣称自己可以把握真相的整体或全部。不以可证伪性和理论的一致性来衡量学术研究,而偏执于中西理论站位之争,实际上就是不知道何为学术研究。这一点,王国维在一百多年前就讲过:"学之义不明于天下久矣。今之言学者,有新

———————

① 郭沫若,《自序》,载郭沫若著《中国古代社会研究》,商务印书馆,2011 年,第 3 页。

旧之争,有中西之争,有有用之学与无用之学之争。余正告天下曰:学无新旧也,无中西也,无有用无用也。凡立此名者,均不学之徒,即学焉而未尝知学者也。"①

王国维认为,那些以为西学会妨碍中学或中学会妨碍西学的顾虑,都是"不根之说"。他认为"中国今日实无学之患,而非中学、西学偏重之患"。对于有用之学与无用之学之争,王国维的观点是:"凡学皆无用也,皆有用也。"他指出,"物理、化学高深普遍之部"似乎看不到有什么用,但"天下之事物,非由全不足以知曲,非致曲不足以知全。虽一物之解释,一事之决断,非深知宇宙、人生之真相者不能为也"。因此,"事物无大小、无远近,苟思之得其真,纪之得其实,极其会归,皆有裨于人类之生存福祉。己不竟其绪,他人当能竟之;今不获其用,后世当能用之。此非苟且玩愒之徒所与知也。学问之所以为古今中西所崇敬者,实由于此"。②

学术之争仅在是非真伪,不在其他。这一点,王国维早在1905 年就已指出,他说:"学术之所争,只有是非、真伪之别耳。于是非、真伪之别外,而以国家、人种、宗教之见杂之,则以学术为一手段,而非以为一目的也。未有不视学术为一目的而能发达者。学术之发达,存于其独立而已。"③

对于新学旧学之争、中学西学之争、有用之学与无用之学之争,王国维在一百多年前,在当时国家各方面都非常落后的历史条件下,就具有如此清醒而到位的认识,令人钦佩! 对于以上诸问题,实际上,及至今日仍有不少学者都远达不到王国维当年的认识水平。王国维在《国学丛刊序》一文结尾时说,他上面讲的这些道

①　王国维,《国学丛刊序》,原刊于《国学丛刊》,1911 年 2 月;转引自谢维扬、房鑫亮主编《王国维全集》(第 14 卷),浙江教育出版社、广东教育出版社,2009 年,第 129 页。

②　王国维,《国学丛刊序》,原刊于《国学丛刊》,1911 年 2 月;转引自谢维扬、房鑫亮主编《王国维全集》(第 14 卷),浙江教育出版社、广东教育出版社,2009 年,第 131—132 页。

③　王国维,《论近年之学术界》,原刊于《教育世界》,1905 年第 93 号;转引自谢维扬、房鑫亮主编《王国维全集》(第 1 卷),浙江教育出版社、广东教育出版社,2009 年,第 125 页。

理,"其理至浅,其事至明。此在他国所不必言,而世之君子犹或疑之,不意至今日而犹使余为此哓哓也"①。一百多年过去了,王国维大概怎么也想不到,他所讲的这些至浅之理、至明之事,在现在这个人工智能正迅速发展的高科技时代,我们仍然需要继续"为此哓哓"。可见,消除固有的成见是一件多么不容易的事情。

在世人眼里,王国维是国学大师,也是"旧营垒"的学究,但实际上,他更是一位跨越古今中外、学术思想前进并具有科学精神的世界学者。郭沫若曾明白地指出,王国维的著作"外观虽然穿的是一件旧式的花衣补褂,然而所包含的却多是近代的科学内容"②。而梁启超则更是认为,王国维"在学问上的贡献,那是不为中国所有而是全世界的"③。

在中国近代学术史上,王国维所取得的学术成就、所做出的学术贡献少有人可比,正如郭沫若所盛赞的那样,"他遗留给我们的是他知识的产品",就"好像一座崔巍的楼阁,在几千年来的旧学的城垒上,灿然放出了一段异样的光辉"④。

王国维之所以能取得这样巨大的成就,与他以海纳百川的胸怀主动"兼通世界学术"是分不开的。王国维年轻时曾说,"异日发明光大我国之学术者,必在兼通世界学术之人,而不在一孔之陋儒"⑤。王国维的这段话指向一条发明光大我国学术的道路,而这条道路也正是王国维所坚持的治学之道。王国维的这段话曾极大

---

① 王国维,《国学丛刊序》,原刊于《国学丛刊》,1911年2月;转引自谢维扬、房鑫亮主编《王国维全集》(第14卷),浙江教育出版社、广东教育出版社,2009年,第132—133页。
② 郭沫若,《自序》,载郭沫若著《中国古代社会研究》,商务印书馆,2011年,第4页。
③ 梁启超,《王静安先生墓前悼词》,原刊于《国学月报》1927年第2卷第8、9、10号合刊;转引自谢维扬、房鑫亮主编《王国维全集》(第20卷),浙江教育出版社、广东教育出版社,2009年,第200页。
④ 郭沫若,《自序》,载郭沫若著《中国古代社会研究》,商务印书馆,2011年,第4页。
⑤ 王国维,《奏定经学科大学文学科大学章程书后》,原刊于《教育世界》,1906年第118—119号;转引自谢维扬、房鑫亮主编《王国维全集》(第14卷),浙江教育出版社、广东教育出版社,2009年,第36页。

地影响了毕业于清华的夏鼐。他把这段话用毛笔抄录在他的自存本《考古学论文集》的扉页背面,作为自勉的座右铭①。夏鼐之所以能够成为荣膺中外七个院士称号的一代学术大师,与他能够"兼通世界学术"不无关系。夏鼐是学术视野十分开阔的考古学家和历史学家,他"善于把多方面学问紧密地结合起来","具备优越的外国语文的条件,在与国外著名学者保持广泛联系的同时,经常涉猎大量新出版的外国书刊,因而通晓国际学术界的各种研究成果和学术动态,善于从世界范围和多学科角度考虑中国考古学问题,既能追求现代的国际水平,又能发掘中国固有的学术传统"②。

王国维那个时代的学者,对世界学术的了解和把握,对国外先进理论的追求,远超出现在一般学人的想象。王国维不仅熟读康德、叔本华、尼采,广泛涉猎西方逻辑学、心理学、教育学、伦理学、美学、文艺学等领域,还翻译过心理学、教育学、伦理学、动物学、世界图书馆史、法学、欧洲大学史等学术著作或教科书。更让许多人想不到的是,他甚至还认真研读过与他的学术专攻似乎没有什么直接关系的《资本论》。据王国维的学生姜亮夫回忆,他在清华国学研究院求学期间,曾于某日晚七时半去他的老师王国维家,请老师为他修改他给云南会馆出的一刊物填的一首词③。王国维为姜亮夫改词改了近两个小时,在他改词时,姜亮夫"侧坐藤制书架侧榻上","顺手翻看两本书,其中一本是德文版《资本论》,只见书里面用好几色打了记号"。姜亮夫回忆道:"静安先生看了看我说:'此书是十多年前读德国人作品时读的。'这事在我脑中印象很

---

① 姜波在《夏鼐先生的学术思想》(《华夏考古》2003 年第 1 期)一文中的注(第112 页)中提到:"1998 年,王世民先生在整理夏鼐文稿时,在夏鼐《考古学论文集》扉页背面上,发现了夏鼐用毛笔书写的一段话,全文如下:'王国维少年时曾说过:异日发明光大我国之学术者,必在兼通世界学术之人,而不在一孔之陋儒,固可决也。'"

② 王仲殊、王世民,《夏鼐先生的治学之路——纪念夏鼐先生诞生 90 周年》,刊于《考古》2000 年第 3 期,第 83 页。

③ 姜亮夫于 1926 年 10 月入清华国学研究院求学,王国维 1927 年 6 月 2 日于颐和园昆明湖自沉,因此姜亮夫很有可能是在 1927 年 6 月前的某天去的王国维家。

深，我当时感到先生不仅学问广博，而且思想也是非常前进。"①

王元化的《思辨录》中有一篇题目为《王国维读〈资本论〉》的文章，对王国维读《资本论》这件事发表了以下看法：

读傅杰为《集林》组来的姜亮夫文稿，发现姜 20 年代在清华读国学研究院时，有时在课后去王国维家，向王问学。他曾在王的书案上，见有德文本的《资本论》。陈寅恪在国外留学时也于 20 年代初读过《资本论》。这些被目为学究的老先生，其实读书面极广，并非如有些人所想象的那样。40 年代我在北平汪公岩老先生家，就看到书架上有不少水沫书店刊印的马列主义文艺理论中译本，那时，他已近 80 岁了。光绪年间，汪先生以第一名考入广雅书院，是朱鼎甫的高足。晚清他从广雅书院毕业出来后，教授过自然科学，还做过溥仪的化学老师。那时的学人阅读面极广，反而是后来的学人，各有所专，阅读也就偏于一隅，知今者多不知古，知中者多不知外。于是由"通才"一变而为鲁迅所谓的"专家者多悖"了。②

据陆晓光考证，王国维读《资本论》的时间应该是在 1901 年至 1907 年他集中精力"读德国人作品"的那五六年间，与姜亮夫去清华园王国维家中请教的 1926 年或 1927 年相距并非是"十多年"，而是二十多年③。因此，王国维读《资本论》的时间不仅比 1928 年郭大力、王亚南翻译《资本论》早了至少二十年，也比李大钊在日本留学期间读日语翻译本《资本论》早了约十年④，甚至比陈寅恪

---

① 姜亮夫，《忆清华国学研究院》，载王元化主编《学术集林》（卷一），上海远东出版社，1994 年，第 242 页。另，"静安"是王国维的字。

② 王元化，《王国维读〈资本论〉》（1994 年），载王元化著《思辨录》，华东师范大学出版社，2017 年，第 242 页。

③ 陆晓光认为姜亮夫的叙述当有语误（陆晓光，《王国维读〈资本论〉年份辨》，原刊于 2011 年 6 月 13 日《文汇报·文汇学人》专版；转引自陆晓光著《王元化人文研思录》，华东师范大学出版社，2015 年，第 415 页）。

④ 陆晓光，《王国维读〈资本论〉年份辨》，原刊于 2011 年 6 月 13 日《文汇报·文汇学人》专版；转引自陆晓光著《王元化人文研思录》，华东师范大学出版社，2015 年，第 415 页。

在 1911 年读《资本论》还要早几年①。据此来看,王国维很可能是目前所知中国第一个读《资本论》的人。

王国维在马克思主义尚未在中国广泛传播之前就已经认真研读过德文版《资本论》这件事,值得我们反思。王国维、陈寅恪这些"被目为学究的老先生",之所以"读书面极广",归根结底是因为他们是具有终极关怀精神的学者。他们做学问不是为稻粱谋,而是为"深知宇宙人生之真相"。今日之中国,现代学术的发展和进步十分迅速,相关研究也取得了巨大的成果,这自然与学术研究的高度专门化不无关系。但另一方面,也正如王元化所言,过度专门化的后果就是,学者的阅读"偏于一隅,知今者多不知古,知中者多不知外",从而使学术视野受到了一定程度的限制,因此也很难产生具有独立精神的自由之思想,无法形成中国学术的"思想市场"②。

要建立中国学术的"思想市场",就需要有更多的学术研究者秉承终极关怀之精神,从而对"宇宙人生之真相"深入地感兴趣;而从事具体的学术研究,则需要从根本上破除狭隘的门户之见,不囿于学科限制,不被各种偏见所束缚,以开放的姿态批判性地吸收人类思想中一切有价值的东西。郭沫若曾指出,即便是国学,也一样需要放到更为广阔的范围内,以开放的学术视野进行研究,因为只有"跳出了'国学'的范围,然后才能认清所谓国学的真相"③。他还指出,如果有一些研究,"外国学者已经替我们把路径开辟了,我们接手过来,正好是事半功倍"④。显然,这些道理同样适用于

---

① 陈寅恪在《对科学院的答复》(陈寅恪口述,汪篯记录,1953 年 12 月 1 日;载《陈寅恪集·讲义及杂稿》,生活·读书·新知三联书店,2009 年第 2 版,第 464 页)中提到,他"在宣统三年时就在瑞士读过《资本论》原文"。因此,陈寅恪读《资本论》的时间是 1911 年。

② "思想市场"(the market for ideas)是 1991 年诺贝尔经济学奖获得者罗纳德·哈里·科斯(Ronald H. Coase)使用的一个术语,参看罗纳德·哈里·科斯的论文"The market for goods and the market for ideas",刊于 *American Economic Review*(Vol. 64,No. 2,1974,pp. 384 − 391),以及罗纳德·哈里·科斯、王宁著,徐尧、李哲民译《变革中国:市场经济的中国之路》,中信出版社,2013 年。

③ 郭沫若,《自序》,载郭沫若著《中国古代社会研究》,商务印书馆,2011 年,第 5 页。

④ 郭沫若,《自序》,载郭沫若著《中国古代社会研究》,商务印书馆,2011 年,第 6 页。

中国语言学研究。研究汉语,也需要跳出汉语的范围,在世界语言的范围内,从人类语言的角度对相关问题做深入的思考。对于汉语研究中的具体问题,如果海外学者已经开辟了路径,我们同样没有理由置之不理,以闭门造车的态度和方式从头做起。

改革开放四十多年来,中国语言学不断走向世界,虽然取得了很大的成绩,但也不可避免地存在一些问题。这些问题的总体表现,就是"在学术命题、学术思想、学术观点、学术标准、学术话语上的能力和水平同我国综合国力和国际地位还不太相称"①。中国语言学要解决这些问题,就必须立足于中国语言学研究之实际,继续以开放的心态去审视、借鉴国际语言学前沿理论,坚持走"兼通世界学术"之路。若是以封闭的心态搞研究,关起门来"自娱自乐",则根本没有出路。

上海教育出版社策划出版"国际语言学前沿丛书",就是希望以"开窗放入大江来"的姿态,继续鼓励"兼通世界学术"之研究,通过出版国际语言学前沿论题探索、前沿研究综述以及前沿学术翻译等论著,为国内学者搭建一个探讨国际语言学前沿论题和理论的学术平台,以发展中国语言学的"思想市场",从而不断推动我国语言学科学研究的深入和发展。

王国维曾在《哲学辨惑》一文中写道:"异日昌大吾国固有之哲学者,必在深通西洋哲学之人无疑也。"②我们认为王国维的话同样适用于中国语言学。中国语言学的发明光大,一定离不开对国际语言学的深入了解;而异日发明光大我国之语言学者,一定是既能发扬我国学术传统,又能"兼通世界学术"并善于从人类语言的本质特性和多学科的角度深入探究中国语言学问题之人。

2021 年 6 月 21 日于北京通州

---

① 习近平,《在哲学社会科学工作座谈会上的讲话》,人民出版社,2016 年,第 15 页。

② 王国维,《哲学辨惑》,原刊于《教育世界》55 号,1903 年 7 月;转引自谢维扬、房鑫亮主编《王国维全集》(第 14 卷),浙江教育出版社、广东教育出版社,2009 年,第 9 页。

科学始于假设

——中译本序

科学的语言研究，总是理论先行的。语言学家提出科学假设（即理论），然后用经验数据去检验自己提出的假设。科学研究的过程，就是提出假设，用经验数据检验假设，然后再根据检验结果修正假设，然后再进行检验，然后再进行修正的过程。这一过程可以不断循环往复，以致永无止境。

科学的进步从来都是科学假设推动的。科学假设可以在不同的水平上做出。科学研究水平的高低，在某种程度上也与做出何等水平的假设有关。科学假设可以面向非常抽象的问题，就如同哥白尼、伽利略、牛顿、爱因斯坦等科学家所做出的那些大的科学假设那样。这些科学巨人所做出的假设是如此抽象，以致远离了我们的实际生活经验，完全超出平常人的想象。

当然，科学假设也可以面向一些具体的问题，针对具体问题提出具有实践意义的工作假设。人与动物的区别不仅在于只有人会说话，也在于只有人才能提出超出自己生活经验的假设。提出超出自己生活经验的假设，或许也可以看作是人的一种本能。现在势头正盛的大语言模型，与人类语言能力的根本区别，在我看来，就在于大语言模型不具备提出超出自己生活经验的假设的能力。当然，大语言模型也没有实际生活经验，它只有海量的数据。

《语法中的显著性与局部性：Wh 疑问句与反身代词的句法和语义》这本书要解决的是 Wh 疑问句的推导和解读以及反身代词约束中的一些具体问题，而要解决这些问题，就要提出一些尝试性的工作假设。提出了工作假设，就要用经验数据进行检验；检验之后,就会发现原先提出的假设总有一些不周之处,于是就要修正。修正之后,还要再用经验数据进行检验;检验过后,还要再修正。如此一来,这条路走着走着就没了尽头,而这正是我写这本书、研究书中议题时的感觉。书写完了,研究却感觉还远没有做完,所得到的自然也不会是最终答案。

杨萌萌博士翻译这本书时,也走进了这一循环圈:书翻译完了,语句修改,文字润色,却没了个完。英文与中文,这两种语言的表达方式自然有很大的不同。翻译时如何既忠实原文,又避免翻译腔,对于中英文功底俱佳的她来说,原来也不是一件很容易的事。

胡建华

于广东外语外贸大学白云山校区

2024 年冬

献给先慈安郁兰

目　　录

第二部分 反 身 代 词

前　　言

　　本书从句法—语义接口（syntax-semantics interface）的视角挑战当前关于 Wh 疑问句（wh-question）和反身代词（reflexive）分析的共识；在整合对语言知识不同层面之间交互作用（interaction）的分析的基础上，提出一个综合的分析方案。本书认为，Wh 疑问句和反身代词的推导（derivation）与解读（interpretation），本质上并不是纯句法的问题，而是由在句法—语义接口层面运作的原则所调控。书中提出了两项揭示人类语言知识和认知知识的普遍原则：一是局部性原则（Principle of Locality），二是显著性原则（Principle of Prominence）。以往关于 Wh 疑问句和反身代词的研究高度重视局部性（locality）在语法中所起的作用而较少关注显著性（prominence）在自然语言语法系统中的作用。本项研究的目的是指明显著性同样在语法中起着至关重要的作用，而且在汉语语法中，显著性的作用实际上甚至比局部性的作用更为重要。

　　如果从近距条件（Closeness Condition）或最小连接条件（Minimal Link Condition）的角度看待局部性，局部性原则基本上是一项句法条件。而显著性原则，则涉及语义、语用、认知层面的多种因素，同时或也涉及成分统制（c-command）这一句法层面的概念。虽然这两个原则是针对两个不同的研究领域（即句法、语义）而提出的，但在具体语言表达式的实际推导和解读中，涉及局部性和显著性的因素却往往是相互关联、相互作用的。例如，在本书第二部分关于反身代词的研究中，显著性在定义反身代词约束的局部域（local domain）时起着主导作用，而局部性则被视为一种显著性条件。

本书开展的研究在某种意义上是描写性的,重点致力于对调控语言结构、表达式推导和解读的显著性与局部性之间的复杂交互作用进行细颗粒度的(fine-grained)描写与刻画。然而,本书所做的描写绝非传统描写语言学(Descriptive Linguistics)的延续,而是遵循普遍语法(Universal Grammar,UG)的基本科学假设和生成语言学(Generative Linguistics)的精神进行的描写。本书旨在秉承新描写主义(New Descriptivism)(胡建华 2006,2009,2018)的精神,以一套在句法—语义接口层面发展出的理论工具和描写工具,对人类语言知识与认知的机制和制约条件进行深度的描写。

本书包括两个部分。第一部分研究 Wh 疑问句,第二部分考察反身代词。这两部分研究的目的是指明,尽管 Wh 疑问句与反身代词分属于两个不同的研究领域,但二者的推导和解读均受到语法中显著性与局部性之间复杂交互作用的制约。本书提出:局部性负责保证显著的(prominent)Wh 词优先进行 Wh 移位(wh-movement),从而保证多重 Wh 疑问句(multiple wh-question)推导出成对解读(pair-list reading)①;而显著性负责定义自然语言中反身代词的约束域(binding domain)。

本书第一部分重点讨论汉语与英语中的 Wh 疑问结构如何推导以及 Wh 成分如何解读。本书指出,Wh 疑问句的推导和解读受制于一些基于经济性考量的条件,确切地说,即唯标句条件(Pure Clausal Typing Condition,PCTC)和经济原则(Principle of Economy,PE),二者均融合了上文提及的两个因素:显著性和局部性。唯标句条件是一项建立于近距(closeness)概念之上的纯局部性条件,根据这一条件,一个句子倾向于被最近的 Wh 短语标注句类。经济原则涉及显著性与局部性之间的交互作用,根据经济

---

① 对于多重 Wh 疑问句而言,成对解读是默认解读、最经济的解读。成对解读要求对相关多重 Wh 疑问句做出配对式的回答并且穷尽性地答出每一组配对。例如,对于成对解读下的英语多重疑问句"Who bought what?",正确的回答是像"John bought a book,Mary bought a pen,... and Bill bought a bag."这样的成对回答。——译者注(以下脚注均为译者注)

原则,在多重 Wh 疑问句中,更靠近句子左缘(left periphery)的 Wh 短语通常应首先移位至[Spec,CP]位置,这不仅是因为相关移位是局部性条件优先选择的,而且因为这个 Wh 短语在显著性等级(Prominence Hierarchy)中是显著的[只有一个显著的 Wh 短语才能够允准(license)其后的 Wh 短语,从而得出成对解读]。

　　本书还讨论英语与汉语中的 Wh 孤岛效应(wh-island effect)。不同于文献中既有的说法,本书指出英语中所谓的 Wh 孤岛效应在汉语中也有所体现,并以唯标句条件和经济原则解释为什么自然语言中存在孤岛效应。这一部分还讨论汉语的 A-not-A 问句以及“为什么”(‘why’)与其他 Wh 词的不对称(asymmetry),并指出当“为什么”或 A-not-A 成分出现在强孤岛(strong island)中时,它们是不能取宽域(wide scope)的,因为它们无法通过一致操作(Agree operation)或选择函项(choice function)与相关的 C 一起解读。

　　本书第二部分对汉语中的非对比性复合反身代词(noncontrastive compound reflexive)和光杆反身代词(bare reflexive)做出了统一的解释,指出二者同受本书提出的反身代词约束条件(reflexive binding condition)制约,只是它们在定义最显著 NP(the most prominent NP)进而确定其约束域方面有所不同。基于黄正德、汤志真(Huang & Tang 1991)提出的假设,本书根据“自己”既缺乏 φ 特征(phi-feature;φ-feature)又缺乏指称特征(referential feature),推导出“自己”的长距离约束[long-distance(LD)binding]特性[①],并指出其与汉语复合反身代词受同样的约束条件制约。本书运用特征搜索引擎(feature search engine)来定义反身代词的约束域,提出复合反身代词和光杆反身代词的约束域都是由与相关搜索引擎选定的最显著 NP 关联的候选项集合(candidate set)来确定的。

xi

---

　　①　即:“自己”之所以可以被长距离约束,是因为它既缺乏 φ 特征,又缺乏指称特征。

根据本书提出的分析,复合反身代词因仅缺乏指称特征,故依靠指称特征搜索引擎(referential feature search engine)来确定约束域;而光杆反身代词"自己"则使用指称特征搜索引擎和 φ 特征搜索引擎(phi-feature search engine)来确定约束域,因为"自己"不同于"他自己"这样的复合反身代词,它既缺乏指称特征,又缺乏 φ 特征。因此,"自己"的约束域就是由两个候选项集合的并集(union)定义的,这两个候选项集合分别关联两套搜索引擎所选出的两个最显著 NP。一旦反身代词的约束域被定义,若它在所定义的约束域之外受约束,则产生阻断效应(blocking effect)。

本书指出,显著性和局部性是语法中最为重要的两个因素,不仅可以解释 Wh 疑问句的解读,而且可以解释反身代词的解读。

致　谢

　　我对语法中显著性与局部性的研究,受到潘海华教授、徐烈炯教授、李行德教授的极大影响。我非常感激我的博士论文导师潘海华教授,他将我引入显著性这一议题的研究,并通过多年来无数次的讨论,使我深入探究语法中显著性与局部性之间的复杂交互作用。他大有见地的观察、深中肯綮的意见、鞭辟入里的批评,帮助我进一步认识了本书所讨论的问题。

　　与徐烈炯教授讨论显著性在语法中所起的作用,让我受益匪浅,他在许多具体的方面启发了本书中所提出的分析,书中每个部分都能见到他的影响。我也要借此机会向李行德教授谨致谢忱,我一直深受他的启迪和鼓舞。我十分感激他让我从儿童语言获得的视角领悟语言学理论的本质。他的语言学真知与灼见,以及他的哲学思考,对我研究显著性与局部性之间的关系产生了巨大的影响。

　　我要感谢本书所属专著系列①的主编张洪明教授,如果没有他的鼓励、体谅、耐心,本书大概不可能完成。感谢劳特利奇出版社编辑克莱尔·马杰里森(Claire Margerison)女士的鼎力相助和专业建议。特别感谢坎迪丝·罗玛(Candice Roma)女士出色的编校工作。我还要借此机会向本书的两位匿名审稿人致谢,感谢他们提出的有益建议和建设性意见。

　　我在中国社会科学院研究生院语言学系教授"语言接口研

---

　　①　本书所属专著系列为 Routledge Studies in Chinese Linguistics("劳特利奇汉语语言学研究")。

究"这门课程时，以本书的初稿作为教科书，我的学生隋娜、郭秀丽、朱佳蕾、彭鹭鹭、杨萌萌、王蕾、刘小兰、葛成章、杨梦琦、吴李玲提出的问题和给出的反馈，也对本书助益很大。特别感谢王蕾从头到尾梳理书稿并帮助我进行编辑，感谢刘小兰、葛成章、杨梦琦编制索引、校对校样。我要感谢杨萌萌，她看出了书稿中的很多错误并在校样中做了校正。

感谢中国社会科学院语言研究所的同事在学术上对我的支持。本书的部分准备工作得到国家社会科学基金重点项目"论元选择中的显著性和局部性研究"（项目批准号：14AYY016）、中国社会科学院学科建设"登峰战略"资助计划"心理语言学——语言的获得与发展"特殊学科以及中国社会科学院—匈牙利科学院国际合作项目"论元结构与事件结构研究"的支持。

我亦想借此机会感谢中国语言学书院创建成员李行德、李亚非、刘丹青、潘海华、张洪明、周洪波，感谢他们的建议、鼓励和支持。

本书源于我 2002 年提交给香港城市大学的博士论文。书中提出的分析基本上保留了博士论文所呈现的样貌，只是改正了一些排印错误，补充了一些文字，并且对部分文句重新措辞，以便更清楚地阐述本书的观点。我特别感谢香港城市大学中文、翻译及语言学系，研究生院，以及人文社会科学院研究经费的支持。能够与徐赳赳、刘丹青、花东帆、李宝伦、胡方、胡钦谙、沈园、吴青、黄成龙、西田文信、王凌、何启森、张万民、王海颖一起在香港城市大学从事学术研究，我倍感幸运。徐赳赳和李宝伦总是愿意给我很多帮助。与花东帆的讨论，使我进入 Wh 量化这一研究领域，我对 Wh 疑问句的很多想法就是我们在又一城的 Dan Ryan 餐厅边喝啤酒边讨论时产生的。我特别感谢西田文信，他提供了对日语语料的母语者语感判断，对我匡助良多。

我特别感念我在山东大学的老师、硕士研究生导师李延福教授，是他将我引向形式语言学研究，也从总体上改变了我看待语言学问题的方式。如果没有他,我不可能成为一名语言学学者。

最后,我想表达我对父母、弟弟、妻子、儿子最深切的爱。我非常感激他们的鼓励和始终如一的支持。

谨以此书献给先慈。她于 2014 年辞世。母亲对我的影响在于很多方面。她教会我所有,包括对知识和教育的态度、思考和论理的方式,以及关于生活的哲理。她的爱和鼓励不仅给予我完成这项研究的信心,更帮助我懂得人生的意义。

缩 略 语 表

A   accusative case 宾格

AGR   agreement 一致关系

AH   animacy hierarchy 生命度等级

ASP   aspect marker 体貌标记

AUX   auxiliary 助动词

BA   *ba* marker（preverbal object marker）
                 "把"（动前宾语标记）

BEI   *bei* marker（passive marker in Chinese）
                 "被"（汉语被动标记）

C   complementizer 标句词

CFC   complete functional complex 完整功能复合体

CH   closeness hierarchy 近距等级

CL   classifier 分类词

CP   complementizer phrase 标句词短语

CTC   C Typing Condition 标句条件

D   determiner 限定词

DE   modifier marker or postverbal complement marker
                 修饰语标记或动后补足语标记

DP   determiner phrase 限定词短语

ECP   empty category principle 空语类原则

EH   empathy hierarchy 移情等级

F   focus 焦点

FM   focus marker 焦点标记

G	genitive case	属格
GB	government and binding	管辖与约束
GC	governing category	管辖语域
GFH	grammatical function hierarchy	语法功能等级
INFL	inflection	屈折
IP	inflection phrase	屈折短语
LD	long-distance	长距离
LF	logical form	逻辑式
MLC	Minimal Link Condition	最小连接条件
N	nominative case	主格
OBJ	object	宾语
Op	operator	算子
OT	Optimal Theory	优选论
P	past tense	过去时
PCA	prominence computing algorithm	显著性算法
PCTC	Pure Clausal Typing Condition	唯标句条件
PE	Principle of Economy	经济原则
PH	person hierarchy	人称等级
PMC	Principle of Minimal Compliance	最简依从原则
PR	prominence ranking	显著性等级排序
Q-p	question particle	疑问助词
QP	quantifier phrase	量化短语
R	Referential independence	指称独立性
RBC	reflexive binding condition	反身代词约束条件
SFP	sentence-final particle	句末语气词
SH	structural hierarchy	结构等级
SHI . . . DE	*shi . . . de* construction	"是……的"结构
SPH	syntactic prominence hierarchy 句法显著性等级	

xv

SUBJ   subject   主语

Top   topic marker   话题标记

UG   Universal Grammar   普遍语法

1

引 言

　　根据乔姆斯基（Chomsky 1981）的观点，反身代词（reflexive）与其先行语（antecedent）之间的关系是由局部性条件（locality condition）和句法显著性条件（syntactic prominence condition）刻画的。局部性（locality）根据管辖语域（governing category，GC）来定义，而句法显著性（syntactic prominence）由成分统制（c-command）概念来定义（参看：Baker 1995；Pan 1998）。在对汉语复合反身代词（compound reflexive）的研究中，潘海华（Pan 1998）发现汉语对其反身代词有不同的显著性（prominence）定义，且在汉语中，局部性实际上是一个相对的条件，而非绝对的条件。潘海华非常令人信服地指出，汉语使用生命度等级（animacy hierarchy）而非成分统制来定义显著性条件（prominence condition），并且汉语中的局部性由近距条件（closeness condition）调控。徐烈炯（1999）强调显著性与局部性之间的交互作用在反身代词解读中的重要性。他提出，显著性指的是可依存性（dependability），而局部性则是一种可及性（availability），不同的语言可对显著性和局部性有不同的定义[1]。徐烈炯、李行德（Xu & Lee 1989）考察了显著性在确定辖域（scope）方面的作用。他们发现，辖域的划取受到题元等级（thematic hierarchy）的调控。布雷斯南（Bresnan 2001）也讨论了显著性与局部性之间的交互作用，认为其交互作用可衍生出代词约束的不同可能。受上述关于显著性和局部性的观点启发，本项研究探讨显著性和局部性在语法中所起的作用。本书的基本思想是，显著性与局部性会交互作用，以决定语言的推导（derivation）和解读（interpretation）。假定语法系统中有如下两个总原则在运作：

> （1）显著性原则（Principle of Prominence）
> 　　在句法推导和解读中，更加显著的（prominent）成分优先于不够显著的成分。
> （2）局部性原则（Principle of Locality）
> 　　在句法推导和解读中，更加近距的（close）成分优先于不够近距的成分。

2　　　上述两个原则非常简洁，因为它们只是两个总体性的原则。然而，实际涉及的情况却可能相当复杂。设想显著的成分不那么近距，近距的成分不那么显著，由此便造成语言差异（linguistic variation）。如果从跨语言的角度看，情况会更加复杂，因为不同的语言可能对显著性有不同的定义，尽管若是从近距条件（参看：Pan 1998）或最小连接条件（Minimal Link Condition）（Chomsky 1995）的角度看待局部性，不同的语言或对局部性采取相同的定义[2]。也就是说，在一个语言中显著的成分，可能在另一个语言中就不是显著的。如果确实是这样，那么，若能证明语言之间的部分差异可以归结为显著性概念的参数化（parameterization），这将具有重大意义。

　　　　本项研究旨在探究显著性与局部性之间的交互作用如何解释语言解读背后的一些基本限制。具体而言，本书考察显著性与局部性之间的交互作用如何决定 Wh 疑问句（wh-question）和反身代词的解读。本书指出，在多重 Wh 疑问句中，局部性用来保证显著的 Wh 词优先进行 Wh 移位（wh-movement），从而推导出成对解读（pair-list reading）；而在反身代词约束中，由显著性概念定义反身代词的约束域（binding domain）。

　　　　本书包括两个部分。第一部分研究 Wh 疑问句的句法和语义。这一部分指出，虽然汉语和英语采用不同的策略来标注 Wh

疑问句,但 Wh 词的解读基本上是受同一套条件的制约。本书发现,在多重 Wh 疑问句中,更加显著的 Wh 词倾向于位于不够显著的 Wh 词之前,因为多重 Wh 疑问句中的 Wh 词倾向于在成对解读中被解读,而只有通过能够充当集合生成器(set generator)的显著的 Wh 词,才能推导出成对解读。本书区分标句条件(clausal typing condition)与 Wh 解读条件(wh-interpretation condition),并提出 Wh 疑问句必须据以下条件被恰当标注句类。

(3)唯标句条件(Pure Clausal Typing Condition, PCTC)

    a. 对于 Wh 提升(wh-raising)语言,一个句子被标注为 Wh 疑问句,当且仅当其中一个 Wh 词通过不跨越任何强孤岛(strong island)的循环移位(cyclic movement)显性移位至[Spec, CP]。

    b. 对于疑问助词(Q-particle)语言,一个句子被标注为 Wh 疑问句,当且仅当其中一个 Wh 词通过一致操作(Agree operation)或选择函项应用(choice function application)而与离它最近的 $C_{[+Q]}$ 一起解读。

除了必须被标注句类,Wh 疑问句还需要被恰当解读。本书指出,Wh 解读受经济原则(Principle of Economy)制约,经济原则规定句法中的 Wh 解读优先于语义中的 Wh 解读[参看罗伊兰(Reuland 2001)解释照应语约束(anaphoric binding)的类似观点]。本书指明,语法系统运用经济原则,实际上是要将多重 Wh 疑问句中更加显著的 Wh 置于不够显著的 Wh 词之前,从而恰当地推导出成对解读。在例句(4)中,Wh 宾语(wh-object)之所以在句法推导中不能越过 Wh 主语(wh-subject)而移位,就是因为 Wh 宾语不如 Wh 主语显著,因而无法令 Wh 主语得到成对解读。

(4) *What did who buy?

(5) ?Which book did how many people buy?

(Comorovski 1996:85)

然而,如果相关的 Wh 宾语是一个天然话语连接的(D-linked) which 短语,它就可以越过 Wh 主语进行移位,如(5)所示,因为话语连接的 which 短语在话语(discourse)中是显著的,因此可以令它成分统制的 Wh 主语得到成对解读。

本书还讨论汉语的 A-not-A 问句,以及"为什么"('why')[①]与其他 Wh 词之间的不对称(asymmetry)。根据黄正德(Huang 1991)和石定栩(Shi 1994)提出的分析,本书认为 A-not-A 成分是通过疑问算子(Q operator)并入(incorporate)至屈折(Inflection,通常简称为 INFL)成分而形成的;并指出:当 A-not-A 成分出现在强孤岛中时,句子不合法,这是因为如果 A-not-A 成分关联主句的(matrix)疑问算子,就会违反唯标句条件。本书提出,当 Wh 成分出现在强孤岛中时,无论是在显性句法(overt syntax)层面还是逻辑式(Logic Form,LF)层面,它都无法移出孤岛;本书认为,处于强孤岛中的"为什么"不能取主句辖域,因为它不能指涉(range over)一个由离散的个体成员组成的集合[②],因而无法通过选择函项应用进行解读(当然,处于孤岛中的 Wh 词也无法通过本书提出的一致操作进行解读)。如此一来,"为什么"出现在强孤岛中时,是得

---

① 注意,此处的"为什么"特指相当于英语 *why* 的"为什么"。汉语中的"为什么"分为两种:一种是询问原因,相当于英语 *why* 的"**为**什么",重音落在"为"上;另一种是询问目的(进而可大致理解为询问理由或原由,乃至原因之意;目的、理由/原由、原因,大致形成一个由实到虚的连续统,为了体现这一连续统,在翻译相应内容时仍使用"原由",而不使用推荐词形"缘由"),可以翻译为 *for what* 的"为**什么**",重音落在"什么"上,也可以替换为"为(了)什么"。"**为**什么"与"为**什么**"的句法表现、句法限制具有明显的差异,必须加以区分。详见 2.2.1 节。

② 相当于英语 *why* 的"为什么"用以询问原因,而原因不是一个个离散的个体。可对比"谁"或"哪里":"谁"询问人,指涉一个由离散的指人的个体成员组成的集合,如{张三,爸爸,老师,……};"哪里"询问地点,指涉一个由离散的指称地点的个体成员组成的集合,比如{家里,门口,桌子上,……}。

不到解读的。本书还讨论英语与汉语中的 Wh 孤岛效应（wh-island effect）。不同于文献中既有的说法，本书指出英语中所谓的 Wh 孤岛效应在汉语中也有所体现，并以唯标句条件和经济原则解释为什么自然语言中存在孤岛效应。借助于区分回声问句（echo question）与直接问句（original question）的四项标准，本书提出，之所以会有汉语中不存在 Wh 孤岛效应的印象，其原因是回声问句常常被错误地当作直接问句，因为汉语回声问句与直接问句之间的区别并不反映在语序上（参看：Xu 1990；Liu 1986）。

　　本书第二部分展示显著性与局部性之间的交互作用如何解释汉语反身代词的约束特性。基于黄正德、汤志真（Huang & Tang 1991）所持的假设，本书根据"自己"既缺乏 φ 特征（phi-feature；φ-feature）又缺乏指称特征（referential feature），推导出"自己"的长距离约束[long-distance（LD）binding]特性，并指出"自己"与汉语复合反身代词受同样的约束条件制约，如下所示：

　　（6）反身代词约束条件（Reflexive Binding Condition，RBC）

　　　　a. 一个反身代词可在其约束域（binding domain）内受一个可及的（accessible）显著 NP（prominent NP）约束。

　　　　b. 反身代词的约束域为包含候选项集合（candidate set）中所有成员以及该反身代词的最小完整功能复合体（complete functional complex，CFC）。

　　　　c. A 约束 B，当且仅当 A 与 B 同标（co-indexed）且 A 与 B 的 φ 特征相匹配。

　　　　d. A 对于 B 是可及的，当且仅当 A 的标引（index）指派给 B 时不违反 *[$_\gamma$... δ ...]，其中 γ 和 δ 具有相同的标引。

　　本书提出，解释汉语反身代词约束的关键概念是显著性，反身代词的约束域实际上是由显著性概念确定的。本书运用特征搜索引擎(feature search engine)——指称特征搜索引擎(referential feature search engine)和 φ 特征搜索引擎(phi-feature search engine),搜索候选项以及最显著 NP(the most prominent NP),进而定义反身代词的约束域。一旦找到最显著 NP,搜索引擎便停止搜索并产生一个候选项集合。正是这一候选项集合定义了反身代词的约束域。一旦反身代词的约束域被定义,反身代词就不能被约束域之外的先行语约束。基于黄正德、汤志真(Huang & Tang 1991)的分析,本书指出光杆反身代词(bare reflexive)"自己"与"他自己"的不同之处在于,"自己"既缺乏指称特征,又缺乏 φ 特征,故必须依靠上述两套特征搜索引擎来定义候选项集合及最显著 NP①。由于"自己"使用两套特征搜索引擎,因此"自己"的约束域是由两个候选项集合的并集(union)定义的,这两个候选项集合由两套搜索引擎所选出的两个最显著 NP 分别确定。如果"自己"在上述定义的约束域之外受约束,就会产生阻断效应(blocking effect)。本研究提出,由关联最显著 NP 的候选项集合所定义的约束域,与管辖语域相似。管辖语域同样是根据显著性概念定义的[即其定义中的"主语"(subject/SUBJECT)概念]②。

综上所述,显著性与局部性之间往往相互联系、相互作用,是自然语言语法中最为重要的两个因素。二者的交互作用可以解释汉语和英语中 Wh 疑问句的解读和反身代词的解读。

---

① 相关英文原文为"... and thus must depend on two feature search engines for defining the candidate set and the most prominent NP(s)"。"the most prominent NP(s)"所表达的意思是,由于同时使用两套特征搜索引擎,故找出的最显著 NP 可能是一个,也可能不止一个。

② 管辖语域(governing category)的传统定义中涉及"SUBJECT",如下所示:β is a *governing category* for α if and only if β is the minimal category containing α, a governor of α, and a SUBJECT accessible to α. [引自乔姆斯基(Chomsky 1981:211),另参看本书3.3.5节]。本书认为,如何定义、如何确定 SUBJECT,就需要用到显著性概念,在此基础上才能定义管辖语域。因此,显著性概念对于定义管辖语域而言至关重要。

注 释

　　1　徐烈炯(个人交流)同时也指出,在一个语言中被局部性条件严格制约的,可能在另一个语言中就不受限制;在一个语言中不受局部性条件限制的,可能在另一个语言中就被严格制约：这些情况在理论上和经验上都是可能的。

　　2　如果从局部域(local domain)的角度看待局部性,情况则有所不同,因为局部域的定义或取决于显著性的定义。

第一部分

Wh 疑问句

2

Wh 疑问句的句法和语义

引论

尽管英语和汉语使用不同的策略来标注 Wh 疑问句(Cheng 1991,1997),因而在句法 Wh 移位方面存在差异,但两种语言中都有显性句法(overt syntax)层面的原位(in-situ)Wh 词。在英语中,原位 Wh 词(wh-in-situ)仅出现在多重 Wh 疑问句中,如(1)所示;而在汉语中,原位 Wh 词却是常态,如(2)所示。

(1) Who t bought *what*?

(2) 你买了**什么**?

另有保加利亚语、波兰语、匈牙利语这样的语言,其多重 Wh 疑问句中的每个 Wh 词都要显性移位至 CP(complementizer phrase,标句词短语)的左缘(left periphery)。在以下保加利亚语多重 Wh 疑问句中,所有的 Wh 词都要显性移位至句首位置;即使所有的 Wh 词出自同一个内嵌句(embedded clause),也都要移至句首,如(3b)所示。(3c)表明保加利亚语的 Wh 词不能留在原位。当然,如果(3c)中的相关 Wh 词被替换为非 Wh 词,则可留在原位。

(3) 保加利亚语

a. Koj	kakvo	na	kogo	e	dal?
who	what	to	whom	has	given
谁	什么	至	谁		给

'Who gave what to whom?'

'谁给了谁什么？'

(Rudin 1988：461)

b. Koj　　kǔde　　misliš　　［če　e　otišǔl ＿ ＿］？

who　　where　　think-2s　　that　has　gone

谁　　哪里　　认为-第二人称单数　　　　去

'Who do you think (that) went where?'

'你认为谁去了哪里？'

c. *Koj　misliš　　［če　e　otišǔl　＿ kǔde］？

who　think-2s　　that　has　gone　　　where

谁　认为-第二人称单数　　　去　　哪里

(Rudin 1988：450)

黄正德（Huang 1998[1982b]）提出，尽管各语言之间在句法Wh 移位方面存在上述显性句法层面的差异，但是自然语言中所有的 Wh 词都要移位至某个句首位置，以形成一种算子—变量（operator-variable）关系，只不过就这种 Wh 移位发生的层面而言，各个语言可有所不同，或是在显性句法层面，或是在逻辑式层面。根据这一观点，英语 Wh 疑问句（1）和汉语 Wh 疑问句（2）在句法推导中的某个阶段，就可以用（4）和（5）所示的结构表达式来表征。

（4）［what$_j$ who$_i$［t$_i$ bought t$_j$］］

（5）［什么$_i$［你买了 t$_i$］］

另一种关于 Wh 解读的分析方案是非移位的，认为所有的 Wh 词无论移位与否，都要受一个抽象的疑问语素/Q 语素（Q morpheme）约束。这种非移位的分析方案最早是贝克（Baker 1970）提出的，他认为疑问语素/Q 语素作为一个算子，可以无选择地约束(unselectively bind)其成分统制(c-command)范围内的所有自由变量(free variable)。如果采用这一分析,例句(1)和(2)的逻辑表达式(LF representation)则是(6)和(7)。

(6) $[Q_{<i,\,j>}[\text{Who}_j\ t_j\ \text{bought } \textit{what}_i]]$?

(7) $[Q_i[\text{你买了什么}_i]]$?

近三十年来,西垣内泰介(Nishigauchi 1986)、佩塞斯基(Pesetsky 1987)、郑礼珊(Cheng 1991)、奥恩和李艳惠(Aoun & Li 1993)、科尔和赫蒙(Cole & Hermon 1994)、石定栩(Shi 1994)、蔡维天(Tsai 1994b)进一步发展了无选择约束(unselective binding)分析方案。虽然移位分析方案和非移位分析方案对 Wh 现象的解释各有理论方面、经验事实方面的优势,但是以自然语言的语言事实仔细来检验,这两种方案也有各自的局限。在下文的讨论中,我首先检视这两种方案,并通过证据和论证逻辑说明二者的不足之处,然后给出我对 Wh 现象的解释。具体而言,我将提出 Wh 词的解读从根本上受两个因素调控,即:局部性和显著性。以往的研究对局部性有充分的讨论,但是除了成分统制的概念外,却极少关注显著性。本书指出,正是显著性与局部性之间的交互作用决定了汉语及英语中 Wh 成分的解读。

这一部分的讨论安排如下。2.1 节回顾关于 Wh 疑问句的不同分析方案,指出这些方案对 Wh 现象的解释均有各自的局限。在 2.2 节中,我将设立两个对不同语言的 Wh 疑问句进行分类的参数,并发展出一项标句条件(clausal typing condition)来解释 Wh 现象。我还会讨论汉语和英语中 Wh 解读的孤岛效应(island effect)及多重 Wh 现象;指出汉语和英语虽采用不同的策略来标注 Wh 疑问句,但这两种语言在原位 Wh 词解读上遵循相同的限制条件,并且汉语多重 Wh 疑问句中同样也存在 Wh 孤岛效应。2.3 节重新定义 Wh 疑问句的标句条件,将其与 Wh 解读条件进行

11

区分,指出 Wh 解读由基于经济性考量的条件制约。在 2.4 节中我将说明,本书这一部分中提出的分析可以充分地解释所谓的 Wh 附加效应(additional wh-effect)。

2.1 移位还是不移位?

移位还是不移位?这是个问题。如果不假设 Wh 词进行逻辑式移位(LF movement),就不得不解释为什么一些留在原位的 Wh 成分表现出局部性效应(locality effect)。如果假设所有的 Wh 词在句法或者逻辑式层面都进行移位,则又有涉及移位的诸多问题。逻辑式移位分析方案尝试在 Wh 解读与某些局部性条件之间建立对应关系。这一分析方案的理想情况是,如果推导不合法,则一定是在显性句法或逻辑式推导过程中的某个阶段违反某些局部性条件所致。而这一分析方案的问题在于,实际情况往往不能如预期的这样理想化。总是有一些句子本该被排除,实际却无法排除;一些句子本不该被排除,实际却被排除了。为解释 Wh 量化(wh-quantification)而提出了不同的局部性条件,但这些局部性条件,既过强(too strong)又过弱(too weak)[①],常常无法做出恰当的预测。

2.1.1 逻辑式 Wh 移位

2.1.1.1 优先效应

优先效应(Superiority effect)是针对多重 Wh 疑问句中 Wh 词

---

① 句法学中常见以解释力"过强"(too strong)或"过弱"(too weak)批评一项规则或限制条件,而这两种情况均表示该规则或限制条件未能恰当地解释相关语言事实:"过弱"表示,该规则或限制条件无法解释并排除(rule out)某些不合法的句子(即上句所述"... some sentences that should be out, but are actually in");"过强"表示,该规则或限制条件无法解释并容纳(rule in)某些合法的句子,错误地将本是合法的句子判定为违反其设定的规则或条件并之排除(即上句"... some sentences that should be in, but are actually out")。

分布(distribution)的一项限制,如下所示:

(8) a. Who t bought what?

　　b. * What did who buy t?

(Pesetsky 2000：15)

(9) a. Whom did John persuade t to visit whom?

　　b. * Whom did John persuade whom to visit t?

(Comorovski 1996：91)

这一优先效应可以通过久野暲、罗宾森(Kuno & Robinson 1972)提出的限制条件来刻画,见(10)。

(10) 一个 Wh 词不能跨越(cross over)另一个 Wh 词而前置。

乔姆斯基(Chomsky 1973)提出将(10)替换为一项更具普遍性的条件,称为"优先条件"(Superiority Condition)。

(11) 优先条件

在... X ... [$_\alpha$... Z ... -WYV ...]结构中,如果一规则对 Z 和 Y 的操作无明确规定且 Z 优先于[最大投射统制(m-command)] Y,那么该规则不可以关涉 X 和 Y。

久野暲和罗宾森(Kuno & Robinson 1972)、乔姆斯基(Chomsky 1973)尝试解释的是(8)和(9)所显示的情况:在涉及多个 Wh 词时,位置较低的 Wh 词的移位会使句法推导变得更差。在最简方案(Minimalist Program)框架下,乔姆斯基(Chomsky 1995：311)将上述随意的、针对特定结构的显性移位限制条件简化为一项更具

· 19 ·

普遍性的移位的局部性条件,这可视为倾向于更短连接的经济策略的一个实例。

    (12)最小连接条件(Minimal Link Condition,MLC)

        K 吸引 α,仅当不存在 β,β 比 α 更近于 K,使得 K 吸引 β。

    有人或许会质疑优先条件能否应用于逻辑式结构。乍看之下,隐性的逻辑式移位似乎也会表现出优先效应。黄正德(Huang 1998[1982b])观察到,Wh 嫁接语(wh-adjunct)不能出现在下列多重 Wh 疑问句中。

    (13) a. *What did you buy t how?

        b. *Who t arrived why?

    如果我们假设原位 Wh 词必须在逻辑式层面进行移位,那么以独立动因确立的、用于排除(8b)和(9b)的条件,同样也可以直接解释不合法的(13)。然而,优先条件虽然可以解释(13),但却无法解释(8a)和(9a)的合法性。这表明,优先条件仅适用于显性句法。

2.1.1.2 邻接条件

    在管辖与约束(government and binding,GB)句法中,显性的 Wh 移位受邻接条件(Subjacency)和空语类原则(Empty Category Principle,简称 ECP[①])制约(Chomsky 1973,1981)。邻接条件规定,在以下(14)所示的结构式中,没有规则可令一个成分从 Y 移

13

---

    ① 为便于阅读,译文仍使用相应的中文术语,并且在符合行文需要的前提下尽量避免使用各个原则、限制条件等的英文简称形式。

位至 X。

(14) ... X ... [$_α$ ... [$_β$ ... Y ...] ...] ... X ...

其中 α 和 β 为界限节点(bounding node)。[①]

(14)中所定义的界限节点,可以是跨语言参数化的[②],在英语中,界限节点是两个循环节点:NP 和 S(= IP)。如黄正德(Huang 1998[1982b])所述,邻接条件涵盖了此前罗斯(Ross 1967)提出的诸多限制条件,比如复杂名词词组限制(Complex NP Constraint,CNPC)、句子主语限制(Sentential Subject Constraint)。因此,邻接条件可以恰当地解释以下不合法的句子(引自 Huang 1998[1982b])。

(15) *[$_{CP}$ Who$_i$ [$_{IP}$ do you like [$_{NP}$ the books [$_{CP}$ that [$_{IP}$ describe t$_i$]]]]]?

(16) *[$_{CP}$ Who$_i$ [$_{IP}$ did [$_{NP}$ [$_{CP}$ that [$_{IP}$ she married t$_i$]]] surprise you]]?

在(15)中,Wh 词跨越了一个由 NP、CP 和 IP 形成的孤岛,移位至主句的(matrix)C 节点。在(16)中,Wh 词的移位也跨越了一个由 NP、CP 和 IP 形成的孤岛。两个例句都违反了邻接条件。

邻接条件虽然可以正确地排除(rule out)例句(15—16)中 Wh 词不合法的显性移位,但是却无法容纳(rule in)逻辑式层面合法的隐性 Wh 移位。在以下句子中,所有的原位 Wh 词均被假设在逻辑式中移至主句的 C 位置。

---

① 即:一次移位不能跨越一个以上的界限节点。
② 即:不同的语言对界限节点可有不同的定义。比如,在英语中界限节点为 IP 和 DP,而在意大利语中界限节点为 CP 和 DP(参看:Rizzi 1982)。

（17）[*Who* likes [NP books that [IP criticize *whom*]]]?

'Which person x and which person y such that x likes books that criticize y.'

'哪个人 x 与哪个人 y，以致 x 喜欢批评 y 的书。'

（18）[你喜欢[NP [IP 批评谁]的书]]?

（19）[[IP 谁看这本书]最合适]?

按照逻辑式移位分析方案，在以上英语和汉语例句中，允许所有的原位 Wh 词在逻辑式层面跨越两个或两个以上界限节点而移位并获取主句辖域（scope）。虽然（17—19）中 Wh 词假定的逻辑式移位违反邻接条件，但是这些句子并不是不合法的。

14 2.1.1.3 空语类原则

尽管论元（argument）的隐性移位不遵守优先条件和邻接条件，但是，嫁接语（adjunct）的隐性移位或许受到这些局部性条件的制约，如下所示：

（20）* Who e arrived why?

（21）*[[他为什么写]的书]最有趣?

（Huang 1998[1982b]：373）

根据黄正德（Huang 1998[1982b]）的分析，显性移位与隐性移位之间涉及优先条件和邻接条件的区别，可以归结为空语类原则（ECP）。空语类原则的定义为（22）。

（22）空语类原则

一个非代词性（nonpronominal）空语类（empty category）须被恰当管辖（properly governed）。

恰当管辖（proper government）定义如下：

（23）恰当管辖
　　A 恰当管辖 B，当且仅当 A
　　（i ）词汇管辖（lexically govern）B，或
　　（ii）先行语管辖（antecedent-govern）B。

在(22)中，"非代词性空语类"指的是 NP 语迹（NP-trace）和 Wh 语迹（wh-trace）。由于通过逻辑式中的量化词提升（Quantifier Raising）（即：量化 NP 提升或 Wh 词隐性移位）而产生的语迹也是受 A' 约束（A'-bound）的非代词性空语类，因而与表层结构（S-Structure）中的 Wh 语迹相对应，因此也假定这些语迹须同样遵守空语类原则。根据黄正德的分析，在遵守邻接条件和空语类原则方面，Wh 词的显性句法移位与隐性逻辑式移位之间存在不对称。在显性句法层面，邻接条件和空语类原则都要应用；而在逻辑式层面，只应用空语类原则。这一分析正确地涵盖了(20)和(21)中嫁接语的情况以及(8b)和(9b)中主语的优先效应。按管辖与约束句法理论的假设，宾语受到动词的词汇管辖，而主语和嫁接语却不是如此，因为(i)主语的潜在管辖语（governor）INFL 是一个功能性中心语，而不是词汇性中心语，没有资格对相关的主语进行词汇管辖；(ii)嫁接语不是动词的姐妹节点，因此不受动词的管辖。那么，如果说原位 Wh 词必须在逻辑式中移位，则可以解释(20)和(21)以及(8b)和(9b)为何不合法，因为在这些句子中，原位 Wh 词留下的语迹既不受词汇管辖，也不受先行语管辖。例如，在(8b)中，原位 Wh 词 *who* 在逻辑式中嫁接于[Spec，CP]位置上的 *what*，如(24)所示。由于 CP 的 Spec 已经被指派了 *what* 的标引（index），因此 *who* 在这个位置上就无法先行语管辖其语迹。这一语迹既无法受到先行语管辖，也无法受到词汇管辖（假定 INFL 不是词汇性管辖语），因此，根据空语类原则，此句作为不合法的句

15

子被排除。

(24) $[_{CP}[Who_i[what_j]]_j[_{C'}$ did $[_{IP} t_i$ buy $t_j]]]$?

例句(20—21)也是如此。在(20)中,嫁接语 *why* 留下的语迹既不受词汇管辖,也不受先行语管辖,因为 *why* 在逻辑式中嫁接于 *who*,而 *who* 已经给 CP 的 Spec 加注了标引。在(21)中,由于先行语管辖被句子主语孤岛阻断(block),嫁接语"为什么"在逻辑式中移位至[Spec,CP]后,它所留下的语迹无法被先行语管辖。黄正德(Huang 1998[1982b])的分析不仅可以解释不合法的情况,而且可以解释(8a)和(9a)及(17—19)这样的合法的情况。在(8a)、(9a)、(17)、(18)中,Wh 词逻辑式移位留下的语迹都可以受到词汇管辖,因为它们都是充当宾语。在(19)中,主语的语迹同样受到词汇管辖,因为黄正德假定汉语的 INFL 是词汇性的,而非功能性的,故明显有别于英语的 INFL。尽管黄正德的分析成功地解释了一些嫁接语的例证和优先效应的例证,但是仍然未能解释涉及空语类原则的其他情况,如下所示:

(25) Who reads the books that who writes?

(Reinhart 1998:33)

(26) *What$_j$ did you persuade whom to read t$_j$?

(27) a. Which book did which person buy?[1]

b. *What did who buy?

(28) a. *What did who give t to Mary?

b. What did who give to whom?

(Pesetsky 2000:17)

(29) 怎么烧的蛋最好吃?

(Xu 1990:370)

（30）谁为什么没来？

在（25）中，原位 Wh 词在逻辑式中嫁接到句首的 *who* 上，因而无法先行语管辖其语迹。由于英语中的 INFL 是功能性中心语，因此 Wh 语迹也不能被词汇管辖。如此一来，空语类原则分析方案会预测（25）不合法。然而，（25）却是合法的。实际上，空语类原则分析不仅过强，会排除一些合法的句子；而且它也过弱，会容纳一些不合法的句子。具体而言，空语类原则分析会容纳不可接受的（26），因为其中 Wh 词句法移位留下的语迹与逻辑式移位留下的语迹都是动词的宾语，都可以被恰当管辖，因而满足空语类原则。空语类原则分析方案在解释（27a）与（27b）之间合法性的对比时，也会存在问题。这一分析虽然可以正确地排除（27b），但是也会错误地排除合法的（27a）。例句（28a）和（28b）也对空语类原则分析方案构成问题。虽然二例中 Wh 主语 *who* 的逻辑式移位都违反空语类原则，但是（28a）不合法，（28b）却是合法的。例句（29）显示，汉语的 Wh 嫁接语"怎么"可以出现在孤岛中。根据空语类原则分析方案，（30）被视为不合法的句子，因为在逻辑式中"为什么"的语迹没有被先行语管辖。然而，根据我们的语感判断，（30）并不是不合法的句子。石定栩（Shi 1994：310）指出，（30）中的问句，询问的是一个由个体成员组成的集合与一个由理由/原由组成的集合之间的配对。因此，像（31）这样的陈述（statement）可以作为其适当的回答。

（31）张三因为太忙没来；李四因为生病没来。

（Shi 1994：311）

2.1.1.4 跨越现象

在文献中，强跨越（Strong Crossover）现象常作为支持逻辑式

16

Wh 移位的证据。

  (32) a. *Who$_i$ did he$_i$ say that Mary helped t$_i$?

     b. *When did he$_i$ say that Mary helped who$_i$?

  在(32a)中,Wh 词在显性句法中跨越了约束它的代词,以致违反约束原则 C(Binding Condition C),因为它移位留下的语迹被假定为指称语(R-expression)。在(32b)中,假设原位 Wh 词在逻辑式层面移位,也导致违反约束原则 C。尽管这类分析可以解释以上语言事实,但是却无法解释(33)。辛普森(Simpson 2000)注意到,在下列例句(33)中,无论是在显性句法层面还是逻辑式层面,Wh 词都不会跨越一个与之同标的(co-indexed)NP 主语,但是17 它们之间的共指(co-reference)同样是不可能的。这一事实表明,Wh 短语与指称语一样,也受到约束原则 C 的制约。

  (33) *Jane$_i$ wanted to know who$_i$ Mary had seen t$_i$.

               (Simpson 2000:42)

  辛普森(Simpson 2000)进一步指出,强跨越分析方案也无法解释以下句子。

  (34) a. *[Whose gossip about which woman$_i$]$_k$ did Jane$_i$ fervently deny t$_k$?

     b. *[Whose$_i$ book]$_k$ did John$_i$ borrow t$_k$?

               (Simpson 2000:42)

  在(34)中,Wh 语迹与 Wh 短语移位所跨越的成分具有不同的标引。为了解释以上句子为何不合法,就必须假设加括号的Wh 短语被重构(reconstruct)或者复制(copy)到其初始位置(参看：Chomsky 1993）。其结果是,成分统制的主语与经过重构或复制的 Wh 短语中的成分之间的同标关系（co-indexation）被约束原则 C 排除。然而,如果约束原则 C 可以排除（34）,那么它也可以排除（32b）。如此一来,则不必假设（32b）的原位 Wh 词在逻辑式中移位。

2.1.2 话语连接

佩塞斯基（Pesetsky 1987）认为,有必要在充分考虑话语（discourse）因素的基础上对两类原位 Wh 词做出区分：一类进行逻辑式移位,另一类则否。请看以下例句：

(35) a. $^{?*}$What$_j$ did you persuade whom to read t$_j$?

b. Which book$_j$ did you persuade which man to read t$_j$?

据佩塞斯基所述,（35a）中原位 Wh 词的逻辑式移位会违反优先条件,因而被标为不可接受的句子；与此相反,（35b）中的原位 Wh 词仍留在原位,因此不违反任何语法原则。如果（35b）中的原位 Wh 词需要获取辖域,那么它怎么可能不进行逻辑式移位？佩塞斯基认为,which 短语是话语连接的（D-linked）Wh 短语,而话语连接的 Wh 短语不是量化词,因而没有量化力（quantificational force）。沿着贝克的分析思路,佩塞斯基提出 which 短语受到疑问算子 Q 的无选择约束。如此一来,在（35b）这样的句子中,原位 Wh 词就不发生移位,也就不会导致优先效应。此处佩塞斯基用了两种策略来解决 Wh 量化的问题,分别是 Wh 移位和无选择约束。对于那些必须遵守局部性限制条件的原位 Wh 词而言,它们必须在逻辑式中移位；对于那些不受局部性条件制约的原位 Wh 词而言,它们不需要移位。这一分析看似合理,但却仅仅是对事实的重述（restatement of the facts）。话语连接的 Wh 短语为何不需

18

要移位,这一问题并未得到解答。正如科莫罗夫斯基(Comorovski 1996:85)所指出的,佩塞斯基这一分析的另一个问题是,无法解释为什么以下句子不是完全可接受的。

(36) ?What did which student read t?

根据佩塞斯基的分析,如果话语连接的 Wh 短语可以留在原位,那么(36)就应该是完全合法的,因为 *which student* 不在逻辑式中移位,没有机会违反空语类原则。但是,(36)却不是完全可接受的。注意,这里说 which 短语应被赋予在显性句法中移位的优先权,也是无济于事的,因为即使是令 which 短语进行显性移位,以下句子仍然是不被完全接受的。

(37) ?Which book did how many people buy t?

或许有人会指出,例句不被完全接受,是因非话语连接的 Wh 主语的逻辑式移位所致。然而,这一分析在解释以下问题时会有困难:(i) 如果(37)违反空语类原则,为什么不直接标为完全不合法?(ii) 如果按佩塞斯基的假设,非话语连接的原位 Wh 词必须在逻辑式层面移位,那么,既然(25)中非话语连接的内嵌句主语 *who* 的逻辑式移位也会违反空语类原则,为什么(25)却是完全合法的?

2.1.3 偕移①

以往的讨论表明,原位 Wh 词无法展示出刻画显性 Wh 移位

---

① 对"pied-piping"这一术语的翻译包括"并移""携移""裹挟移位""随伴移位""伴随移位"等。鉴于这一术语有特定的故事背景,为了更好地传达出"(某人)偕(某人)"或"偕同"的意思,可译为"偕移"。

特性的孤岛效应的全貌。为了解释不受孤岛限制的原位 Wh 词的辖域特性,黄正德(Huang 1998〔1982b〕)不得不假定邻接条件不应用于逻辑式层面。正如石定栩(Shi 1994)所指出的,尽管这个假设并非不可信,但是没有独立的动因来假设逻辑式不受邻接条件限制。为了规避这一人为规定(stipulation),西垣内泰介(Nishigauchi 1986,1990)提出,在 Wh 短语出现在孤岛中的情况下,包含这一 Wh 短语的整个孤岛被偕移(pied-piped)至算子位置(参看:Choe 1987;Pesetsky 1987)。如此一来,Wh 短语仍然包含在孤岛内,而且邻接条件在逻辑式层面依然得到遵守。西垣内泰介(Nishigauchi 1990:48)给出以下证据来说明为什么涉及逻辑式移位的是整个孤岛,而不是仅其中的 Wh 短语。

(38) Kimi-wa [NP [IP *dare*-ga kai-ta] hon]-o yomi-masi-ta

you-Top who-N write-P book-A read -P

你-话题标记 谁-主格 写-过去时 书-宾格 读 -过去时

ka?

-Q

-疑问算子

'You read books that who wrote?'

'你读了谁写的书?'

西垣内泰介注意到,对于(38)这样的问句,除了重复整个句子的完整回答(full-fledged answer)外,(39)也是一个恰当的回答,而(40)则不行,尽管若是看作源自(39)的截短形式,(40)也不失为一个可能的回答。

(39) Austen-ga kai-ta hon desu.

-N write-P book be

-主格 写-过去时 书 是

'(It's) the book that Austen wrote.'

'(是)Austen 写的书。'

(40) Austen-desu.

'(It's) Austen.'

'(是)Austen。'

因此,(38)询问的不是著书者本身,而是以询问著书者的身份为线索而询问书本身。循此思路,那么(38)的逻辑表达式就应该是(41),而不是(42)。

(41) $[\text{You read } y]\,[_{NP}[[_{S}\,x\text{ wrote}]\ who_{x}]\ books]_{y}]$

(42) You read $[[x\text{ wrote}]\text{ books}]\,[_{Comp}\,who_{x}\text{ ka}]$

在(41)中,整个复杂名词词组占据算子的位置,因此与恰当的回答(39)相匹配。

西垣内泰介的偕移分析看似颇具吸引力,但是却存在一系列的问题。这一分析会预测包含于复杂名词词组中的原位 Wh 词的辖域不可以涵盖该复杂名词词组的核心名词,因为这一分析试图保留逻辑式层面的孤岛条件,于是假设孤岛与原位 Wh 词偕移至某个算子位置,且原位 Wh 词从未移出孤岛。但是,菲恩戈等(Fiengo et al. 1988)指出,梅(May 1977)讨论的此类型中某些"反向连接量化"(inversely linked quantification)的标准例证,要求包含于句法孤岛之内的 Wh 短语须在孤岛之外进行解读,而这与西垣内泰介的偕移分析相悖。请看下列例句(44)(Fiengo et al. 1988:86):

(43) 每个人都买了[一本[谁写的]书]?

(44) 大多数的人都买了[[**谁写的**]每本书]?

按照菲恩戈等（Fiengo et al. 1988）的分析,例句（43）包含三个量化词,在自然解读下,其辖域的顺序可以是:"谁">"每个人">"一本书"。虽然 Wh 词留在原位,但是在辖域顺序上,它与存在量化词（existential quantifier）之间被全称量化词（universal quantifier）隔开了。因此,（43）得到这样的解读:"谁是此人 x,以致每个人都买了 x 写的某本书?"（'Who is the person x such that everybody bought one book or another that x wrote?'）这一辖域解读与下列英语句子的辖域解读完全相同,在这一英语句子中,Wh 词显性移至算子位置。

20

（45）Who did everybody see a picture of t?

然而,如果我们对（43）采取偕移分析,则得不到这一辖域解读,因为如果整个复杂名词词组偕移至主句的 Comp 位置,那么"谁"的辖域无法涵盖存在量化词"一本书",并且在辖域顺序上,Wh 词与存在量化词不会被全称量化词"每个人"隔开。

根据菲恩戈等（Fiengo et al. 1988）的说法,偕移分析的另一个问题在于（44）中"谁写的每本书"这样的算子的语义。偕移分析表明,实现为复杂名词词组形式的 Wh 算子（wh-operator）本质上是存在量化算子[采信卡尔图宁（Karttunen 1977）的疑问句语义分析],但是,这一复杂名词词组显然也是一个全称量化词,因为它含有全称量化限定词（determiner）"每本"。如果是整个复杂名词词组被量化,那么偕移分析会预测 Wh 词"谁"和全称量化词"每本书"不能具有不同的量化力,但这并不符合（44）中量化的实际情况。

如菲恩戈等（Fiengo et al. 1988）所述,西垣内泰介偕移分析的第三类问题是,有时包含在孤岛中的 Wh 词更倾向于得到不重复孤岛内容的简略回答（elliptical answer）。与涉及复杂名词词组的情况相反,在以下句子中,当疑问句的 Wh 词出现在句子主语中时,对此最自然的简略回答是仅提供 Wh 词的值(value),而不是重复整个句子主语(Fiengo et al. 1988:85)。

(46) [**谁**看这本书]最合适?
  　a. ＊张三看这本书。
  　b. 张三。

如(46)所示,对于以上汉语疑问句,最恰当的回答不是重复整个句子主语的简略回答,而是仅仅言明 Wh 词的值的回答。如果将在简略回答中重复整个孤岛看作诊断借移发生与否的指标,那么,(46b)显示不可能重复整个孤岛,则表明整个从句应从未发生借移。但如果真是这样,则无法维护借移分析,因为这表明在逻辑式层面已经违反孤岛条件,有悖于借移分析的基本假设,即逻辑式层面不违反孤岛条件。

除了菲恩戈等(Fiengo et al. 1988)所指出的这些问题外,西垣内泰介的借移分析在解释以下句子之间合法性的对比时,也存在问题。

(47) [你喜欢[ₙₚ[ᵢₚ 批评谁]的书]]?
(48) ＊[[他为什么写]的书]最有趣?
(49) [怎么烧的蛋]最好吃?

为了解释(47)与(48)之间的对比,西垣内泰介提出,Wh 短语的句法范畴必须与支配(dominate)它的节点的句法范畴一致,以便令[+WH]特征渗透(percolate)到支配它的节点上。在(47)中,Wh 短语"谁"是[+N]特征的,因此其[+WH]特征可以通过特征渗透(feature percolation)而爬升至复杂名词词组。在(48)中,Wh 短语"为什么"是[−N]特征的,所以它的[+WH]特征无法渗透到复杂名词词组上。如此一来,相关的复杂名词词组就没有机会被识别为［+WH］，因此也就不会偕移至算子位置来获取辖域。如果"为什么"单独移位至算子位置，则会违反邻接条件。因此，（48）不合法。这一分析虽然可以解释（48）为何不合法，但是却无法解释（49）的合法性。在（49）中，"怎么"也是［−N］特征的，但这个句子却是合法的 Wh 疑问句。

为了避免西垣内泰介偕移分析中所发现的问题，同时维护邻接条件也应用于逻辑式层面的说法，菲恩戈等进一步发展了西垣内泰介的分析，既允许偕移移位，也允许从偕移的句法成分（constituent）中提取 Wh 词。菲恩戈等采纳了乔姆斯基（Chomsky 1986b）A' 约束语（A'-binder）不再具有语障身份（barrierhood）的人为规定，提出原位 Wh 词首先与整个孤岛一起偕移至 IP 嫁接语位置，然后，由于相关的孤岛在嫁接至 IP 后失去了其语障身份，Wh 词再从孤岛中提升至算子位置。

根据菲恩戈等的分析，包含于复杂名词词组中的 Wh 词的辖 22 域就可以涵盖这一复杂名词词组的核心名了，因为 Wh 词最终落脚在复杂名词词组之外的算子位置。他们的分析看似可以解决一些与西垣内泰介偕移分析相关的问题。但是，如石定栩（Shi 1994：304）所述，菲恩戈等的分析也有其自身的问题。石定栩指出，他们的分析在解释以下汉语句子时存在问题，其中 Wh 词处于一个复杂名词词组内，而这一复杂名词词组又包含在另一个复杂名词词组中。

（50）你认识［$_{NP1}$［t_i 抓到［$_{NP2}$［t_j 杀**谁**］的［凶手$_j$］］］的那个警察$_i$］呢？

在（50）中，无论采用哪种偕移策略，原位 Wh 词的逻辑式移位都会不可避免地违反邻接条件。如果内层的复杂名词词组（NP$_2$）进行偕移，其提升会因跨越外层的复杂名词词组（NP$_1$）而违反邻接条件。当然，还可以假设 NP$_1$ 先嫁接到主句 IP 上，随后 NP$_2$ 再嫁接到 NP₁ 的内部关系从句(relative clause)IP 上;在嫁接至内部关系从句 IP 之后,Wh 词最终移位至主句 CP 的 Spec 位置。但是,石定栩(Shi 1994)指出,(50)中 Wh 词向主句算子位置提升这一最终步骤,会跨越两个 CP 界限节点,而这两个界限节点未被词汇标注(L-marked),因而成为语障(barrier)。因此,如果假设邻接条件在逻辑式中不可违反,那么(50)的合法性就无法得到解释。除了这一未解决的问题外,菲恩戈等的分析还无法解释(49)的合法性,因为"怎么"的逻辑式移位会违反空语类原则。

以上讨论表明,无论是西垣内泰介(Nishigauchi 1986)提出的偕移分析,还是菲恩戈等(Fiengo et al. 1988)进一步修订的偕移分析,均无法恰当地解释为什么在有些情况下违反了局部性条件,但相关句子却仍然是合法的。

2.1.4　无选择约束与选择函项

与原位 Wh 词逻辑式移位分析不同的另一个方案是算子约束分析,这一分析采用了坎普(Kamp 1981)和海姆(Heim 1982)提出的无选择约束概念。在这一分析方案中,所有的 Wh 词,无论是否移位,都被处理为变量,且都被一个成分统制它的算子无选择地约束。在过去的三十年中,西垣内泰介(Nishigauchi 1986)、佩塞斯基(Pesetsky 1987)、郑礼珊(Cheng 1991)、奥恩和李艳惠(Aoun & Li 1993)、科尔和赫蒙(Cole & Hermon 1994)、石定栩(Shi 1994)、蔡维天(Tsai 1994b)进一步发展了无选择约束分析方案。

将 Wh 词处理为变量的一个优势是,可以照顾到在很多语言中 Wh 词不具有固定的量化力并且可以由不同的算子指派不同解读(参看:Haspelmath 1997)的语言事实。比如,正如徐烈炯(Xu 1990:357)所指出的,汉语中的 Wh 词在疑问解读与陈述解读之间往往存在歧义。

(51) 这里缺了什么

    a. What is missing here? /这里缺了什么?

    b. There is something missing here. /这里缺了什么/这里缺了点东西。

在(51)中,Wh 短语"什么"既可以解读为疑问性短语,表示"what";也可以解读为存在性不定指(indefinite)短语,表示"something"。如黄正德(Huang 1998〔1982b〕)、李行德(Lee 1986)、石定栩(Shi 1994)所述,"什么""谁""哪里""怎么"等汉语 Wh 短语,在被"都"允准(license)的情况下,也可以解读为全称量化词。既然 Wh 短语在被不同的算子允准时可以获得不同的量化力,那么,假定它们只有被疑问算子允准时才解读为疑问性短语,则不无道理。

无选择约束分析方案虽然可以恰当地解释自然语言中 Wh 短语既可以充当疑问性 NP 又可以充当不定指 NP 的语言事实,但是仍有其自身的问题。首先,这一分析方案无法解释为什么有些 Wh 词的辖域解读高度受限,比如英语的 *why* 和 *how*,以及汉语的"为什么",如(13)和(21)所示。无选择约束分析方案假定,只要 Wh 词处于疑问算子的成分统制范围内,这个疑问算子就可以允准任意数量的 Wh 词(Baker 1970)。既然算子与相关变量之间的关系不受局部性条件限制,那么可以预测,当 Wh 短语出现在孤岛中时,不会产生空语类原则效应或邻接条件效应。但是(21)却显示,当"为什么"处于孤岛中时,局部性效应确实又出现了。正如莱茵哈特(Reinhart 1997,1998)所指出的,无选择约束分析方案的另一个问题是,它无法为涉及条件句的句子指派恰当的解读。请看以下选自莱茵哈特(Reinhart 1998:36 - 37)的例句:

(52) Who will be offended if we invite which philosopher?

错误解读：

(53) a. for which < x, y >, if we invite y and y is a philosopher, then x will be offended

b. {P | (∃<x, y>) & P = ^((we invite y & y is a philosopher) → (x will be offended)) & true(P)}

c. Lucie will be offended if we invite Donald Duck.

24 正确解读：

(54) a. for which <x, y>, y is a philosopher and if we invite y, x will be offended

b. {P | (∃<x, y>) ((y is a philosopher) & P = ^((we invite y) → (x will be offended)) & true(P))}

在(52)中，原位 Wh 词(即 *which philosopher*)出现在一个 *if* 从句中。如果我们采用无选择约束分析来表征(52)，则得到逻辑表达式(55)。

(55) $Q_{<i, j>}$[*who*$_i$ will be offended if we invite *which philosopher*$_j$]

(55)等于(53a)，但是不等于(54a)。(55)/(53a)的语义表达式(semantic representation)是(53b)，在这一语义表达式中，Wh 短语被处理为存在量化 NP，而这个疑问句指谓(denote)一个由命题(proposition)组成的集合，这些命题是对该疑问句的真实回答。(55)/(53a)的问题在于，限定域(restriction)被留在原位。如果(53a)是(52)的疑问句表达式，那么，给定语义表达式(53b)，则任何不是 *philosopher*('哲学家')的东西都可以是(53a)中 y 的值。

因此,(53c)就可以是对(52)可能的回答之一,但这是无选择约束分析方案未预料到的、不想要的结果。(54a)给出了一个由对(52)的正确回答所组成的集合,因为在(54a)中,限定域从带有隐含(implication)义的前件(antecedent)子句中提取出来了。

为了避免无选择约束分析方案的解读问题,莱茵哈特提出原位 Wh 词通过选择函项(choice function)进行解读,如此,被存在疑问算子长距离约束(long-distance bind)的就是函项变量(function variable),而非个体变量(individual variable)。选择函项可以通过允许对选择函项[记作"CH(f)"]进行存在量化而为原位 Wh 词指派宽域(wide scope);同时,选择函项将可能指派给 Wh 变量(wh-variable)的值限定在 N 限定域(N-restriction)所定义的范围之内①。根据莱茵哈特的分析,(52)的语义表达式是(56),其中,被疑问算子约束的选择函项 f 从"哲学家"的集合中取值。

(56) {P | (∃<x, f>) (CH (f) ＆ P = ^ ((we invite f(philosopher)) → (x will be offended)) ＆ true(P))}

(56)陈述的是:存在一个函项 f,以致对于某个人 x,若我们邀请由 f 选出的哲学家,则 x 会生气②。在(56)中,f(philosopher)占据论元位置(argument position),并且指谓函项 f 的值。

我认为莱茵哈特的选择函项分析是解决原位 Wh 词问题的正确方案,但这一分析必须解决的一个问题是:如何解释 Wh 解读中呈现出的论元与嫁接语的不对称? 莱茵哈特(Reinhart 1998)提出,状语性嫁接语不能通过选择函项进行解读,故无法在原位上得到解读。然而,这一分析仍然无法解释为什么(29)和(30)中

25

---

① N 限定域即名词中心语限定域。此句意为:选择函项令 Wh 变量只能从名词中心语限定的集合中取值。

② 为便于理解,此处给出英文原文:a function f exists such that for some person x, if we invite the philosopher selected by f, x will be offended.

的 Wh 状语(wh-adverbial)出现在孤岛中,但这些句子却是合法的。

2.1.5 指称性与非指称性

徐烈炯(Xu 1990)注意到,汉语的 Wh 嫁接语"怎么"出现在孤岛中时,仍然可以取主句辖域,如(29)所示,现重复为下例(57)。

(57) 怎么烧的蛋最好吃?

但是,我们同时也看到,汉语的 Wh 短语"为什么"在辖域解读上高度受限,如(21)所示,现重复为下例(58)。

(58) *[[他为什么写]的书]最有趣?

基于这些语言事实,林若望(Lin 1992)认为,在逻辑式移位方面,"怎么样"("怎么"的变体形式)[2]与"为什么"之间存在不对称。为了解释"怎么样"与"为什么"在辖域解读上的不对称,花东帆(Hua 2000)规定"怎么样"是一个变量,而"为什么"是一个算子。尽管这一说法可以照顾到"为什么"不能在孤岛之外进行解读的事实,但这仅仅是对事实的重述,因为这一说法并未解释为什么"怎么样"是变量而"为什么"是算子。蔡维天(Tsai 1994a)指出,逻辑式层面的相关不对称,并不是特定地存在于"怎么样"与"为什么"之间,而是普遍地存在于 Wh 短语的指称性(referentiality)与非指称性(nonreferentiality)之间[1]。他提出,在逻辑式辖域解读上,Wh 论元(wh-argument)和指称性的 Wh 嫁接

---

① 换言之,相关不对称存在于指称性的 Wh 短语与非指称性的 Wh 短语之间。

语(*when*、*where*、表工具的 *how*、表目的的 *why*)是一组,区别于非指称性的 Wh 嫁接语(表方式的 *how* 和表原因的 *why*)这一组,因为只有前一组可以在逻辑式层面于孤岛之外获取辖域,而后一组则不可以。为了证明这一区分是必要的,蔡维天举出以下疑问句说明它们在可接受度上有显著差异。

(59) a. [他**怎么样**处理这件事]比较恰当?

    b. *[这件事,他处理得**怎么样**]比较恰当?

(60) a. [我们**为(了)什么**念书]才有意义?

    b. *[我们**为什么**念书]才有意义?

当 Wh 短语关联工具解读时,(59a)是可接受的;而当(59b)寻求关联方式解读的回答时,则是不可接受的。当 Wh 短语关涉目的时,(60a)是合法的;而当 Wh 短语关涉原因时,(60b)是不合法的。为了解释以上例句之间可接受度的对比,蔡维天(Tsai 1994a)对工具解读的 *how* 和目的解读的 *why* 加注指称性的标签,而对方式解读的 *how* 和原因解读的 *why* 加注非指称性的标签。在蔡维天看来,指称性与非指称性的区分对于解释这些 Wh 短语在获取辖域上的差异至关重要。他认为,句子主语、关系从句、同位语从句(appositive clause)[3],以及由"遗憾""记得""同意"等动词子语类化选择(subcategorize)的带有[+N]特征的补足语从句(complement clause)[4],均构成阻断逻辑式中非指称性 Wh 短语向外提取的名词性孤岛(nominal island)。

提出指称性/名词性(nominality)与非指称性的区分来解释汉语的 Wh 量化,颇具见地,而且近乎可以解决相关问题;尽管如此,蔡维天(Tsai 1994a)的分析仍然在诸多方面存在问题。第一,没有明确定义指称性的概念,这一点蔡维天(Tsai 1994a:130)自己也注意到了。如果没有可靠的标准来区分指称性/名词性与非指称性,那么说工具 *how* 和目的 *why* 是指称性的,方式

how 和原因 *why* 是非指称性的，就是人为规定。由于无法在指称性与非指称性之间做出明确的区分，这一说法仅仅是对两组 Wh 短语不同这一事实的重述，仍然没有解释它们在辖域解读上存在差异的原因。

实际上，指称性的概念在文献中已经得到广泛探讨。里齐（Rizzi 1990）将指称性与指称性题元角色（theta role）联系起来①。钦奎（Cinque 1990）进一步改进了里齐（Rizzi 1990）的分析，将指称性概念定义为"指示说话人头脑中的或话语中预先设立的集合中特定成员的能力"（Cinque 1990：16）。基于里齐和钦奎的指称性理论，张（Chung 1994：38）以熟悉度（familiarity）概念和描述性内容（descriptive content）来定义指称性。基什（Kiss 1993）也采用指称性的概念［其术语为 SPECIFICITY（"特指性"）］来解释 Wh 现象。根据基什（Kiss 1993：87）的观点，一个 Wh 短语若指涉一个话语参与者所熟悉的集合，则为特指性的（specific）。虽然有各种各样的指称性定义可供选择，但是蔡维天并没有明确说明他的分析采用的是哪种指称性定义。由于他没有说明如何将工具 *how* 和目的 *why* 与指称性概念联系起来，我们无从明了为什么工具 *how* 和目的 *why* 是指称性的，而方式 *how* 和原因 *why* 是非指称性的。

第二，蔡维天的分析无法解释为什么在以下句子中，即使表目的的 *why*［即"为（了）什么"］据其所述是指称性的，却仍然不能在认定的 A-not-A 孤岛之外进行解读。

（61）＊你想知道［他为（了）什么来不来］？

按照蔡维天的分析，表目的的"为（了）什么"是一个指称性的 Wh 嫁接语，出现在孤岛中时，本应该是不受限制的；但是在上例

①　即：从指称性题元角色的角度来解释指称性。

27

中,它显然不能取主句辖域。

第三,花东帆(Hua 2000)指出,作为方式 *how* 的"怎么样"也可以在孤岛之外进行解读,如下列句子所示,其中(62b)表明"怎么样"可以有方式解读。

(62)［李小姐**怎么样**跳舞］最好看?
    a. 用脚尖跳(最好看)。
    b. 慢慢地跳(最好看)。

第四,蔡维天未能解释为什么在以下句子中,A-not-A 算子作为一个非指称性的 Wh 算子,却可以在名词性孤岛之外解读。

(63) 你打算［下个月去不去美国］?

(64) 你计划［下个月去不去美国］?

按照蔡维天(Tsai 1994a:150－151)的分析,下列句子不合法,因为"打算"和"计划"选择的补足语从句是［+N］性的,因而构成了阻断非指称性 Wh 成分向外提取的名词性孤岛。

(65) *李四打算［为什么买电脑］?

(66) *李四计划［为什么买电脑］?

然而,这一分析显然无法解释(63)和(64)的合法性。将A-not-A 算子视为指称性成分,似乎是解决问题的唯一出路,但是这又会使得(67)这样的不合法句子无法得到解释。

(67) *［他去不去美国］比较好?

在(67)中,A-not-A 算子不能在主语从句孤岛之外获取辖域。

第五,根据石定栩(Shi 1994：306)的分析,汉语的"怎么"也可以用作动词,在这种情况下,我们有充分的理由相信"怎么"在任何句法或语义意义上都不是指称性/名词性的。但是在以下句子中,动词"怎么"可以在孤岛之外获取主句辖域。

(68) a. [他把你怎么了]让你这么伤心?[5]

    b. [[他把李四怎么了]的说法]比较可信?

蔡维天(Tsai 1994a)的分析会预测,(68)中非指称性的 Wh 动词的主句辖域解读应被名词性主语孤岛、复杂名词词组孤岛阻断。但是在(68)中,非指称性的 Wh 动词确实获取了主句辖域,而并未导致句子不合法。

2.2 显著性与局部性：Wh 疑问句解读的理论构建

花东帆(Hua 2000：43)认为,自然语言中的 Wh 短语可以按(69)中的等级序列(scale)进行排序,越是靠左的越可能充当变量,而越是靠右的越可能充当算子。因此在他看来,汉语与英语在 Wh 解读上的差异就在于：汉语允许更多的 Wh 短语充当变量,向右及至方式副词"怎么样"；而英语允许等级序列中更多的 Wh 短语充当算子,向左及至方式副词 *how*。

(69) which/who/what ← when/where ← how ← why

在花东帆的分析中,对处于等级序列两端的 Wh 算子与 Wh 变量进行了二元区分。这一区分意味着(69)给出的等级序列两端的 Wh 短语是两种完全不同的类型,而同一类型内部的 Wh 短语在辖域解读上是同质的(homogeneous)。显然,这一分析无法涵盖处于两端的 Wh 短语既可以充当算子又可以充当变量的语言事实。例如,在保加利亚语中,所有的 Wh 短语都是算子。西垣内泰介(Nishigauchi 1990：93)注意到,当除了 Wh 嫁接语 *naze*('为什么')外,还有另一个 NP 范畴的 Wh 短语也出现在复杂名词词组孤岛中时,以下日语句子的可接受度会有所提高。

(70) ^{?(?)} [_{NP} [Dare-ga　naze　　kai-ta] 　hon]-ga

who-N　　why　　write-P　book-N

谁 -主格　　为什么 写 -过去时　书 -主格

omosiroi-desu-ka?

interesting-be-Q

有趣的 - 是 -疑问算子

'Books that who wrote why are interesting?'

'谁为什么写的书有趣?'

如果 *naze* 是一个绝对的算子,那么以上句子可接受度的提高就是花东帆的分析所未预料到的,因为无论添加了什么额外的 Wh 成分,这个句子都应该被空语类原则排除。此外,花东帆(Hua 2000)还无法解释为什么越靠等级序列左端的 Wh 短语越容易在孤岛之外获取辖域,而越靠等级序列右端的 Wh 短语就越困难。更确切地说,他无法解释为什么有些 Wh 短语倾向于充当算子,而其他的 Wh 短语可以做变量。只是在 Wh 算子与 Wh 变量之间做一个区分,仅仅是对事实的重述,而不是对 Wh 短语在辖域解读上可有不同表现这一语言事实的解释。

2.2.1　焦点与 Wh 解读：选择函项分析

30

上文讨论的语言事实似乎表明,汉语中表示原因的"为什么"与其他 Wh 短语之间存在不对称。下文将解释为何表原因的"为什么"无法在孤岛之外进行解读。

徐烈炯(Xu 1990:371)注意到"为什么"有两种重音(stress)模式。如果重音落在第一个音节"为"上,"为什么"就无法在孤岛之外进行解读;如果重音落在"什么"上,它就可以在孤岛之外进行解读。为区分这两种重音模式,前者表示为"**为**什么",后者表示为"为**什么**"。显然,"**为**什么"相当于蔡维天所说的原因 *why*;而"为**什么**"相当于他所说的目的 *why*,可替换为"为(了)什么"(参看:Huang 1998[1982b])[6]。当我们将这两种重音模式与它们各自的焦点特性联系起来时,便可以理解"**为**什么"为何无法在孤岛之外进行解读。我们都知道,英语中天然话语连接的 which 短语可以违反局部性限制进行解读,如(27a)所示,现重复为下例(71)。

(71) Which book did which person buy?

这里要问的问题是:为什么话语连接的 Wh 短语可以违反局部性限制?我认为答案在于这些 Wh 短语的显著性,因为一个天然话语连接的 Wh 短语指涉某个构成交际的共同背景(common ground)的集合,而正是在这个意义上,它才是话语连接的。这里的重点是,一个天然话语连接的 Wh 短语由一个有限的集合来允准,该集合属于说话人和听话人的共享知识(shared knowledge)。作为逼近问题的初步方案,我提出:如果一个 Wh 成分作为焦点时,可以被一个可及的(accessible)可选项集合(alternative set)允准,那么它就可以在孤岛之外进行解读。"**为**什么"与"为**什么**"之间有一个重要的区别。当"为"作为焦点时,无法生成可及的可选项集合;但是,当"什么"作为焦点时,至少可以生成一个由词汇项(lexical item)组成的可及的可选项集合。当"为**什么**"的"什么"作为焦点时,"什么"被一个由词汇项组成的可及集合允准,该集合的成员可以包括"这"和"那",因此对"为**什么**"的回答可以是

"为这"或"为那"。实际上,我们可以进一步指出,"**为**什么"中的"**为**"只能承载音系重音(phonological stress),而非语义焦点(semantic focus),因为当它被对比焦点标记(contrastive focus marker)"是"标为焦点时,无法生成一个可选项集合,如(72a)所示。

(72) a. *[我们是**为**^F什么念书]才有意义?

　　 b. *我们是**为**^F什么念书?

　　 c. [我们是为(了)**什么**^F念书]才有意义?

注意,(72b)显示,当"**为**什么"被"是"标为焦点时,即使它并不处于孤岛之中,也无法被一个可选项集合允准。假定对比焦点标记"是"不同于系动词(copula)"是",前者预设存在一个集合。这表示,当一个成分被"是"标为焦点时,总是意味着存在一个可及的可选项集合,而被焦点化的成分是该集合中的一个成员。"为"不能被"是"标为焦点,仅仅是因为"为"是一个功能词,它没有任何词汇语义内容(lexical content)来承载语义焦点。与"**为**什么"的"为"不同,"为**什么**"的"什么"在被"是"标为焦点时,就可以被一个可选项集合允准,如上例(72c)所示。

黄正德(Huang 1982a)注意到,当焦点标记"是"与 Wh 词在同一个子句内共现时,"是"不能将 Wh 词以外的其他成分标为焦点,如下列(73a)和(73b)所示。这表明,在 Wh 疑问句中,Wh 词具有内在的焦点特征,因而必须是焦点标记显性标示的唯一的成分。从这方面来看,"**为**什么"('why')还是不同于其他的 Wh 词。在由 Wh 词"**为**什么"标注的 Wh 疑问句中,焦点标记"是"可以将"**为**什么"以外的成分标为焦点,如(73c)所示。事实上,不能被"是"标为焦点的成分,正是 Wh 词"**为**什么"本身,而不是"**为**什么"以外的其他成分,如上例(72b)和下例(73d)所示。这一语言事实表明,"**为**什么"不具有内在的焦点特征,因为假如它具有焦点特征,它就不会允许"是"将其范围内的其他成分标为焦点。既然"为什么"不能被焦点标记"是"标为焦点,由此则可得出结论:"为什么"有别于其他 Wh 词,不仅不具有内在的焦点特征,而且还排斥焦点特征。

(73) a. *是**张三**^F 打了谁?

    b. 是**谁**^F 打了他?

    c. 为什么是**张三**^F 必须辞职?

    d. *是**为**^F 什么张三必须辞职?

焦点标记测试可以清楚地显示"怎么(样)"与"**什**么"一致,而与"**为**什么"不一致,因为"怎么(样)"被"是"标为焦点时,可以被一个由"这么(样)"或"那么(样)"等词汇项组成的可选项集合允准,这些词汇项可以为焦点化的成分提供一个值。

(74) 是**怎么(样)**^F 烧的蛋才最好吃?

"怎么(样)"可以被焦点标记"是"标为焦点,是因为"怎么"是一个词汇成分(lexical element),而非功能成分(function element),因此将"怎么"焦点化,亦可生成一个焦点化的"怎么"所指涉的由词汇项组成的可及集合。如此,"怎么(样)"至少可以用"这么(样)"或"那么(样)"来回答。注意,在这个方面,A-not-A 语素与"**为**什么"一致,也无法被"是"标为焦点。

(75) *你是**去不去**^F 美国?

潘海华(个人交流)提出,A-not-A 成分是一个复合词(compound)。作为逼近问题的初步方案,我提出:A-not-A 成分是一个通过疑问语素/Q 语素并入(incorporation)而形成的复合词

（参看：Shi 1994）。若确实如此,A-not-A 不能被"是"标为焦点的原因则显而易见,因为不可能以复合词的一部分来构建一个由实体(entity)组成的集合。例如,我们不能从复合词"book-reading"（'读书/书籍阅读'）构建出一个由书组成的集合。

至此,我们就可以明白为何"**为**什么"和 A-not-A 成分无法在孤岛之外进行解读了。原因很简单,即:它们无法承载对比/语义焦点。

接下来要问的问题便是:为什么一个焦点化的成分可以在孤岛之外进行解读? 这是因为,根据我们的分析,原位 Wh 词必须通过选择函项应用(choice function application)进行解读,而只有当一个 Wh 词能够被一个可选项集合允准时,它才可以通过选择函项应用进行解读。鉴于语义上焦点化的成分总是隐含着一个可选项集合,因此它可以通过选择函项在孤岛之外进行解读。汉语"为**什么**"和"怎么（样）"与英语 *why* 和 *how* 之间的差异在于,对于前者而言,有一个由词汇项组成的可及的集合来允准它,但对于后者而言,则没有这样的集合。正是在这一点上,蔡维天（Tsai 1994a）关于指称性与非指称性区分的观点颇具见地,然而我还是要指明,真正的区分实则是词汇性/概念性成分与功能成分之间的区分。汉语"为**什么**"和"怎么（样）"由不止一个成分构成,故可以分解为两个独立的部分,其中一个部分是词汇成分,而另一部分只是一个语法语素。由于词汇成分可以承载语义焦点并被一个可及的可选项集合允准,因此当应用选择函项操作时,它在孤岛中是可解读的(interpretable)。而英语的 *why* 和 *how* 却与此不同。它们是功能成分,所以在被标为焦点时,无法被一个可选项集合允准。如此一来,*why* 和 *how* 出现在孤岛中时,就是不可解读的(uninterpretable),因为选择函项无法应用于 *why* 和 *how*。

注意,我们说英语的 *why* 和 *how* 以及汉语的"**为**什么"不能被一个可选项集合允准,并不是指它们就无法指涉某个可能设想出的集合。这里的意思是,它们既无法指涉一个由具有离散特性

33

(discrete property) 或者说可以被个体化的 (individuated) 成分所组成的集合，也无法指涉一个由说话人和听话人可预设的 (presupposed) 成分所组成的集合。

我认为，只有与说话人和听话人的共享知识相关联的集合① 才可以被预设，进而构成交际的共同背景；并且，只有可预设的集合才有可能被个体化，至少是在概念上被个体化。这里的关键点是，英语的 *why* 和 *how* 以及汉语的"**为什么**"恰恰是直接排斥预设 (presupposition) 的 Wh 词。因此，即使是存在与这些 Wh 词相关联的集合，它也不在交际的共同背景中。

如果这一分析是正确的，那么可以肯定，与 *why* 和 *how* 及"**为什么**"这些 Wh 词相关联以进行解读的集合 (如果有的话) ，不同于这些 Wh 词以外的其他 Wh 词所指涉的集合。*why* 和 *how* 及"**为什么**"可能指涉的集合是**开放集** (open set) 。这样的集合不是可预设的，因而不应该属于说话人和听话人的共同背景。其他的 Wh 词，比如指谓实体的 Wh 论元、指谓时间或地点的 Wh 嫁接语，所指涉的集合则属于说话人和听话人的共享知识。因此，它们就是可预设的，因而属于交际的共同背景。基于以上讨论，我们假设 Wh 成分若满足以下 Wh 焦点条件，则可以在孤岛之外进行解读：

(76) Wh 焦点条件 (Wh Focus Condition)

　　a. 一个 Wh 词可以承载焦点，当且仅当它可以指涉一个可预设的由实体组成的集合。

　　b. 一个 Wh 成分可以在孤岛之外进行解读，当且仅当它可以承载焦点。

---

　　① 为便于理解，对此更确切的说法是"建立在说话人和听话人共享知识基础之上的集合"。

34

注意,根据目前的分析,非天然话语连接的 Wh 短语,如果是指涉某个可预设的集合,同样也可以通过选择函项进行解读,而这实际上是莱茵哈特(Reinhart 1998)已经提出的。按照莱茵哈特的分析,代词性的 Wh 短语可以处理为限定词。例如,Wh 词 *who* 可以处理为一个名词位置为空的限定词。空的 N 可以看作是指谓模型(model)中由实体所组成的集合,或者包含着限定词的选择限制(selectional-restriction)[比如生命度(animacy)]。

2.2.2　句类标注与 Wh 特征强弱: Wh 疑问句的两个分类参数

郑礼珊(Cheng 1991,1997)认为,显性句法的 Wh 移位既不是由 Wh 特征的强度触发(trigger)的,也不是由标示辖域(scope-marking)的需求触发的。相反,她提出 Wh 移位是由句子要有特定的类型这一需求驱动的。她对句类标注(clausal typing)的假设如下:

(77) 句类标注假设(Clausal Typing Hypothesis)(Cheng 1997: 22)
　　　每个句子都需要被标注句类。在标注 Wh 疑问句时,或是使用位于 C^0 的 Wh 助词(wh-particle),不然则将 Wh 词前置/提升(front)至 C^0 的 Spec 位置,从而由 C^0 通过标识语——中心语一致关系(Spec-head agreement)标注句类。

沿着郑礼珊的分析,我提出不同的语言可以使用不同的策略来标注疑问句。在英语中,Wh 词必须移位至句首位置来标注相关的句子。在汉语中,疑问句可以由疑问助词[Q(uestion) particle]来标注;如此,Wh 移位就没有动因。作为逼近问题的初步方案,我提出可根据 Wh 量化将语言分为三种类型:Wh 算子语言、Wh 变量语言、Wh 算子/变量语言。保加利亚语与汉语这样的语言处于两个极端,而英语介于二者之间。在 Wh 算子语言中,所有的 Wh 短语都必须显性地移至算子位置;而在 Wh 变量语言中,所有的 Wh 成分都要留在原位。在英语这样的 Wh 算子/变量语言中,至少一个 Wh 成分需要移至算子位置来标注句子,其余的 Wh 成分则可以如莱茵哈特(Reinhart 1997,1998)的分析所述,留在原位并作为变量进行解读。

我提出,这三种类型的语言都需要通过两个步骤来形成疑问句:(i)选择一个合适的 Wh 句类标注成分;(ii)将 Wh 词与 C 关联起来进行解读。既然英语和汉语都有原位 Wh 词,因此可以假设,虽然英语使用不同的策略来标注 Wh 疑问句,但就 Wh 量化力而言,英语 Wh 成分与汉语 Wh 成分没有根本性的区别,而这样的假设不无道理。也就是说,这两种语言中的 Wh 成分都不具有内在的量化力。英语之所以要将一个 Wh 成分提升至算子位置,仅仅是因为汉语中所使用的那种疑问助词标句策略在英语中不可用。就这一点而言,保加利亚语类型的语言在本质上有别于英语和汉语,因为这类型的语言中的 Wh 成分是具有内在量化力的。这里要问的问题是:为什么这三种类型的语言表现出不同的量化力?我认为答案在于,这些语言中的 Wh 短语具有不同的形态特性。

郑礼珊(Cheng 1991,1997)注意到,在多重 Wh 前置(wh-fronting)的语言中,比如保加利亚语、波兰语、匈牙利语,在 Wh 词之前或之后添加特定的成分,可以形成不定指 NP,如以下引自郑礼珊(Cheng 1997:65)的保加利亚语数据所示:

(78) kój   who'谁/何人'   njákoj   someone'某人'

       kudé   where'哪里/何处'   njakude   somewhere'某处'

       koga   when'何时'   njakoga   sometimes'某时/有时'

kakvó what sort of'何种'njakakvo some sort of'某种'

基于以上数据,郑礼珊认为这些 Wh 词的不定指解读源自添加的词缀,是词缀贡献了存在量化力。以保加利亚语的 *njákoj*('某人')为例。根据郑礼珊的分析,这个词由 *njá* 和 *koj* 两部分组成,形成一个 DP(determiner phrase,限定词短语)结构,如(79a)所示;其中,*koj* 是核心,没有量化力,而 *njá* 是贡献存在量化力的限定词。至于光杆 Wh 词,它们可能具有像(79b)显示的这样的 DP 结构。

(79) a.

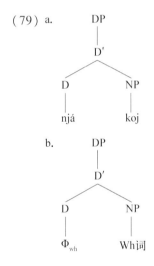

郑礼珊提出,当光杆 Wh 词理解为疑问词时,D 位置被一个空的限定词占据,这个空的限定词可以视为与英语 *which* 相对应的空成分,具有疑问力(interrogative force),即:$[_D \Phi_{[+wh]}]$。按照郑礼珊的分析,这个空的限定词$[_D \Phi_{[+wh]}]$必须被一个标明[+WH]特征的 C^0 允准,因此整个 DP 必须移位至[Spec, CP]。

蔡维天(Tsai 1994b, 1999a, 1999b)提出,英语中的 Wh 短语在词汇层面形成一个算子—变量结构。他看到,英语的 Wh 词与

36

代词大致建立在相同的成分之上,如下所示:

（80） a. Wh 词　　　　b. 代词

wh-o　　　　　　th-ey

wh-om　　　　　th-em

wh-at　　　　　　th-at

wh-en　　　　　　th-en

wh-ere　　　　　th-ere

以上两组词之间唯一的区别是,代词的前缀是 *th-*,而 Wh 词的前缀是 *wh-*。蔡维天注意到,这两个词素之间有一个至关重要的差异:*th-*作为英语定冠词 *the* 的简化形式,可以允准它所附着的不定指语素,因此会阻断后缀*-ever* 的约束(* *theyever*);但是,*wh-* 不会阻断*-ever* 的约束(例如:*whoever*、*whatever*、*whenever* 等), *-ever*给不定指成分赋予了全称量化力,因为 *wh-*不能作为量化力的决定性因素。基于这一观察,蔡维天(Tsai 1999b:46)为英语疑问性的*wh-*提出了如下形态结构。

（81）

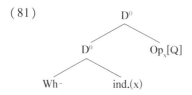

我不做进一步的论证而采纳蔡维天的基本假设,即英语中的*wh-*不具有量化力;但是,我并不认为英语的 Wh 词在词汇层面形成了一个算子—变量结构,因为没有有力的证据表明在词汇层面形成了这一算子—变量结构。蔡维天提出,只有能够被*-ever* 或 *some-*"量化"的 Wh 词,比如 *what*,才在词汇层面形成算子—变量结构。然而,花东帆(Hua 2000)指出,假如采用这一形态标准,英语的 Wh 副词 *how* 也会在词汇层面形成一个算子—变量结构,因为我们也可以从 *how* 派生出 *however* 和 *somehow* 这样的短语。但是,这就会使得以下不合法的句子[重复自(13a)]无法得到解释。

(82) *What did you buy how?

37

在(82)中,句子由 *what* 标注句类,且由于 *how* 可以被 *-ever* 或 *some-* 量化,从而在英语的词汇层面形成一个算子—变量结构,因此它可以获得解读。既然(82)中的 *what* 和 *how* 都得到了允准,那么句子就理应是合法的,但它却并不合法。注意,在(82)中,*how* 不需要移至算子位置进行解读或标注句类,因为 *how* 已经在词汇层面通过相关算子获得解读,并且句子已经由 *what* 标注了句类;同时,假设英语中受算子约束的 Wh 词因具有强[+WH^S]特征①而必须移位,也无济于事,因为在英语中也存在原位 Wh 词,而且英语与保加利亚语不同,无须将多重疑问句中所有的 Wh 词全都前置。

我认为保加利亚语、英语、汉语 Wh 词之间的差异在于限定词 D 的内容。依照郑礼珊的思路,我假定保加利亚语的 Wh 词在 D 中含有一个强的、因而是固定的(fixed)/已赋值的(specified)特征[+WH^S];英语的 Wh 词在 D 中含有一个弱的 Wh 特征[+WH^W],而非强特征[+WH^S];汉语的 Wh 词在 D 中含有一个弱的、未定的(undetermined)/未赋值的(unspecified)Wh 特征,表征为[±WH]([+,−WH])。我采纳郑礼珊与蔡维天关于 Wh 词结构的观点,并为保加利亚语 Wh 词提出以下结构(83),为英语 Wh 词提出结构(84a),为汉语 Wh 词提出结构(84b)。

① [+WH^S]特征表示强[+WH]特征[上标的^{S}表示"强"(strong)];下文[+WH^W]特征表示弱[+WH]特征[上标的^{W}表示"弱"(weak)]。

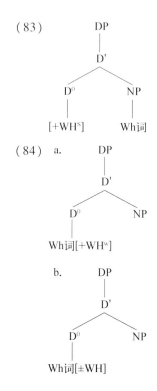

（83）
（84）a.
38
b.

由上可知,（83）所示保加利亚语类型的语言中的 Wh 词,与（84a）所示英语类型的语言中的 Wh 词之间的关键区别在于：前者有一个含固定的／已赋值的强特征[+WH^S]的空 D;而后者的 D 则由一个具有弱 Wh 特征的 Wh 词填充。至于汉语的 Wh 词,其 D 中的 Wh 特征表征为[±WH],它不仅是弱特征,而且是未定的／未赋值的特征。保加利亚语类型的语言中的所有 Wh 成分都必须移位,仅仅是因为这些语言的 Wh 词在 Wh 疑问句中被赋为[+WH^S]特征,因此必须移至算子位置以核查掉(check off)其强 Wh 特征。由于保加利亚语类型的语言不是本研究的重点,在此不再进一步讨论。汉语与英语这样的语言在本质上不同于保加利亚语类型的语言,因为这些语言中的 Wh 词可以在原位进行解读。在英语中,Wh 词如果不负责标注 Wh 句类,就可以通过疑问算子在原位进行解读,因为它们不具有强 Wh 特征,无须移位至[Spec,CP]以核查掉其特征。在汉语中,所有的 Wh 词都不需要显性地提升至[Spec,CP],因为句子可以被疑问助词标注为 Wh 疑问句,并且 Wh 词可以通过算子在原位进行解读。当汉语的 Wh 词通过算子在原位进行解读时,相关的算子可以是疑问算子,也可以是非疑问算子。正是在这个意义上,我们说汉语 Wh 词的特征表征为[+,−WH](或[±WH]),因此是未定的/未赋值的。注意,虽然英语中的 Wh 词也不具有强 Wh 特征,但英语 Wh 疑问句中仍存在 Wh 前置。英语 Wh 疑问句中之所以必须有一个 Wh 词被前置,并不是因为相关的 Wh 词具有强 Wh 特征,而是因为句子需要被显性地标注句类。如果英语不使用任何策略将一个句子标注为 Wh 疑问句,那么相关句子就可能在 Wh 疑问句解读与回声问句(echo question)解读之间存在歧义。在很多情况下,汉语无法脱离语境而消解这两种解读的歧义。例如,以下句子就在 Wh 疑问句解读与回声问句解读之间存在歧义。

39

(85) 张三买了什么?

    a. 回声问句解读:'Zhangsan bought what?'

    b. Wh 疑问句解读:'What did Zhangsan buy?'

以上语言事实符合汉语的特点,汉语在很多其他结构中也表现出歧义。汉语常借助语境来消解句意的歧义,而英语则倾向于尽可能地通过结构手段来消解歧义。由于在英语中 Wh 前置可以消解直接问句(original question)①与回声问句之间的歧义,因此每当要形成直接问句时,都要一致地使用 Wh 前置手

---

① 原书讨论疑问句可能的不同歧义解读时,涉及两组歧义解读:一组是 original question 与 echo question(直接问句与回声问句);另一组是 direct question 与 indirect question(直接问句与间接问句)。original question 与 direct question 实际上是一回事,只是在与 echo question 和 indirect question 分别对比时,讨论的侧重点不同。译文在术语名称上不区分 original/direct question,统一译作"直接问句"。

段。当然,还有另一种可能的方式来解释为什么在英语 Wh 疑问句中 Wh 前置是强制性的。我们可以假设,在英语 Wh 疑问句中,C 总是具有强特征 $[+WH^s]$,而且这一强 Wh 特征有一个形态上的要求,只有与 C 形成局部一致关系(agreement)的 Wh 成分才能满足这一要求。

需要指出的一点是,汉语例句(85)也可以通过结构手段消解歧义。如果在这个句子中添加一个疑问助词,便只能得到 Wh 疑问句解读,如下所示:

(86) 张三买了什么呢?

这一疑问助词策略虽不强制使用,但在汉语中始终是可用的策略。但是,这种疑问助词策略在英语中却不可用。为了标注 Wh 疑问句,英语必须采用另一种策略,即 Wh 前置。在标注句类的过程中,英语前置的 Wh 词通过与标有强特征 $[+WH^s]$ 的 C^0 建立一致关系而获得解读。由于一个 Wh 词就足以完成标句任务或满足 C 的形态要求,因此在英语多重 Wh 疑问句中,其他的 Wh 词都不需要移位。对于那些留在原位的 Wh 词,我假定它们是通过算子约束进行解读的。由此可见,英语与汉语在形成 Wh 疑问句方面的主要差异在于疑问句标注。在英语中,疑问句标注是通过 Wh 提升实现的;而在汉语中,则是由疑问助词完成的。

另一个需要考虑的问题是:疑问助词是否等于疑问算子?作为逼近问题的初步方案,我先假定二者相等,但随后我还会再重新表述这一说法。注意,例句(51)在 Wh 疑问句解读与不定指解读之间存在歧义,而一旦加上一个疑问助词,该句就只能得到 Wh 疑问句解读,如下所示:

(87) 这里缺了什么呢?

花东帆（Hua 2000：176）所讨论的以下句子，是支持疑问助词具有算子特性的另一项证据。

（88）﹡李四买了这本书呢？

例句（88）不合法，因为在这个句子中，作为算子的疑问助词没有约束任何成分，违反了空量化（vacuous quantification）限制（May 1977；Kratzer 1995；Partee 1988）。疑问助词有两个功能：一是为 C 指定 Q 特征；二是约束其成分统制范围内的 Wh 成分[注意，疑问助词"呢"还可以约束空的 Wh 词；对"呢"用法的详细讨论，可参看邵敬敏（1996）]。第一个功能是标注句类；第二个功能是消解 Wh 词的身份歧义，从而为其指派解读。注意，Wh 词的 Wh 特征并不是由疑问算子指定的，而是通过疑问算子触发出来的。我不认为汉语的疑问算子"呢"像郑礼珊（Cheng 1991，1997）所认为的那样是 Wh 助词，因为"呢"并不具有 Wh 特征[参看宫川繁（Miyagawa 2001）对日语疑问助词的讨论，他同样认为日语的疑问助词不具有任何 Wh 特征]。假如疑问算子具有 Wh 特征，则无法解释以下句子的合法性。

（89）a. 李四来不来呢？

　　　 b. 李四来还是不来呢？

以上二例虽然都与疑问助词"呢"相兼容，但都不是 Wh 疑问句。（89a）是一个 A-not-A 问句，（89b）是一个选择问句（disjunctive question）。注意，无论是 A-not-A 问句还是选择问句，都不能与 Wh 词兼容，如（90）所示；但是，两个 Wh 词却是可以彼此兼容的，无论是 Wh 论元还是 Wh 嫁接语，如（91）所示。

（90）a. ﹡谁来不来？

　　　　b.＊谁来还是不来？

（91）a. 谁买了什么？

　　　　b. 谁为什么没来？

　　然而,疑问助词之间当然也存在分工的不同,尽管它们都具有Q特征。例如,汉语的疑问助词"吗",是一个是非问句(yes-no question)标记,总是与"呢"处于互补分布(complementary distribution)。因此,在下列例句(92)中,"吗"不能替换"呢"。

（92）a.＊李四来不来吗？

　　　　b.＊李四来还是不来吗？

　　这也表明A-not-A问句和选择问句都不是是非问句,因为这两种问句与是非问句标记"吗"并不兼容。鉴于疑问助词"呢"所标注的疑问句内部不是同质的,其中可能包括Wh疑问句、选择问句、A-not-A问句,由此我们可以得出结论:疑问助词"呢"不具有Wh特征。为了区分这两个疑问助词,我们可以将"吗"认定为含[+Q，+yes-no]特征的疑问助词,将"呢"认定为含[+Q，−yes-no]特征的疑问助词。

　　如果我们假定汉语中的Wh词与未定的/未赋值的[±WH]特征相关联,则可能出现两种可能:或者是[+WH],或者是[−WH]。注意,[+WH]特征是与Q特征关联的,因为前者蕴涵(entail)后者①。如此,如果Wh词被疑问算子约束,它就变为[+WH]。Wh词上的Wh特征被触发之后,该Wh词作为一个被激活的目标(goal),必须通过探针(probe)的识别而获得解读。而C就是一个也在寻求匹配(match)目标的探针。它们最终通过算

---

　　① 即:凡是具有[+WH]特征的,一定也具有Q特征。但反之不亦然,具有Q特征的,未必具有[+WH]特征,比如是非问句、选择问句、A-not-A问句。

子约束而使其 Wh 特征得到匹配。在英语中,C 兼具 Q 特征和 Wh 特征。当一个 Wh 词移位至[Spec, CP]时,C 上的 Wh 特征就被这个 Wh 词核查掉,且句子被标注为 Wh 疑问句。至于英语多重疑问句中的其他 Wh 词,则不需要移位,因为它们不具有内在的强 Wh 特征,而且也不再需要标注句类。但是,它们仍需要获得解读。因此,通过选择函项进行的算子约束便会应用。

我们看到,Wh 疑问句的形成涉及两个步骤:一是疑问句标注,二是 Wh 特征匹配。疑问句标注可采用两种策略:一是疑问助词标句策略[另见潘俊楠(Pan 2019)关于原位 Wh 词韵律允准的讨论],二是 Wh 提升标句策略。Wh 特征匹配可以通过将 Wh 词移至 CP 的 Spec 或者通过算子—变量约束来完成。如果一个 Wh 词在词库中被赋予内在的[$+WH^s$]特征,它就具有强 Wh 特征。如果一个 Wh 词在词库中被赋予内在的[$+WH^w$]或[$\pm WH$]特征,那么它的 Wh 特征就是弱的。疑问句标注是解读(标注)句子类型的过程,而 Wh 特征匹配是同时解读 C 和 Wh 词的过程。至此,我们可以从这两个过程中构建两组参数,从而对不同语言中 Wh 疑问句之间的类型性差异(typological variation)做出更精确的预测。一组是标句参数,如下所示:

(93) 标句参数

    a. Wh 提升(wh-raising)

    b. 疑问助词(Q particle)

另一组是[WH]特征强弱参数,如下所示:

(94) Wh 参数

    a. [$+WH^s$]

    b. [$+WH^w$]/[$\pm WH$]

这两组参数的互动,预测有四种 Wh 类型的语言:(ⅰ) Wh 提升且[+WH^s]型;(ⅱ)疑问助词且[+WH^w]/[±WH]型;(ⅲ) Wh 提升且[+WH^w]/[±WH]型;(ⅳ)疑问助词且[+WH^s]型。如果我们遵循乔姆斯基(Chomsky 1993)的假设,即算子普遍具有强 Wh 特征,那么可以认为(94a)指定的是算子的特征,(94b)指定的是变量的特征。既然如此,我们可以将(94)修订为(95)。

(95) Wh 参数
　　　[±算子]([±Op(erator)])

(93)相当于说,如果一个语言不使用疑问助词策略来标注 Wh 疑问句,那么该语言就必须使用 Wh 提升策略来标注 Wh 疑问句。因此,我们可以将(93)修订为(96)。

43　(96)标句参数
　　　[±疑问助词]([±Q-p(article)])

保加利亚语属于[+Op,-Q-p]类型,其疑问句需要通过 Wh 提升进行标注,而且所有的 Wh 词都需要被 C 识别,因为它们都是算子,都具有强 Wh 特征。汉语属于[-Op,+Q-p]类型,其疑问句由疑问助词进行标注,Wh 词留在原位,其 Wh 特征由算子来固定(触发)。英语属于[-Op,-Q-p]类型,其疑问句需要通过 Wh 提升进行标注,Wh 词如果不标注句类,就留在原位并通过 Wh 算子进行解读。对于自然语言中是否存在[+Op,+Q-p]类型的问题,我在此暂作阙疑,尽管理论上是可能存在这一类型的[7]。

这两组参数的设立至少表明,在对 Wh 短语进行分类时,仅仅区分算子与变量,可能无法充分刻画自然语言中 Wh 短语的特性。Wh 词上 Wh 特征的强弱与语言的标句要求之间的互动,才是关键所在。

2.2.3　标句条件与 Wh 解读

目前的分析提出, Wh 成分要通过 Wh 一致关系(wh-agreement)与 C 匹配以进行 Wh 解读。若一个 Wh 词在词库中被赋予内在的[+WH^s]特征,则它是具有强 Wh 特征的疑问性 NP, 必须在 CP 的左缘进行解读。若一个 Wh 词在词库中被赋予[+WH^w]特征,则它是具有弱 Wh 特征的疑问性 NP, 可以在[Spec, CP]位置上进行解读,或者通过算子约束进行解读。如果一个 Wh 词在词库中被赋予[±WH]特征,则它在句法中可能解读为疑问性 NP(对应于 Wh 疑问句解读), 也可能解读为不定指 NP(对应于不定指解读), 而这取决于约束它的算子的属性。在保加利亚语中, Wh 词的 Wh 特征是在词库中天然地被赋为[+WH^s]。这也就是其 Wh 特征为强特征的原因。在英语和汉语中, Wh 词的 Wh 特征都不强。我们假定,汉语 Wh 词的 Wh 特征应在句法中通过 Wh 一致关系或算子约束而与 C 一起解读。我们可以用乔姆斯基(Chomsky 2000, 2001)的"探针—目标"(probe-goal)系统来解释 C 与 Wh 词之间建立一致关系的过程。我们认为,正是一致(Agree)这项操作建立起探针(即包含[+WH]特征的 C)与目标(即 Wh 短语)之间的一致关系。我假定,一致可以通过标识语—中心语一致关系在中心语与其标识语之间完成,或者也可以通过类似于约束的方式在 C 与 Wh 词之间完成。如果它们的特征匹配, Wh 疑问句就得到解读。如果它们的特征不匹配, Wh 疑问句就得不到解读,句子就会判定为不可解读而被排除。在一致操作(Agree operation)中,探针或是将最近的目标吸引到它的 Spec 位置,或是与最近的目标形成约束关系。

我认为,虽然汉语以疑问助词标注 Wh 疑问句,但是只有当 C 与 Wh 词形成一致关系时,才能指定 C 上的 Wh 特征,因为如上文所述,疑问助词并不具有 Wh 特征。我假定:在英语中,是离 C 最

44

近的 Wh 成分被吸引至算子位置以与 C 一致(agree);而在汉语中,是离 C 最近的 Wh 成分与 C 建立匹配关系。随后将论证,单是局部性,不足以充分解释 C 与 Wh 词之间的这一探针—目标操作。我们需要考虑的另一个因素是显著性。C 似乎倾向于吸引最近的、最显著的 Wh 成分。若确实如此,则探针—目标操作的条件可以表述如下:

(97) 探针 C 应通过标识语—中心语一致关系或算子—变量约束与最显著的目标(即离 C 最近的 Wh 词)一致。

显著性可以根据以下显著性等级来理解。

(98) 显著性等级(Prominence Hierarchy)
a. 主语 > 非主语
b. 论元 > 非论元
c. 词汇成分 > 功能成分

现在讨论以下句子:

(99) $^*[\,C_{wh}^0[\,$为什么$_{wh}\,$谁没来$]\,]$?

(100) $^*[\,C_{wh}^0[\,$张三为什么$_{wh}\,$喜欢谁$]\,]$?

(101) $^*[\,_{CP}$ What$_{wh}\ C_{wh}^0[\,$did who buy t$]\,]$?

例句(99—101)不合法是因违反(97)所致。实际上,(97)可以视为一项句类标注要求。如果 C 需要从句子中选出一个成分作为句类标签,它倾向于选择最近的成分,因为最近的成分符合经济原则(Principle of Economy)这一普遍原则;同时,它也倾向于选择最显著的成分,因为最显著的成分更具代表性——这样分析是合理的。因此,我们认为(101)不合法,是因为英语需要用最近距的、最显著的 Wh 词标注句类。但以上汉语句子的情况又如何？注意，按照我们的分析，这些句子已经被疑问助词标注句类了。我认为，以上汉语句子不合法，仍然是因违反句类标注要求所致。注意，由于汉语疑问助词并不含 Wh 特征，它只能将 C 标识为含 Q 特征的中心语。如果一个句子要解读为 Wh 疑问句，那么其中的 C 须与 Wh 词一起进行解读。我假定，疑问助词以中心语嫁接的方式嫁接到 C 上，疑问算子与 Wh 词之间的约束关系会使得 Wh 词的 Wh 特征传递到 C 上。如此一来，C 被标注为具有 Wh 特征的 C。在英语中，一个句子通过以下途径被标注为直接 Wh 疑问句：（ i ）将一个 Wh 词提升至 CP 的 Spec 位置；并且（ ii ）将 AUX （ auxiliary，助动词）移至 C 位置或者在 C 位置上插入 *do*。而在汉语中，标注直接 Wh 疑问句所涉及的步骤是：首先，疑问助词通过合并（ merge ）将 C 标注为含 Q 特征的中心语；然后，Wh 词通过算子约束和特征传递将 C 标注为含 Wh 特征的中心语。如此一来，在自然语言中，无论 C 是否具有强 Wh 特征，C 总是需要与一个 Wh 词关联起来进行 Wh 解读，因此我暂时提出（ 102 ），取代（ 97 ）作为标句条件。

（102） 标句条件（ C Typing Condition，CTC ）

　　　a. 对于 Wh 提升语言，若最显著的 Wh 词通过循环移位（ cyclic movement ）显性移位至［ Spec，CP ］，则该句子被标注为 Wh 疑问句。

　　　b. 对于疑问助词语言，若嵌入［ Spec，CP ］的最近的疑问算子约束离它最近的最显著的 Wh 词，则该句子被标注为 Wh 疑问句。

显著性定义为（ 98 ），而近距性（ closeness ）基于潘海华（ Pan 1998：793 ）定义如下：

（103）近距条件（Closeness Condition）

　　α 比 β 更近于 X，当且仅当 α 到支配 X 的最小最大投
　　射（minimal maximal projection）的路径为 β 到支配 X
　　的最小最大投射的路径的真子集（proper subset）。

2.2.4　A-not-A 与多重 Wh 疑问句

　　有学者主张，在汉语中，Wh 论元的逻辑式移位并不表现出
Wh 孤岛效应（Huang 1982a，1998［1982b］，1991；Tsai 1999b）。
因此，A-not-A 成分和 Wh 短语都不会阻断 Wh 论元在逻辑式中进
行辖域解读。文献中还指出（参看：Nishigauchi 1990；Watanabe
1992），日语虽然没有复杂名词词组效应，却在逻辑式层面表现出
Wh 孤岛效应。汉语与日语之间的这一差异看起来十分有趣。既
然汉语和日语在涉及 Wh 解读的很多其他方面都具有相似的特
性，那么有人或许会问：为什么它们在 Wh 孤岛限制方面的表现
却不同？尽管汉语与日语之间的这一差异为语言学家留下发挥其
句法想象力的足够空间，但有一点却常常被忽视，即语言事实的真
相。由于缺乏相应的外语知识，文献中描述的 Wh 孤岛效应往往
被当成理所当然的。然而，经过更加仔细的考察后可能会发现，那
些假定的事实并不总是真实的。刘凤樨（Liu 1986）和徐烈炯（Xu
1990）指出，语言学家得出错误的结论，是因为他们把回声问句当
成直接问句。徐烈炯（Xu 1990）最先尝试说明是什么因素导致语
言学家把回声问句当成直接问句。下文将论证：（i）汉语中也存
在 Wh 孤岛效应，所谓的汉语中不存在 Wh 孤岛效应，是因为没有
正确地将回声问句与直接问句区分开来（参看：Liu 1986；Xu
1990）；（ii）汉语中许多关于 WH 的语言事实可以通过归于标句
条件（下文简称 CTC）下的显著性条件与局部性条件的交互作用
来解释。

2.2.4.1　句类标注中的特征不匹配

现在讨论以下汉语句子为什么不合法,尽管离 C 最近的 Wh 词同时也是最显著的。

（104）＊谁喜不喜欢他?

（105）＊李四喜不喜欢什么?

根据徐烈炯(Xu 1990)的分析,(104)和(105)不合法,是因为它们在语义上不可解读。按照疑问句语义的命题分析方案(Hamblin 1973；Karttunen 1977),徐烈炯(Xu 1990)提出,一个疑问句的语义表达式应涉及由可能的回答所组成的集合,表征为一组可析取的陈述；而(104)和(105)不合法,就是因为对相关问句可能的回答所组成的集合并不存在。根据徐烈炯的说法,说话人在问(104)这个问题时,意在说(106)。

（106）告诉我以下哪一个是真的：谁喜欢他；谁不喜欢他。

但是,(106)中的两个析取项(disjunct)都不具有真值(truth value)。这就是(104)不被接受的原因,因为该句不可解读。[8]

根据我的分析,(104)中的 C 被具有两个相冲突的特征的两个疑问性成分标注。当"谁"被疑问算子约束时,具有[+WH]特征,但 A-not-A 语素被赋予的却是[－WH]特征。在这种情况下,C 的特征仍是未定的。因此,(104)不合法。但初看之下,我们的这一特征不匹配(feature clash)分析似乎不能解释合法的(107)。

（107）你想知道谁喜不喜欢他?

（108）我想知道李四喜不喜欢他。

（109）我想知道谁喜欢他。

（Huang 1982a：390）

　　黄正德（Huang 1982a）提出，不同的动词子语类化选择不同的从句作为其补足语。"问"这样的动词刻画为［+WH］动词，要求选择间接问句（indirect question）做补足语。"相信"这样的动词刻画为［-WH］动词，不能选择间接问句做补足语。"知道"这样的动词则刻画为［+，-WH］，既可以选择陈述句，也可以选择间接问句做补足语。注意，在黄正德的分析中，［-WH］意味着［-WH，-Q］；但根据我们目前的分析，A-not-A 成分解读为［-WH］，仅仅表示它缺乏相关的 Wh 特征，而并不意味着它缺乏疑问力。因此，A-not-A 成分的完整特征表征应该是像［-WH，+Q］这样的。按照黄正德的观点，在（107）中，"想知道"是子语类化选择疑问性补足语的动词，因此，"谁"和 A-not-A 成分中必须有一个取内嵌句辖域，以满足主句动词的子语类化要求。9 根据黄正德的分析，A-not-A 成分是具有 Q 特征的 INFL 的语音实现，尽管如此，他却认为（107）的回答只能是（108），而不能是（109）。（108）中的句子作为（107）唯一可能的回答，表明只有"谁"可以取主句辖域。这就意味着 A-not-A 成分必须取内嵌句辖域。黄正德的这个结论，是从他的空语类原则分析方案中得出的。他将 A-not-A 成分处理为嫁接语算子，并由此预测，其在逻辑式中向主句算子位置的移位会违反空语类原则，因为这一移位会跨越"谁"形成的 Wh 孤岛，使得 A-not-A 成分留下的语迹不受管辖。而"谁"作为论元算子，总是可以受到恰当管辖，因此"谁"可以在不违反空语类原则的情况下跨越 A-not-A 成分形成的孤岛来获取主句辖域。

　　黄正德（Huang 1991）已经有力地证明 A-not-A 问句有一个疑问性 INFL 成分，这个具有［+Q］特征的 INFL 在不同的汉语方言中可有不同的语音实现形式。石定栩（Shi 1994）采纳黄正德的基本假设，但不认同其 A-not-A 成分是算子的观点。石定栩提出，

A-not-A 成分是疑问语素/Q 语素的形态实现,具有动词的功能,但不具有算子的功能,故不能允准 Wh 词。在石定栩看来,(104)不合法是由于 Wh 词没有被疑问算子允准,因为相关算子已经被并入至动词。(107)合法,是因为虽然内嵌句的算子已被并入,但还有主句的算子可以允准 Wh 词。根据石定栩的分析,(107)不能有 A-not-A 成分取主句辖域的解读,因为内嵌句不可能生成两个算子。

　　我赞同石定栩(Shi 1994)的分析,即 A-not-A 成分是通过疑问算子并入形成的,且 A-not-A 成分不能约束 Wh 词。既然我们假设 C 上的 Q 特征是由疑问算子指定的,那我们还可以进一步假设,INFL 中的 Q 特征也是由疑问算子指定的。假定疑问算子可以指派到句子中的 C 或 INFL。在这两种方式下,句子都可以被标注句类。若疑问算子指派到 C,它需要约束一个 Wh 词。若疑问算子指派到 INFL,则如黄正德(Huang 1991)和石定栩(Shi 1994)所述,它要并入至 INFL,以触发 A-not-A 问句的形成。如果我们假定,在疑问助词语言中,疑问句只能由疑问算子标注句类,那么(104)这样的句子不合法的原因就显而易见——Wh 词"谁"未被疑问算子约束,因为相关疑问算子已经并入至 INFL。这一分析有一个有趣的后果,它会预测(107)也应该不合法,因为这个句子中的 Wh 词"谁"也应该是未被约束的,因而也不可解读。我们将论证这一预测是正确的。但在此之前,先来讨论为什么(107)中的 A-not-A 不能取宽域。罗振南(Law 2001)发现以下句子中的 A-not-A 成分不能取主句辖域,由此认为它在逻辑式中并不移位。

(110)　*王五知道[你觉得[李四会不会生气]]?

　　如果 A-not-A 成分可以在逻辑式层面移位,则(110)中没有任何成分阻断其移位,如此一来,它通过 C 进行循环中心语移位(head movement)获取主句辖域,理应没有任何问题。但在(110)

中,A-not-A 却不可能获取主句辖域,这表明它不能在逻辑式中移位。麦考利(McCawley 1994)指出,黄正德(Huang 1991)所选择的用来证明 A-not-A 成分可以取宽域的下列例句,并不具有说服力,因为其中所谓的上层句子的"你觉得",其实可以看作插入语。

(111) 你觉得[他会不会生气]?

麦考利提出,在以下句子中,A-not-A 成分不能取主句辖域,因为上层句子不容许任何作为插入语的解读。

(112) *李四以为[爱迪生有没有发明电话]?

如果罗振南与麦考利是正确的,那么情况就不是 A-not-A 成分的特定移位会被 Wh 孤岛限制阻断,而是 A-not-A 成分移出其所在的从句就是普遍被禁止的。如果说(107)中的 A-not-A 成分不可以在逻辑式层面移出其所在的从句,那么 Wh 词"谁"又如何?(107)中的"谁"可否在逻辑式中移至主句算子位置? 如果它移位,就意味着它试图作为疑问算子来解读(假定任何 Wh 词若移至算子位置,都可以作为疑问算子来解读)。虽然这一可选的分析是可能的,但(107)中的 Wh 词"谁"似乎不能移位,因为其移位必须遵守循环性限制。由于内嵌句的 C 已经在与 A-not-A 成分所含特征的一致关系下被标注为[−WH],因此带有[+WH]特征的"谁"在经过内嵌句的 C 进行循环移位时,其逻辑式移位会因特征不匹配而被阻断。注意,如果"谁"不移位,它就是一个变量,理应被一个算子约束,但是在(107)中,"谁"未被算子约束,因为疑问算子已经并入至 INFL。我进一步指出,在内嵌句中假设出另一个算子来约束"谁",这应该是语法系统普遍禁止的。假定一个算子可以无选择地约束其成分统制范围内的所有变量,则语法系统没有动因生成超出所需的相同性质的算子。注意,即使是允许在(107)

内嵌句 CP 域内插入另一个疑问算子,由于约束两个不同 Wh 成分的两个算子具有不同的特征,这个句子也仍然会因特征不匹配而被排除。在主句 CP 的 Spec 位置上插入一个算子,同样不会奏效,因为离 Wh 词最近的算子是内嵌句 CP 域内经过逻辑式提升的算子。只有在主句算子与最显著的 Wh 词彼此相距最近的情况下,才能通过算子约束将主句标注为 Wh 疑问句。如果目前的分析是正确的,那么(107)中的"谁"由于未被算子约束,一定是不可解读的。可见,如果我们采纳石定栩(Shi 1994)的假设,即在 A-not-A 问句中,疑问算子已经被并入至 A-not-A 形式,同时坚持认为仅插入一个疑问算子即可标注一个疑问句,如此则可以得到想要的结果。如果这一分析是正确的,我们就可以更令人满意地解释为什么在(67)这样的 A-not-A 问句中,A-not-A 成分不能出现在孤岛中。假定逻辑式移位同样要受邻接条件制约。在(67)中,A-not-A 成分包含在孤岛之中,因此不能取宽域。它也不能通过选择函项进行解读,因为一个句子只有一个疑问算子,而疑问算子已经并入至主语从句的 INFL,因而没有算子约束它。由于无法帮助 A-not-A 成分移出主语从句来获取辖域,因此它无法得到主句辖域解读。

如果(107)中的 Wh 词"谁"未被约束,那么接下来要问的问题就是:为什么在黄正德的分析中(107)被当成可接受的句子?根据徐烈炯(Xu 1990)的观点,(107)看似可接受,是因为它可能很容易被解读为回声问句。注意,(104)也可以理解为回声问句,在这种情况下,它是可接受的。(请注意,本书这一部分所讨论的例句如果作为不可接受的句子标上星号,则表示按预期的直接问句解读,它是不合法的。)我同意徐烈炯的观点,认为(107)只能解读为回声问句。再看以下句子,其中的"怎么样"就无法解读为回声 Wh 词。

(113) *他问你李四怎么样砸没砸开那道门?

虽然(113)可以有(114)这样的可能的回答,但(113)仍然不是一个可接受的 Wh 疑问句。

(114)他问我李四用铁锤砸没砸开那道门?

蔡维天(Tsai 1994a)提出"怎么样"具有工具或手段解读时是指称性的,因而可在逻辑式层面移出孤岛,如果这一说法是正确的,那么(113)不合法,就完全是其分析所未预料到的。注意,在蔡维天(Tsai 1994a)的分析下,(116)中"用紧迫盯人"这样的介词短语 PP 具有工具解读。如果我们将这一 PP 替换为"怎么样",这个句子理应是同样可接受的,因为"怎么样"应该也具有工具解读并因此可以自由地移出孤岛。然而,(115)却显示"怎么样"不能取主句辖域,尽管据蔡维天的说法,它是指称性的。

(115) *他问你他们会不会怎么样打这场篮球?
(116)他问我他们会不会用紧迫盯人打这场篮球。

根据我们的分析,(113)和(115)不可接受,是因为这些句子中的"怎么样"难以解读为回声 Wh 词。(107)是可接受的,因为"谁"很容易得到回声问句解读。

有证据表明,(107)中的 Wh 词一定是回声 Wh 词。第一,(107)不能用直接为 Wh 词提供值的单个词语来回答。在回答(107)时,必须重复整个句子,比如(108)。假如(107)的确是一个直接问句,那么我们就会问:为什么它不接受直接为相关 Wh 词提供值的简短回答?需要注意的是,回声问句作为一个简单句,也可以通过直接为相关 Wh 词提供值的方式来回答,但关键的一点是:直接问句除了接受重复整个句子的完整回答之外,总是可以通过仅为相关 Wh 词提供值的方式来回答;而回声问句,尽管在某些情况下可以接受简短回答,但在很多其他情况下通常排斥只为

Wh 词提供值的简短回答,尤其是当它内嵌在补足语从句中时。因此,如果某个疑问句既可以接受完整回答又可以接受简短回答,那么用这个"回答长度"标准,我们肯定无法区分回声问句与直接问句。但是,如果一个疑问句直接排斥简短回答,而只能接受重复整个句子的完整回答,我们便有充分的理由相信这是一个回声问句。

第二,(107)中的 Wh 词不能被焦点标记焦点化,焦点标记要使其指涉一个由语言外(extralinguistic)世界中的个体组成的集合。回声问句通常用于表达说话人惊讶于自己刚刚获知的信息,或者说话人要求听话人重复刚刚所言。根据达亚尔(Dayal 1996:124)的观点,回声问句旨在确认先前的语句(utterance),而不是确立现实世界中的事实。在扬达(Janda 1985)看来,回声疑问词所量化的是语言表达,而不是语言外世界中的个体。因此,回声问句仅仅是一种元语言(metalinguistic)手段,用以索取语流串中未感知到的或不相信的信息[10]。如果是这样,那么回声问句必须建立在先前说出的句子的基础之上[11]。既然回声问句是用来确认先前的语句,而不是确立现实世界中的事实,由此我认为,Wh 词的回声解读与直接问句中常规 Wh 词那种预设一个由语言外世界中的个体组成的集合的焦点解读,是不兼容的。因此,回声 Wh 词若是被一个对比焦点标记焦点化,就无法保留其回声解读,因为对比焦点标记总是要求一个由个体成员组成的集合。汉语中就有一个这样的对比焦点标记——"究竟是",大致意为"what is it exactly / actually?"('实际是')或"what is it on earth?"('到底是')。当这个焦点标记与一个个体关联时,它总是隐含着该个体是一个集合的成员之一[12]。在下列疑问句中,无论是 Wh 主语还是 Wh 宾语,都可以被"究竟是"焦点化。

(117) 明天的会究竟是谁[F]去参加?

(118) 你们究竟是要什么[F]?

但是,(107)中的 Wh 词显然无法被"究竟是"焦点化,如下所示:

(119) *你想知道究竟是**谁**^F喜不喜欢他?

(119)是不可接受的,因为 Wh 词的回声问句解读被焦点标记取消了,因而不得不作为直接问句中的常规 Wh 词来解读。然而,相关 Wh 词又因 Wh 特征不匹配而不允许出现在 A-not-A 成分所标示的范围内,无法得到直接 Wh 疑问句解读。

第三,当疑问助词"呢"附着在(107)的句尾时,句子变得不可接受,如下所示:

(120) *你想知道谁喜不喜欢他呢?

53　　(120)不可接受是意料之中的,因为正如我在上文讨论中所指出的,鉴于疑问助词"呢"可以标注直接问句,那么"呢"自然可以用来消解直接问句解读与回声问句解读之间的歧义。但在(120)中,无论是 Wh 词"谁"还是 A-not-A 成分,都无法得到直接问句解读。

既然回声疑问词既不兼容"究竟是",也不兼容疑问助词"呢",我认为区分直接疑问词与回声疑问词,最可靠的方法是同时使用"究竟是"和"呢"来测试相关疑问词,如下所示:

(121) *你想知道究竟是**谁**^F喜不喜欢他**呢**?

2.2.4.2　多重 Wh 疑问句中的辖域获取

在上文的讨论中,我提出在汉语中使用显性疑问助词"呢"可以消解直接问句与回声问句之间的歧义。实际上,我们可以直接说"呢"是一个直接问句的标记,因为"呢"还可以消解直接问句与间接问句的歧义。注意,英语也使用类似的策略来区分直接问句与间接问句。在英语中,直接问句是通过将助动词 AUX 移至 C 或者在 C 下插入 *do* 而形成的,而间接问句则排斥 AUX 提升(AUX-raising)和 *do* 插入(*do*-support)。需要指出的是,在汉语中隐性的疑问算子在直接问句解读与间接问句解读之间存在歧义,而显性的疑问算子则不存在歧义。请看以下句子:

(122) 他问你[谁来了]。

由于(122)中的内嵌句只能解读为间接问句,故使用"呢"后句子就会被排除,如下所示:

(123) *他问你[谁来了呢]。

如果"呢"出现在内嵌句中,它就会给内嵌句的 C 指定一个直接问句的 Q 特征,从而违反主句动词的子语类化要求,因为主句动词要求选择一个间接问句作为其内嵌句。现在讨论以下句子,其中"呢"位于主句的句末位置。

(124) *他问你[谁来了]呢?

    英文字面直译:*'Who did he ask you had come?'

"呢"置于主句句末位置时,会给主句的 C 指派直接问句解读。在这种情况下,内嵌句的 C 就没有机会获得相关的 Q 特征以便解读为间接问句,因为疑问算子不嫁接于内嵌句的 C,并且内嵌句中的 Wh 词"谁"没有与内嵌句的 C 形成一致关系。注意,疑问算子"呢"必须约束内嵌句中的 Wh 词"谁",从而避免违反空量化限制。如果"谁"被主句 C 位置上的"呢"约束,则与主句的 C 形成一致关系,并与主句的 C 一起解读。如此一来,内嵌句的 C 无法获得 Q 特征,因而违反主句动词的子语类化要求。注意,(124)的英文字面直译同样不合法,其原因亦同。在这两个例句中,主句动词的子语类化要求都无法得到满足。注意,如果主句动词不要求子语类化选择一个疑问句,那么相关句子就是可接受的,如下所示:

(125) 他认为谁来了呢?

现在讨论以下不合法的英语例句。

(126) a. *Who$_i$ do you wonder [$_{CP}$ t$_i$ [$_{IP}$ t$_i$ bought what]]?

b. *What$_i$ do you wonder [$_{CP}$ t$_i$ [who bought t$_i$]]?

(126a)不合法的原因显而易见。主句动词 *wonder* 子语类化选择一个 Wh 疑问句,但由于内嵌句不是由 Wh 词引导的,无法满足这一子语类化要求。Wh 词留下的语迹,看来不能用于标注 Wh 疑问句。这意味着,在英语中,只有当一个句子被 Wh 词显性标注时,它才能被认定为 Wh 疑问句。有人或许会问:既然 CP 的 Spec 位置上留下了一个 Wh 语迹,那么为什么内嵌句的 C 没有被指定 Wh 特征?我们可以说,这是因为当 Wh 词越过内嵌句 CP 的 Spec 进行移位时,它没有与内嵌句的 C 形成一致关系。如果二者形成一致关系,Wh 词的 Wh 特征就会被内嵌句的 C 识别。其结果是,Wh 词就会在这个一致关系中被锚定在该位置。在这种情况下,这个句子[如(127)所示]就是合法的,因为主句动词的子语类化要求已经得到满足。

(127) You wonder who bought what.

但是,在(126a)中,与 Wh 词 *who* 一致的显然不是内嵌句的 C,而是主句的 C,因此无法满足主句动词的子语类化要求。

在生成语法的经典分析中,(126b)是违反 Wh 孤岛限制的典型例证;但在我的分析中,该句不合法单纯是因违反(102)所给出的标句条件所致。假定主句的 C 需要被标注为含 Q 特征的中心语,那么移至主句算子位置的,理应是最近距且最显著的 Wh 词 *who*,而不是不够近距、不够显著的 *what*。现在讨论另一个可能:如果在(126)这样的句子中,主句和内嵌句都需要被标注为疑问句,那么将最显著的 Wh 词移至主句的 C,并将不够显著的 Wh 词移至内嵌句的 C,则如何?

(128) *Who$_i$ do you wonder $[_{CP}$ what$_j$ $[_{IP}$ t$_i$ bought t$_j$ $]]$?

上例表明这个可能并不存在。实际上,(128)不合法,也可以通过标句条件来解释:内嵌句的 C 不是由离它最近的最显著的 Wh 词标注的。注意,局部性条件要求探针与目标之间的一致操作应在局部范围内完成。既然对于目标 *who* 而言就有一个局部的探针(即内嵌句的 C),那么 *who* 不与这一局部的探针匹配,反而与主句的探针匹配,就是不合理的。

现在我们再来讨论另一个可能:移 *who* 来标注内嵌句的 C,然后移 *what*,使其越过内嵌句 CP 域而标注主句的 C,由此得出(129)中的表达式,(129)与(126b)所给出的表达式稍有不同。

(129) $^?$*What$_i$ do you wonder $[_{CP}$ t$_i$ $[_{CP}$ who$_j$ $[$ t$_j$ bought t$_i$ $]]]$?

然而,以上推导也是不可能的,因为这同样违反了标句条件。假定主句的 C 需要被标注为含 Q 特征的中心语,那么选作标注成分的 Wh 词就应当是 *who* 而不是 *what*,因为 *who* 才是离主句的 C 最近的最显著 NP。由于 *who* 已经与内嵌句的 C 一致,因而不可能再移位,尽管如此,将 *what* 移至主句的 C,仍然会被标句条件阻断。这相当于说,即使一个合格的成分失去了移位至主句算子位置的能力,由于标句条件所限,也仍然不允许一个不太合格的成分接替它。当然,这对 *what* 而言是不公平的,但这是事实。

以上分析表明,Wh 孤岛限制可以归入标句条件,标句条件更加具有普遍性,且不那么特设(*ad hoc*)。我将证明,采纳标句条件,可以更清楚地了解汉语的多重 Wh 现象。自黄正德(Huang 1998[1982b])之后,文献普遍认为汉语中不存在 Wh 孤岛效应。下文将论证,Wh 孤岛效应在汉语中也有所体现;同时将证明,标句条件可以预测汉语中存在 Wh 孤岛效应。

56　　　请看以下句子:

(130) 你想知道[谁买了什么]?

黄正德(Huang 1998[1982b])认为,(130)在两种直接问句解读之间存在歧义,如(131)所示。按(131a)表示的这种解读,Wh 主语与主句的 C 一起解读,而 Wh 宾语与内嵌句的 C 一起解读。按(131b)表示的另一种解读,Wh 宾语与主句的 C 一起解读,而 Wh 主语与内嵌句的 C 一起解读。

(131) a. 谁是此人 x,以致你想知道 x 买了什么?
　　　　'Who is the person x such that you wonder what x bought?'
　　　b. 什么是此物 x,以致你想知道谁买了 x?
　　　　'What is the thing x such that you wonder who bought x?'

这两种可能解读的逻辑表达式见(132a)和(132b)。

(132) a. ［谁$_i$［你想知道［什么$_j$［t$_i$ 买了 t$_j$］］］］?

b. ［什么$_j$［你想知道［谁$_i$［t$_i$ 买了 t$_j$］］］］?

按照黄正德的逻辑式移位分析,在(132)中,必须有一个 Wh 词移位至内嵌句的［Spec，CP］来满足主句动词的子语类化要求;然后,另一个 Wh 词可以移位至主句的［Spec，CP］。用徐烈炯(Xu 1990：365)的话来说,这就相当于说,在(132)中,只有当违反 Wh 孤岛限制时,长距离 Wh 移位才是可能的。这怎么可能? 在黄正德的分析中,这就是可能的,因为逻辑式移位只受空语类原则制约,而 Wh 孤岛限制归入邻接条件,仅适用于显性句法。(132)中的汉语句子与(128—129)中的英语句子之间的区别在于:在汉语中,Wh 词在逻辑式层面移位;而在英语中,Wh 词在显性句法层面移位,受制于邻接条件。根据黄正德的判断,以下两个句子并不存在歧义。

(133) 你想知道谁为什么买了书?

'谁是此人 x,以致你想知道 x 为什么买了书?'

'Who is the person x such that you wonder why x bought books?'

(134) 你想知道谁怎么买了书?

'谁是此人 x,以致你想知道 x 怎么买了书?'

'Who is the person x such that you wonder how x bought books?'

(133—134)以及(132)中的 Wh 论元能够取主句辖域,其原因可以通过空语类原则来解释,因为它们逻辑式移位后留下的语迹总是可以受到中心语管辖(head-governed)。空语类原则还可以解释为什么(133—134)中"为什么"和"怎么"这样的 Wh 嫁接语不能取主句辖域,因为逻辑式移位使得其语迹不受管辖,因而违反

57

空语类原则。

尽管黄正德的这一分析值得考虑,但刘凤樨(Liu 1986)和徐烈炯(Xu 1990)正确地指出,这一分析是不妥当的,因为黄正德未能区分回声问句与直接问句。徐烈炯指出,(130)中的"谁"和"什么"都不能得到直接问句解读,不过二者都可以产生回声问句解读。如果徐烈炯的分析是正确的,那么(130)中的汉语多重疑问句与(127)中的英语多重疑问句之间就没有区别:在汉语和英语中,主句动词子语类化选择的内嵌疑问句中所包含的多个 Wh 词,只能取内嵌句辖域,得到间接问句解读。虽然徐烈炯所述的情况与普遍认为的情况完全不同,但这却是真实的情况。下文将说明,徐烈炯的分析不仅是标句条件所预测的,而且有独立的证据支持,证据表明(130)中的两个 Wh 词都不能得到直接问句解读。

标句条件对(130)的解释,与其对(130)所对应的英语例句的解释相同。如果我们将 Wh 主语"谁"与主句的 C 关联,则无法满足主句动词对内嵌句的子语类化要求。如果"谁"与内嵌句的 C 关联,它就会在这个一致关系中被锚定在该位置,而无法与主句的 C 一致。将 Wh 宾语"什么"与主句的 C 或者内嵌句的 C 关联的可能,都会被标句条件排除,因为还有一个更显著的 Wh 短语(即"谁")。如此,标句条件可以在不假设逻辑式层面形成 Wh 孤岛的情况下,排除(130)中两个 Wh 词的直接问句解读。分析至此,有趣的情况出现了。似乎不同的理论对同一组语言事实预测出不同的情况。在黄正德的分析中,(130)中 Wh 词的宽域解读是其所预期的;但在我的分析中,这一解读是被排除的。现在,最关键的是这些语言事实背后的真相是什么。

我在讨论内嵌疑问句中 A-not-A 成分与 Wh 词共现时已经指出,有三种方法可以消解直接问句与回声问句之间的歧义。在此,以这三项标准来消解内嵌多重 Wh 疑问句中直接问句与回声问句的歧义,同样有效。

第一,不能像回答直接问句那样,通过仅提供 Wh 词的值的方

58

式来回答(130)。在回答(130)[重复为下例(135)]时,除了提供 Wh 词的值,还必须重述先前说出的问题(即整个句子),如(136)所示。

(135) 你想知道[谁买了什么]?

(136) a. 我想知道张三买了什么。

　　　b. 我想知道谁买了书。

在回答直接 Wh 疑问句时,除了以重复整个句子的方式作答之外,还可以直接提供相关 Wh 词的值,无论句子多么复杂,如(137)和(138)所示。

(137) 你认为李四知道谁会来?

(138) a. 张三。

　　　b. 张三会来。

在回答(137)时,可以说(138a),也可以说(138b)。无论哪种情况,都不需要重复整个句子,虽然重复整个句子也是可以的。但是在回答(135)时,就必须重复整个句子。例如,(136a)作为可能的回答之一,既不能替换为"张三",也不能替换为"张三买了什么"。

第二,根据母语者的语感判断,(135)与疑问助词"呢"不兼容,虽然它与疑问助词"吗"是兼容的。

(139) a. *你想知道[谁买了什么]呢?

　　　b. *你想知道[谁买了什么呢]?

　　　c. 你想知道[谁买了什么]吗?

在(139a)中,"呢"取主句辖域,但是无法约束 Wh 变量。这

59

是标句条件所预测的结果,因为(135)中的两个 Wh 词都不能得到主句辖域解读;不过,它们可以得到内嵌句辖域解读,形成间接配对问句(indirect matching question)。如果"谁"与主句的 C 关联,则不满足主句动词对内嵌句 C 的子语类化要求。注意,如上文所述,由于存在一个更显著的 Wh 词"谁",Wh 宾语是没有资格标注内嵌句 C 的。(135)之所以可以用(136)中的句子回答,是因为两个 Wh 词中的任何一个都可以有回声问句解读。由于回声 Wh 词与直接问句标记"呢"不兼容,所以可预测(139a)是不可接受的。注意,在(139b)中,"呢"也不能取内嵌句辖域,因为主句动词并不选择一个直接问句做补足语从句。(139c)是可接受的,因为内嵌句中的两个 Wh 词均无法取主句辖域,在添加"吗"之前,整个句子可以理解为一个陈述句。添加"吗"之后,这个句子变为一个是非问句。

第三,如果(135)由(136)中的句子回答时,(135)中的 Wh 词的确解读为回声 Wh 词,那么相关的回声 Wh 词就不能被"究竟是"这样的焦点标记焦点化,这一焦点标记会迫使处于焦点的成分成为可选项集合中的一个成员。

(140) a. *你想知道[究竟是**谁**^F 买了什么]?

b. *你想知道[谁究竟是买了**什么**^F]?

徐烈炯(Xu 1990)指出,"想知道"并不是一个汉语复合词,尽管它在管辖与约束句法理论文献中被广泛地引以为例。我们可以将"想知道"替换为一个真正的汉语词语,比如"问","问"子语类化选择一个疑问句。但是,相关句子仍然不可接受,如下所示:

(141) a. *他问你[究竟是**谁**^F 买了什么]?

b. *他问你[谁究竟是买了**什么**^F]?

根据母语者的语感判断,当相关的 Wh 词被"究竟是"焦点化时,(141)就不能用(142)中的句子来回答。

(142) a. 他问我李四买了什么。

　　　b. 他问我谁买了书。

母语者对(140)的判断与对(141)的判断一致:当相关 Wh 词被"究竟是"焦点化时,(140)不能用(136)中的句子回答。这一结果是意料之中的,因为(140)和(141)虽然可以有回声问句解读以及内嵌间接问句解读,但都不能解读为直接问句。当(140)和(141)中的相关 Wh 词被"究竟是"焦点化时,它们解读为回声 Wh 词的可能就被排除了,只能按直接问句的 Wh 词来解读。这便是这些句子不能用回答回声问句的句子作答的原因。

从以上讨论中可以看到,我们的分析预测汉语与英语在 Wh 孤岛限制方面并无区别,因为这两种语言在形成 Wh 疑问句时都必须遵守标句条件。徐烈炯(个人交流)指出,假设像(104)这样的不合法的句子在用作(107)中的内嵌句时就变成合法的句子,这是不合理的。目前的分析预测,(104)和(107)作为直接问句,都是不可解读的,因为它们都违反标句条件。在汉语直接问句中,Wh 词在逻辑式层面不能越过另一个 Wh 词而移位,这看起来的确如此。文献中广泛讨论的仅仅是像(107)和(135)这样的句子,而以下这类句子却未予考虑。

(143) *张三问你[谁以为[李四买了**什么**]]呢?

(144) *你想知道[他问没问李四[**谁**喜不喜欢这本书]]呢?

(145) *你想知道[谁问他[李四喜不喜欢**什么**]]呢?

(146) *你想知道[他为什么问李四[**谁**喜欢这本书]]呢?

61

如果逻辑式层面的 Wh 移位可以自由地跨越 Wh 孤岛,那么以上句子不合法就在意料之外了。注意,在以上这些句子中,粗体的 Wh 词没有一个是可以取主句辖域的,但黄正德(Huang 1998〔1982b〕)预测它们是可以的。(143)中的 Wh 宾语"什么"作为一个受到中心语管辖的论元,不能通过与疑问助词(即主句的疑问算子)关联而获取主句辖域。注意,在黄正德的分析中,没有什么能够禁止(143)中的"什么"向主句算子位置进行逻辑式移位,理由如下:第一,在汉语中,Wh 论元可以在逻辑式中跨越 Wh 孤岛;第二,(143)中的主句算子位置未被填充,因此将"什么"移至该位置,不会违反 COMP 双重填充过滤式(Doubly Filled COMP Filter);第三,在(143)中,主句动词"问"的子语类化要求可由"谁"满足,并且,依照中间从句(intermediate clause)动词的子语类化要求,"什么"所处的从句是〔-Q〕性质的,故"什么"不得不移位。

在(144)、(145)和(146)中,粗体的 Wh 词无一可以取主句辖域,而按照空语类原则分析方案,没有什么会阻止它们取主句辖域。在每一个句子中,主句的算子位置都是空着的,因此在逻辑式中,可由句子中的一个 Wh 词填充该位置,而不违反 COMP 双重填充过滤式。在空语类原则分析中,所有的粗体 Wh 词都是受到中心语管辖的论元,因此其逻辑式移位应该是自由的,可以跨越其他的 Wh 词,也包括 A-not-A 成分。然而事实却是,这些粗体的 Wh 词无一能够取主句辖域。

根据目前的分析,(143)中的"什么"由于标句条件所限而不能取主句辖域;"谁"也不能取主句辖域,因为它必须与中间从句的 C 一起解读,以满足主句动词的子语类化要求。如此一来,令(143)可解读的唯一可能就是删去疑问助词"呢",并给这两个 Wh 词指派间接配对问句解读。在我们之前的分析中,(144)、(145)和(146)不合法,是以最深层内嵌句 C 上的特征不匹配来解释的。现在,我们还可以用另一种方法做出解释。在(144)中,中间从句

62

的 A-not-A 成分不能取主句辖域,因为它必须与中间从句的 C 一起解读,以满足子语类化要求;"谁"不能取主句辖域,因为"谁"在其所处的从句以及中间从句中都被 A-not-A 成分阻断。由于 A-not-A 成分是通过疑问算子并入形成的,所以在(144)中,没有可以约束"谁"的疑问算子。即使我们在主句 CP 中假设一个疑问算子,主句 CP 仍然不能被标注为 Wh 疑问句,因为这个算子与 Wh 词彼此不是相距最近的,故无法满足标句条件。注意,即使 A-not-A 成分在逻辑式中提升了,它也不能约束"谁",因为二者的 Wh 特征不兼容。这一分析也适用于(145)和(146)。这两个句子不可接受,无非是因为粗体的 Wh 词无法被疑问算子约束。

2.2.5 所解决的问题

上文的讨论显示,下列英语句子(147)[重复自(15)]是不合法的,但与之相对应的汉语句子(148)[重复自(18)]却是合法的。它们在合法性上形成对比的原因显而易见:英语 Wh 短语 *who* 必须移至算子位置而对句子进行句类标注。如果它不移位,句子就无法被标注,也因此得不到解读。如果它移位,又会违反孤岛条件。(148)合法,因为在汉语中句子是由约束 Wh 词的疑问助词来标注的,故 Wh 词不需要移出孤岛来标注句子。由于汉语 Wh 词可以通过选择函项在原位进行解读,它是能够得到解读的。如此,没有什么可以排除(148)。

(147) *[$_{CP}$ Who$_i$ [$_{IP}$ do you like [$_{NP}$ the books [$_{CP}$ that [$_{IP}$ describe t$_i$]]]]]]?

(148) [你喜欢[$_{NP}$[$_{IP}$ 批评**谁**]的书]]?

需要指出的是,在英语中,Wh 词如果不参与句类标注,也是需要通过选择函项进行解读的。重复自(17)的(149),以及重复自(25)的(150),都是合法的,因为原位 Wh 词可以通过选择函项进行解读。

(149) Who likes books that criticize **whom**?

(150) Who reads the books that **who** writes?

(149)中的原位 Wh 词是宾语,(150)中的原位 Wh 词是主语。由于不假定主语是受到词汇管辖的,所以不能通过逻辑式移位和空语类原则来解释(150)的合法性。但是,其合法性在我们的分析下就可以得到解释。下列重复自(13a)的句子不合法,也是我们的分析可以预测的,因为其中的原位 Wh 词 *how* 不能通过选择函项应用得到解读。

(151) *What did you buy t how?

现在讨论为什么下列两个句子在可接受度上形成对比。

(152) *What did who buy?

(153) Which book did which person buy?

(152)不可接受,这是标句条件分析所预测的,因为与 C 一致的 Wh 词既不是最显著的,也不是最近距的。但是,如何解释(153)的合法性?既然(153)中的两个 Wh 短语都是天然话语连接的,我们可以认为它们在话语中都是显著的;实际上,对于话语连接的 Wh 短语而言,正是话语决定了哪一个是更加显著的。假定在(153)中,相关的话语确定 *which book* 更加显著,那么它就可以跨越更靠近 C 的另一个 which-NP。此时,显著性凌驾于局部性。但是,似乎还有显著性无法凌驾于局部性的其他情况。例如,在(147)中,即使是将 *who* 替换为 which-NP,孤岛效应依然存在。

这表明,在英语中,只有在显性移位的某些情况下,显著性才可以凌驾于局部性,而不是在所有的情况下都可以如此。确切地说,在英语中,优先条件和最小连接条件(MLC)可以违反,但孤岛条件似乎是不可违反的。

上文讨论的例子,比如(36)和(37),在此重复为(154)和(155),似乎对我们关于话语连接的 Wh 短语的分析构成问题。

(154) ?What did which student read t?

(155) ?Which book did how many people buy t?

如果话语连接的 Wh 短语更加显著,况且在(154)中,话语连接的 Wh 短语还是一个主语,那为什么它还被一个不够显著的 Wh 成分跨越?如果话语连接的 Wh 短语更加显著,因而可以违反局部性限制,那为什么(155)不是完全可接受的句子?对(154)和(155)合理的描述似乎是,话语连接的 Wh 短语不需要移位,但是可以越过另一个 Wh 短语进行移位。这怎么可能?我认为,话语连接的 Wh 短语在话语中就可以解读,因此不需要移位至[Spec,CP]进行解读;而且,话语连接的 Wh 短语在话语中是显著的,因此可以越过另一个 Wh 词进行移位。在(153)这一例中,两个 Wh 短语都是话语连接的,二者中的任何一个都可以移位,因为任何一个都可视为显著。同时,二者中的任何一个都可以留在原位,因为任何一个都可以作为话语相关的成分在话语中进行解读。这一分析看似合理,但是却无法解释为什么(154)和(155)不是完全可接受的。在 2.3 节,我将尝试对(154)和(155)做出更好的解释。

现在,我们来看以下重复自(28)的句子能否以同样的方法解释。

(156) a. *What did who give t to Mary?

    b. What did who give to whom?

以上二例可接受度的对比,看来不能以同样的方法解释,因为这两个句子中的 Wh 成分都不是话语连接的。在下一节中,我将讨论为什么(156)中的两个句子在可接受度上形成对比。

2.3 Wh 解读中的经济原则

2.3.1 句类标注与 Wh 解读的分工

首先讨论一个问题:为什么在形成 Wh 疑问句时需要标句条件? 这相当于在问,标句条件的动因是什么。标句条件似乎是句法原因和语义原因共同驱动的。说它是句法原因驱动的,是因为 Wh 疑问句在句法上需要被标注句类。说它是语义原因驱动的,是因为在形成 Wh 疑问句时需要考虑 Wh 短语的显著性。那么,接下来要问的问题是:为什么在形成 Wh 疑问句时要考虑 Wh 词的显著性? 在回答这个问题之前,我们先讨论以下句子。

(157) a. *你为什么偷了什么?

b. 你为(了)什么偷了什么?

标句条件可以预测(157a)不合法,但无法预测(157b)的合法性。由于标句条件涉及多重 Wh 疑问句,我们需要考虑多重 Wh 疑问句中各 Wh 成分之间的关系。首先讨论为什么在大多数情况下不应违反标句条件。我认为这可以从(158)和(159)的对比中找到答案。

(158) a. Who bought what?

b. *What did who buy?

(159) a. Which person bought which book?

b. Which book did which person buy?

霍恩斯坦（Hornstein 1995：132）假设成对解读（pair-list reading）需要"集合生成器"（set generator）①，而一个非天然话语连接的 Wh 短语只有在占据非论元位置（A'-position）时，才能充当集合生成器。这一假设能够解释（158b）为何不可接受，因为 *what* 不如 *who* 显著，且 *what* 不是话语连接的 Wh 词，故无法充当集合生成器。（159b）是可接受的，因为其中的 Wh 主语是天然话语连接的 Wh 短语，即使是留在原位，也可以充当集合生成器。基于霍恩斯坦（Hornstein 1995：126）的分析，我假定多重 Wh 疑问句须强制性地得到成对解读。如果是这样，那么多重 Wh 疑问句的解读必须建立在相关 Wh 短语之间的依存关系（dependency）上。正是在这一点上，集合生成器这一概念变得很重要。我假定，如果涉及两个 Wh 短语，其中一个 Wh 短语必须充当合格的集合生成器，生成一个可及的集合，而另一个 Wh 短语可以依赖于该集合进行解读。以（158a）为例。首先，必须生成一个 *who* 指涉的集合，然后 Wh 短语 *what* 可以与这一集合中的元素配对而进行解读。如果从语法功能的角度理解显著性，则有理由认为首选的集合生成器应为最显著的 Wh 短语（即主语），因为主语总是带有话语突显性（discourse saliency），故很容易生成一个可及的集合。当考虑话语突显性时，自然认为主语比宾语更显著，Wh 论元比 Wh 嫁接语更显著。（157a）是不可解读的，因为当"为"被焦点化时，"**为什么**"无法生成一个可及的集合，以供另一个 Wh 短语依赖于该集合进行解读。（157b）是可接受的，因为当"什么"被焦点化时，"为（了）**什么**"可以生成一个由理由或目的组成的集合。注意，如果（157b）中的"什么"没有被焦点化，句子就不合法，因为在这种情况下，"为什么"无法生成一个可及的集合。另一种解释（157b）可

① 即：能够生成集合的成分。

接受性的方法基本上是理论内部的(theory-internal)。如果我们将"为**什么**"中被焦点化的"**什么**"视为论元,就可以解释为什么(157b)是可接受的,因为按照(98)中给出的显著性等级,(157b)中"为**什么**"的"**什么**"与 Wh 宾语之间不存在等级排序。在(158b)中,*what* 作为宾语,不如主语 *who* 显著,故不能作为合格的集合生成器。由于 *what* 无法生成一个可供 *who* 依赖而进行解读的集合,*who* 就得不到允准。与(158b)形成对比的(159b)是可接受的,因为话语连接的 Wh 短语,无论是在[Spec,CP]位置还是在原位,总是可以充当集合生成器。

现在讨论为什么以下英语句子(160a)是合法的,尽管其中处于[Spec,CP]的 Wh 词 *why* 不是合格的集合生成器。

(160) a. Why$_i$ did Bill buy what t$_i$?

b. *I wonder why$_i$ you bought what t$_i$.

66　　　事实上,(160a)作为一个直接问句,是不可接受的。霍恩斯坦(Hornstein 1995)认为,(160a)之所以可以接受,是因为它很容易被理解为一种回声问句。霍恩斯坦(Hornstein 1995:148)指出,如果(160a)这样的句子内嵌到 *I wonder* 后,如(160b)所示,相关句子就变得不可接受,因为该句不倾向于被解读为回声问句。注意,如果(160b)中的主句主语不是第一人称代词 *I*,Wh 宾语 *what* 仍然可以解读为回声 Wh 词;如果 *what* 解读为回声 Wh 词,相关句子就变得可以接受。按照目前的分析,可以预测(160a)作为直接问句是不可接受的,因为 *why* 是嫁接语,不如 Wh 宾语 *what* 显著,故无法充当集合生成器。

以上讨论表明,之所以需要显著性,仅仅是因为多重 Wh 疑问句依赖于一个显著的集合生成器进行解读。显著性似乎只与 Wh 解读有关,而与句类标注无关。如果是这样,我们的标句条件就包含了两种不同的条件:句类标注和 Wh 解读。如果将 Wh 句类标注条件处理为一项纯标句条件,它或许就不考虑 Wh 成分如何解读的问题。在这种情况下,标句条件或许就不需要考虑显著性,尽管它必须考虑局部性。为了区分句类标注与 Wh 解读,我将标句条件重新定义如下,即"唯标句条件"。

(161) 唯标句条件(Pure Clausal Typing Condition,PCTC)
    a. 对于 Wh 提升语言,一个句子被标注为 Wh 疑问句,当且仅当其中一个 Wh 词通过不跨越任何强孤岛(strong island)的循环移位显性移位至 [Spec,CP]。
    b. 对于疑问助词语言,一个句子被标注为 Wh 疑问句,当嵌入 [Spec,CP] 的最近的疑问算子与离它最近的 Wh 词一起解读。

(161a) 意味着,在 Wh 提升语言中,如果置于 [Spec,CP] 的 Wh 词是从一个强孤岛中提取出的,那么句子就无法被标注为 Wh 疑问句。强孤岛定义如下(Cinque 1990):

(162) 强孤岛为复杂名词词组和主语从句、嫁接语从句。

2.3.2 经济原则与 Wh 解读

关于 Wh 解读,我认为有必要区分句法解读(syntactic interpretation)与语义解读(semantic interpretation)。

(163) 句法中的 Wh 解读(Wh-Interpretation in Syntax)
    一个 Wh 词可直接在句法中得到解读,当且仅当它通过一致操作与 C 匹配(match)。

67   我认为,一致操作的概念应泛化,将算子—变量约束的概念涵括在内,因为约束意味着导致一致关系的同标关系。因此,我将一致操作定义如下:

(164) 广义的一致操作(The Generalized Agree Operation)
探针可以通过标识语—中心语一致关系或算子—变量约束而与目标进行一致操作,当且仅当满足以下两个条件:
a. 在应用一致操作前,探针与目标彼此相距最近。
b. 目标不包含于孤岛中。

上述定义要求一致操作须遵守严格的局部性限制。这是合理的,因为一致是一项句法操作。然而,如果我们采用上述对一致操作的严格定义,自然会产生一个问题:为什么只有句法解读中所涉及的算子—变量约束对孤岛限制敏感?若无证据表明算子—变量约束应在某处(somewhere)受限制而在别处(elsewhere)不受限制,那么说算子—变量约束仅在句法解读中受限制,就是人为规定。对于这个问题,一个可能的解决方案是,假定算子—变量约束一般不受孤岛条件限制,只有移位(无论是显性的还是隐性的)才对孤岛敏感。根据这一推论,我们可以假定,(164)中由算子—变量约束所定义的探针与目标之间的一致操作关系,并不是通过约束实现的,而是通过逻辑式层面的标识语—中心语一致关系实现的。假定存在对应于显性句法移位的逻辑式移位,且这一逻辑式移位与显性移位同样高度受限。由于没有证据表明逻辑式移位不受孤岛条件限制,我假定以下关于 Wh 移位的条件为真。

(165) Wh 移位条件(The Condition on Wh-Movement)
一个 Wh 成分可以在句法或逻辑式中移位至 CP 的

Spec,当且仅当它是为标注句类或 Wh 特征核查（feature checking）而移位,且其移位不违反强孤岛限制。

现在,我们可以将一致操作重新定义如下:

(166) 一致操作(修订的) [Agree Operation (Revised)]
    探针可以在句法或逻辑式中通过标识语—中心语一致关系而与目标进行一致操作,当且仅当满足以下两个条件:
    a. 在应用一致操作前,探针与目标彼此相距最近。
    b. 目标不包含于孤岛中。

在此前的讨论中,我们将选择函项应用作为解读原位 Wh 词   68
的手段。如果我们将一致操作视为一种在句法中解读 Wh 词的途径,我们就可以将选择函项应用和成对解读作为一项在语义中调控 Wh 解读的条件。

(167) 语义中的 Wh 解读(Wh-Interpretation in Semantics)
    若一个 Wh 词通过选择函项应用或在成对解读中解读,则它即在语义中得到解读。

以下是成对解读的条件:

(168) 成对解读条件(The Condition on the Pair-List Reading)
    B 可与 A 在成对解读中一起解读,如果(i) A 可充当集合生成器,且(ii) B 可与由 A 生成的集合中的成员配对。

以下是集合生成器条件：

(169) 集合生成器条件(The Condition on Set Generators)
A 对于 B 而言是一个集合生成器,如果(i) A 位于 B 之前且 A 比 B 更加显著,或(ii) A 是一个天然话语连接的 Wh 短语,且成分统制 B 的语迹。

(98)中给出的显著性的定义,修订如下：

(170) 显著性等级(Prominence Hierarchy)
a. 主语 > 非主语
b. 论元 > 非论元
c. 词汇成分 > 功能成分
d. 话语连接成分 > 非话语连接成分

根据(166)中给出的修订的一致操作定义,如果一个 Wh 词包含于孤岛中,就无法移位至[Spec, CP],即使是在逻辑式中也无法移至[Spec, CP];如此一来,在疑问助词语言中,Wh 词包含于孤岛中的句子显然只能通过语义操作(即选择函项应用)被标注为 Wh 疑问句。然而,不是所有的 Wh 词都可以通过选择函项应用与疑问算子一起解读,因为选择函项应用受到以下条件制约。

(171) 选择函项应用条件(The Condition on the Choice Function Application)
如果一个 Wh 短语可以指涉一个集合且集合中的成员具有离散特性或者可以(至少在概念上)被个体化,则它可以通过选择函项进行解读。

69　　按照我们的分析,如果一个集合可以在交际的共同背景中被预设,那么该集合就可以被认为是由具有离散特性的成员或者可以(至少在概念上)被个体化的成员组成的。

如以下例句所示,当一个 Wh 词出现在复杂名词词组所定义的孤岛中时,这个复杂名词词组的核心名词必须是一个光杆名词。如果复杂名词词组的核心名词是一个定指的(definite)NP,那么 Wh 词处于这一复杂名词词组中时,句子就会不合法。

(172) a. [[谁写]的书]最有趣?

　　　b. *[[谁写]的这本书]最有趣?

(172b)不合法,是因为复杂名词词组的定指核心名词无法解读为一个由书组成的集合,这一由书组成的集合要用来与孤岛中包含的 Wh 词"谁"所指涉的由作者组成的集合进行配对。(172b)询问的答案涉及一个由作者组成的集合与一个由书组成的集合之间的配对关系。若这一配对关系不成立,句子会变得不可接受,因为它是无法回答的。此前讨论过的下列例句不合法,或许也是因为在 Wh 词与复杂名词词组的核心名词之间不可能确立配对关系。

(173) *[[他为什么写]的书]最有趣?

在(173)中,尽管核心名词"书"确实指涉一个由书组成的集合,但"为什么"却不指涉一个由具有离散特性或可以被个体化的成员所组成的集合。由于"为什么"与"书"之间无法建立配对关系,因此句子无从解读。注意,即使认为"为什么"可以指涉某个集合,它所指涉的集合本质上也是一个开放集,因而不能在交际的共同背景中被预设。如此一来,"为什么"与核心名词"书"之间无法建立任何可能的配对关系,因为二者并不都关联一个在交际的共同背景中被预设的由离散的成员组成的集合。

鉴于所有的 Wh 短语都需要以某种方式进行解读,我们可以制订如下 Wh 解读条件。

70

(174) Wh 解读条件(Wh-Interpretation Condition)

一个 Wh 短语须被恰当解读;若其在句法或语义中得到解读,则被恰当解读。

至此可以看到,Wh 句类标注与 Wh 解读之间存在着分工。Wh 句类标注可以通过 Wh 提升或疑问算子插入来完成。句法中的 Wh 解读是通过一致操作完成的,而语义中的 Wh 解读则是通过选择函项应用或成对解读实现的。在单一 Wh 疑问句中,Wh 短语可以通过一致操作或者选择函项应用进行解读。若通过一致操作进行解读,则其直接在句法中被解读;若通过选择函项应用进行解读,则其在语义中被解读。在多重 Wh 疑问句中,若一致操作可用,其中一个 Wh 短语即可在句法中被解读;不通过一致操作进行解读的其他 Wh 短语,则倾向于通过成对解读得到解读。

以上论述表明,Wh 短语既可以在句法中被解读,也可以在语义中被解读。遵循最简方案的精神,我提出句法中的 Wh 解读总是优先于语义中的 Wh 解读,因为前者是解读 Wh 结构的最经济的方式[参看罗伊兰(Reuland 2001),其在对反身代词解读的讨论中有类似的观点]。句法操作是最经济的,因为句法操作不需要应用任何额外的非句法机制。如果这一分析是正确的,那么 Wh 结构的解读必须受到以下经济性考量的制约。

(175) 经济原则(Principle of Economy, PE)

在任何可能的情况下均选择最经济的操作,除非是确定要取消与之相关的解读。

a. 句法解读 > 语义解读

b. 默认解读(default interpretation)> 非默认解读

（nondefault interpretation）

（A > B 表示 A 比 B 更加经济）

现在讨论为什么（156）中的两个句子［重复为下例（176）］在可接受度上形成对比。

（176） a. *What did who give t to Mary?

b. ?What did who give to whom?

在（176a）中，*what* 的移位违反了经济原则，因为 Wh 宾语 *what* 的移位剥夺了 Wh 主语 *who* 通过一致操作在句法中被解读的机会。虽然（176a）中的 *what* 移位至［Spec，CP］，但是根据（166），它并没有通过一致操作在句法中被解读。注意，更严重的是，*what* 的前置同时也取消了 *what* 在成对解读中被解读的可能，因为 *what* 不如 *who* 显著，不能作为合格的集合生成器。假定在多重疑问句中成对解读是 Wh 词的默认解读，那么，由于（176a）中的 *what* 没有在成对解读中被解读，故 *what* 的移位导致再一次违反经济原则。既然 *who* 和 *what* 均未能以经济的方式被解读，那么（176a）不合法便是意料之中的。在以上表达式中，（176b）标为"?"，因为根据母语者的语感判断，这个句子不是完全可接受的。这是可以预测的：当 *what* 移至算子位置时，违反了经济原则，因为 *what* 的前置剥夺了 Wh 主语 *who* 通过一致操作在句法中被解读的机会。（176b）好于（176a），尽管（176b）中的 *who* 也无法在句法中被解读，但它却仍然可以在语义中被解读，因为 *who* 可以生成一个集合，以便让 *whom* 与之进行配对。当两个 Wh 短语在一个句子中共现时，如果显著的 Wh 短语成分统制不够显著的 Wh 短语，二者就会尽量推导成对解读。由于 *who* 比 *whom* 更加显著，因此 *who* 可以充当集合生成器（注意：这说明集合生成器不一定要占据非论元位置；当然，它必须是显著的），*who* 和 *whom* 都可以得

71

到解读。有趣的是,尽管前置的 *what* 不能在成对解读中允准位于其后的其他 Wh 词,但 *what* 本身是可以在成对解读中得到允准的。由于 Wh 主语可以为间接 Wh 宾语 *whom* 充当集合生成器,*who* 与 *whom* 之间可以建立配对关系,因此,前置的 *what* 就可以在逻辑式中还原至其初始位置,进而与 *who* 和 *whom* 一起在成对解读中被解读。(176b)的可接受度大幅度提高,这说明对于多重 Wh 疑问句而言,重要的是其中所涉及的 Wh 词能否在成对解读中被解读。假定成对解读(作为默认解读)是解读多重 Wh 疑问句中 Wh 词的最经济的方式。那么,(176b)为什么变得可以接受,就得到解释了。注意,目前的分析预测(159b)不应该同(159a)一样好,因为根据经济原则,(159a)[重复为下例(177a)]中的推导是最优的。事实上,这一预测与一些母语者的语感判断是一致的。在(159b)[重复为下例(177b)]中,虽然 Wh 宾语的前置取消了 Wh 主语通过一致操作在句法中被解读的机会,但或许并未违反经济原则。然而,天然话语连接的 Wh 短语可以不需要通过一致操作进行解读。(177b)不如(177a)好,因为在所有条件相同的情况下,探针总是优先选择一个更近距的目标,而不是不够近距的目标。注意,在(177b)中,天然话语连接的 Wh 主语成分统制 Wh 宾语移位留下的语迹,从而可以充当集合生成器,因此,Wh 宾语的移位并不会破坏成对解读。

(177) a. Which person bought which book?

b. (?) Which book did which person buy?

按照这一分析思路,我们还可以解释(154)和(155),分别重复为下例(178)和(179)。

(178) ? What did which student read t?

(179) ? Which book did how many people buy t?

（178）与（176a）之间的区别在于，在（178）中，*what* 的移位或许不会破坏两个 Wh 短语的成对解读，因为 Wh 主语是一个天然话语连接的 which 短语，它成分统制 *what* 的语迹，从而可以充当集合生成器。（178）不是完全可接受的句子，或是由于语法系统无法确定是否违反经济原则所致。注意，（178）可能违反了经济原则，因为 *what* 的移位剥夺了 which 短语通过一致操作在句法中被解读的机会。（178）也可能没有违反经济原则，因为 Wh 主语是一个天然话语连接的 which 短语，假定天然话语连接的 which 短语可以依靠话语而非句法获得其默认解读，它就可以不依赖于一致操作进行解读。现在讨论（179）。与（178）一样，尽管（179）中的 Wh 主语因话语连接的 Wh 短语前置而无法通过一致操作在句法中被解读，但这个句子却不是完全不合法的，因为按照（170），话语连接的 Wh 短语比非话语连接的 Wh 主语更加显著，加之话语连接的 Wh 短语又位于这个 Wh 主语之前，因而成对解读未被破坏。有人或许会问：如果（179）违反了经济原则，为什么它没有作为完全不合法的句子被标上星号？如果我们将经济原则视为一项推导最优解读的机制，我们就可以明白为什么不把（179）标为不合法的句子。在多重 Wh 疑问句中，Wh 成分的最优解读是成对解读。如果经济原则仅仅作为一项协助推导成对解读的条件，那么（178）和（179）未被排除的原因就很清楚了，因为成对解读仍然可以保留。

按照博林格（Bolinger 1978）的观点，如果相关 Wh 词通过语境化（contextualization）被迫变为话语连接的 Wh 词，那么像（158b）这样的句子在特定的语境下也可以变得更可接受。我们认为，允准一个单句中按有标记的（marked）顺序排列的多个 Wh 词，大体上有两种可能的方式：词汇手段（话语连接的 which 短语）或者语境化。但是要注意，即使（158b）这样的句子通过语境化迫使 Wh 词变成话语连接的，从而提高了其可接受度，但是，由于前置的 Wh 宾语不是合格的集合生成器，这些 Wh 词也仍然不能在成对解读中被解读。这也是经济原则所预测的,因为(158b)中这种代价高的推导,只有在确定要取消与最经济的解读相关联的解读时,才是可接受的。推导 Wh 疑问句的最经济的方式,或许是保持由默认或典型/正则(canonical)语序所确立的 Wh 词的顺序,因为只有从这样的顺序中,非天然话语连接的 Wh 词才能够获得成对解读。但是,这一分析似乎无法解释以下句子。

73

(180) Who did everyone like?

以上句子除了可以有个体(individual)回答和函数(functional)回答之外,还可以有一个成对(pair-list)回答,如下所示:

(181) a. John and Mary.(个体回答)

b. His mother. / Their mothers.(函数回答)

c. Bill likes John, and Tom likes Mary.(成对回答)

这里要问的问题是:即使 Wh 宾语前置了,为什么(180)也仍然可以获得成对解读? 我认为,(180)仍然可以获得成对解读,不仅是因为 *everyone* 是一个天然的集合生成器且成分统制 *who* 的语迹,而且还因为令该句中的 Wh 宾语 *who* 移位,是形成 Wh 疑问句的唯一合法途径。从这个意义上说,移位是最后一招(the last resort)。我认为,如果可以在不移动 Wh 词的情况下形成一个合法的 Wh 疑问句,那么移动 Wh 词就会导致丧失成对解读。而这正是汉语中的情况。请看以下汉语句子:

(182) a. 每个人都喜欢谁呢?

b. 谁,每个人都喜欢呢?

在(182a)中,可以得到成对解读,但在(182b)中,就得不到成对解读。所有这些均表明,无标记的(unmarked)推导是为了维持无标记的语义。在可进行典型/正则或无标记句法推导的情况下,凡是使用有标记的推导,其目的就是要取消与无标记推导关联的语义隐含(semantic implication)。在这个意义上,经济原则可以视为保证 Wh 疑问句无标记句法推导的一种手段。尽管经济原则不是一项绝对的语法限制条件,但是,任何违反经济原则的推导都是有代价的,因为经济原则指明了解读 Wh 疑问句的最经济的方式。

在以上分析中,我们已经证明经济原则基本上是一种协助多重 Wh 疑问句推导成对解读的机制。实际上,经济原则的背后是相关 Wh 词的显著性。经济原则用来保证不够显著的 Wh 词可以依赖最显著的 Wh 词进行解读,只有这样才能恰当地推导出成对解读,因为成对解读的产生依赖于集合生成器,而只有显著的 Wh 词才能充当集合生成器。请看下列重复自(100)的例句:

(183) ˚张三为什么喜欢谁?

74

在以上句子中,Wh 嫁接语通过一致操作在句法中被解读,但是 Wh 宾语无法在成对解读中进行解读,因为位于它之前的 Wh 词不是显著的,无法充当集合生成器。由于 Wh 宾语无法在成对解读中获得解读,(183)违反了经济原则,因此句子被排除。注意,我们已经论证,在多重 Wh 疑问句中,所有的 Wh 词都优先在成对解读中进行解读。在(183)中,由于 Wh 嫁接语位于 Wh 宾语之前,却又不能充当集合生成器,故 Wh 宾语和 Wh 嫁接语均无法在成对解读中获得解读。上述情况表明,在多重 Wh 疑问句中,最重要的是推导成对解读。如果违反经济原则导致丧失成对解读,则句子会被排除;而如果违反经济原则并未导致丧失成对解读,如(178)和(179)所示,则句子可能不会被排除。

注意,目前的分析虽然预测(183)因其中的 Wh 宾语"谁"无法在成对解读中获得解读,故应被排除,但是还并未说明(183)中的 Wh 宾语"谁"是否可以通过选择函项应用进行解读。我认为,(183)中的 Wh 宾语不能通过选择函项应用进行解读。假如它可以,则无法恰当地解释(183)不可接受的原因。在 2.3.5 节中,我将解释为什么(183)中的 Wh 宾语不能通过选择函项应用进行解读。

2.3.3 汉语 Wh 疑问句的结构

在汉语 Wh 疑问句中,疑问助词处于句末位置,但在我们之前的讨论中,似乎假定 C 位于句子的左缘。既然我们提出疑问助词是一个 C 位置上的算子,这又怎么可能?显然,我们之前的分析还没有明确地说明汉语 Wh 疑问句的结构。根据宁春岩(Ning 1993)对汉语关系从句的分析,我为汉语 Wh 疑问句提出以下结构。

(184)

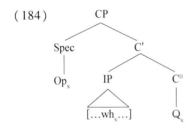

在(184)中,疑问助词位于 C^0 位置,是中心语在后的(head-final),处于句子的右缘或右边界。如果是这样,我提出的疑问助词是算子的说法一定是不精确的。我们可以假设:疑问助词是 C 中心语的实现形式,而疑问算子是独立引入至 CP 的 Spec 的,以支撑 C^0 并与 C^0 一致。所有这些都完成后,句子变为一个疑问句,但还不是一个 Wh 疑问句。要形成 Wh 疑问句,C 需要与一个 Wh 词一起解读。根据唯标句条件,这是通过将疑问算子 Op 与离它最近的 Wh 词进行关联而实现的。当 Op 与 Wh 词关联后,将与之共享其 Wh 特征。由于 Op 与疑问助词具有一致关系,它会将自身的 Wh 特征传递给疑问助词。如此一来,就形成 Wh 疑问句。

2.3.4　重议多重 Wh 疑问句

在区分句类标注与 Wh 解读之后,我们可以以一种更令人满意的方法解释多重 Wh 现象。请看(126),在此重复为下例(185)。

(185) a.　*Who$_i$ do you wonder [$_{CP}$ t$_i$ [$_{IP}$ t$_i$ bought what]]?

b.　*What$_i$ do you wonder [$_{CP}$ t$_i$ [who bought t$_i$]]?

(185a)只能通过循环移位推导出来;否则,就会违反唯标句条件中所规定的循环性限制要求。其结果就是,句子无法被标注句类。然而,如果这个 Wh 词进行循环移位,当它移至内嵌句的[Spec,CP]时,由于内嵌句的 C 因主句动词的子语类化要求而具有 Wh 特征,它就会在一致关系中被锚定在此处,故而就不能再移至主句 CP 域内了。注意,(185a)中的推导还违反了经济原则,因为探针与目标在移位之前彼此不是相距最近的。如此一来,(185a)中的 Wh 词就无法通过一致操作在句法中被解读。

现在讨论(185b),该句的推导过程与(129)形成对比,(129)重复为下例(186)。

(186)$^{?*}$What$_i$ do you wonder [$_{CP}$ t$_i$ [$_{CP}$ who$_j$ [t$_j$ bought t$_i$]]]?

(185b)是不合法的推导,因为(i)当 *what* 与内嵌句的 C 一致后,就不允许它再进行进一步的移位;(ii) *what* 的前置被经济原则排除。在(186)中,*who* 与内嵌句的 C 一致,以满足主句动词的子语类化要求;*what* 先嫁接到内嵌句 CP,进而移至主句 CP 域内。(186)是违反 Wh 孤岛限制的典型例证,但它不像(185a)那么差,这种现象通常以恰当管辖来解释。按照目前的分析,(186)不至于那么差,是因为它没有违反唯标句条件,因为主句动词对内嵌句 C 的子语类化要求可由 *who* 满足。该句的推导不合法,是因为 *what* 的移位违反了经济原则。注意,根据句法中的 Wh 解读条件,*what* 虽处于主句 CP 域内,却无法在句法中被解读。显然,*what* 获得解读的最经济的方式是在成对解读中与 *who* 配对。然而,*what* 的移位破坏了这一最优解读,因为 *what* 不如 *who* 显著,虽位于 *who* 之前,但无法充当集合生成器。这就是(186)不是一个好句子的原因。现在讨论(128),在此重复为(187)。

(187) *Who$_i$ do you wonder $[_{CP}$ what$_j$ $[_{IP}$ t$_i$ bought t$_j$$]]$?

虽然(187)中的 *what* 移位至内嵌句 CP 域内,但根据我们的定义,它无法通过一致操作在句法中被解读。由于 *who* 的最优解读因 *what* 移位而被取消,故(187)违反了经济原则。此外,*what* 的移位还取消了其自身在成对解读中被解读的机会,这再一次违反了经济原则。(187)中的 *who* 移位至主句的[Spec,CP],同样也违反经济原则,因为探针与目标在移位之前彼此不是相距最近的,*who* 无法通过一致操作在句法中被解读。既然(187)数次违反经济原则,它就不可能是合法的句子。

现在讨论以下汉语多重 Wh 疑问句。

(188)他问你[谁买了什么]。

目前的分析预测(188)中的多个 Wh 词只能有内嵌间接问句解读。根据唯标句条件和经济原则,由于内嵌句的 C 具有主句动

词所要求的 Q 特征,因此 Wh 主语不能跨越内嵌句的 C 而取主句辖域。如果 Wh 主语作为目标与主句的探针(疑问算子)关联进行解读,它也不能通过一致操作在句法中被解读,因为探针与目标彼此不是相距最近的。与 Wh 主语相距最近的探针是内嵌句的疑问算子。Wh 宾语不包含于强孤岛中,它可以在逻辑式进行移位,但是这一移位会取消其在成对解读中被解读的机会,以致违反经济原则,因为这一 Wh 宾语获得解读的最经济的方式是在成对解读中与 Wh 主语配对。注意,即使 Wh 宾语与主句疑问算子关联进行解读,由于二者彼此不是相距最近的,Wh 宾语也无法通过一致操作在句法中被解读。按照目前的分析,如果我们在(188)主句CP 的 Spec 位置上插入一个疑问算子,这就意味着我们想把这个句子标注为 Wh 疑问句。但是,将主句的疑问算子与 Wh 宾语进行关联,并不能使句子成为 Wh 疑问句,因为 Wh 宾语不是离主句疑问算子最近的,无法满足唯标句条件。

需要注意的是,以上英语和汉语例句并不表明内嵌多重 Wh 疑问句中的 Wh 词普遍不能取宽域。实际上,这些例子仅表明,内嵌句中含 Q 特征的 C 会阻断 Wh 词获取宽域解读。如果相关的 C 不含 Q 特征,Wh 词就可以取宽域,如下所示:

(189) a. Who do you think bought what?

     b. 你认为谁买了什么?

在以上句子中,内嵌句中的 Wh 词可以得到宽域解读。

现在再讨论以下句子:

(190) Who wonders who bought what?

(190)的回答可以是(191a)和(191b),但不能是(191c)和(191d),因为后两个回答本身就是不合法的句子[13]。

(191) a. John does.

b. John wonders who bought the book, and Bill
wonders who bought the pen, and ...

c. *John wonders Bill bought what, and Mary wonders
Ted bought what, and ...

d. *John wonders Bill bought the book.

（191c）和（191d）都不合法,因为内嵌句的 C 没有被 Wh 词标注,故无法满足主句动词的子语类化要求。问题是如何解释（191b）为什么是可接受的。内嵌句的 Wh 宾语似乎可以在被标注为[+WH]的内嵌句 CP 域之外获得解读。基于久野暲、罗宾森（Kuno & Robinson 1972）的分析,我认为（190）中内嵌句的 Wh 宾语或许不可以作为直接疑问词来解读,尽管它可以与主句的 Wh 词一起得到成对解读。注意,（190）中内嵌句的 Wh 宾语,可以不给它提供值,如（191a）所示。在（192）中,由于两个 Wh 词都是直接疑问词,在回答时必须强制为这两个 Wh 词提供值,如（193）所示。

(192) Who bought what?

(193) a. John bought a book, and Bill bought a pen, and ...

b. *John did.

78　　由此可以认为,只有间接问句可以不做出回答。我指出（190）中内嵌句的 Wh 宾语是一个间接问句的 Wh 词,那么我必须解释,既然间接问句不需要回答,为什么这个 Wh 词却可以得到回答。我认为直接问句与间接问句的区别,并不在于是否可能得到回答,而是在于是否强制性要求得到回答①。对于直接问句而言,

①　此处原文可直译为:"不在于得到回答的可能性（possibility）,而在于得到回答的强制性（obligatoriness）。"

是强制性寻求回答;而对于间接问句而言,不是必须得到回答。这是它们之间的根本区别。例如,以下汉语句子(194)是一个间接问句,可以选择性地用(195)回答。

(194) 我想知道谁会来。
　　　'I want to know who will come.'
(195) 李四会来。
　　　'Lisi will come.'

同样,(194)的英文翻译可以用(195)的英文翻译来回答。设想说话人向听话人说"I want to know who will come"('我想知道谁会来')这样的句子,听话人用"Lisi will come"('李四会来')这样的句子回应,是十分自然的,尽管前者并不是一个 Wh 疑问句。

久野暲、罗宾森(Kuno & Robinson 1972:481)所讨论的下列例句进一步表明,可回答性(answerability)不能作为证据来支持可回答的 Wh 词应解读为直接疑问词。

(196) Who remembers where we bought these books?
(197) a. John does.

　　　b. John remembers where we bought the physics book, and Martha and Ted remember where we bought *The Wizard of Oz*.

(196)可以用(197a)回答,但有趣的是,该句也可以用(197b)回答。当然,没有人希望把 *these books* 当作一个疑问词。如果说(197b)作为(196)可能的回答,不能证明名词短语 *these books* 是直接疑问词,那么,(191b)作为(190)可能的回答,同样不能证明内嵌句的 Wh 宾语是直接疑问词。

注意,尽管我认为(190)中内嵌句的 Wh 宾语不能解读为直接 Wh 疑问词,但并不是说它就不能与主句的 Wh 主语一起获得成对解读。实际上,按照目前的分析,没有什么能阻止它与主句的 Wh 主语一起获得成对解读。在目前的分析中,Wh 孤岛效应是唯标句条件所预测的。但是,当内嵌句的 Wh 宾语与主句的 Wh 主语一起解读时,不会违反唯标句条件,因为句类标注是由主句的 Wh 主语完成的,内嵌句的 Wh 宾语在句类标注中不起作用。

2.3.5 对“为什么”和 A-not-A 的一点思考:唯标句条件的再修订

既然我们在一致操作与选择函项应用之间做出了区分,我们就可以解释为什么以下句子的合法性不同。

(198) a. 他为什么写书?

　　 b. *[他为什么写的书]最有趣?

在(198a)中,Wh 词“**为什么**”可以在逻辑式中移位至[Spec,CP],因此它是通过一致操作在句法中被解读的。在(198b)中,Wh 词“**为什么**”处于孤岛之中,故无法移位至主句的[Spec,CP]。因此,它不能通过一致操作在句法中被解读。既然一致操作不可行,我们自然要进行下一步,看看是否可以应用选择函项。根据(171)中给出的选择函项应用条件,选择函项只能应用于可以指涉一个由可被个体化的成员所组成的集合的 Wh 短语。如果是这样,那么“**为什么**”无法通过选择函项进行解读的原因就很清楚了:它无法指涉一个由可被个体化的成员组成的集合。请看以下句子:

(199) a. 他怎么也/都不肯去。

　　b.　*他为什么也/都不肯去。

　　在以上句子中,"怎么"可以被强调标记(emphatic marker)"也"焦点化,或者被"都"量化,但是"为什么"不能[14]。徐烈炯(Xu 1990:371)注意到,汉语中的"怎么"以及其他 Wh 词都可以解读为不定指的代词或副词,而唯独"为什么"在这方面表现出独特性。我认为,"为什么"不能解读为不定指的副词,是因其排斥个体化所致。它无法指涉一个由可被个体化的成员组成的集合,故不能用作不定指的副词,也因此排斥被"也"焦点化或被"都"量化,因为这要求相关 Wh 短语可以被个体化。

　　现在讨论另一个关于(198b)中"为什么"的问题。如果说"为什么"处于强孤岛中时就无法被恰当解读,那么像(198b)这样的句子还是 Wh 疑问句吗? 这相当于是问,(198b)这样的句子中的"为什么"能否将句子标注为 Wh 疑问句。根据(161)中给出的唯标句条件的定义,(198b)应当是一个 Wh 疑问句。但是,我们直觉上觉得这不是一个合格的 Wh 疑问句。注意,(161a)中为 Wh 提升语言定义的标句条件是一项严格的条件,据此,从强孤岛中提取出的 Wh 词不能将一个句子标注为 Wh 疑问句。鉴于此,以下句子不合法,可能的原因之一是它无法被标注为 Wh 疑问句。

　　(200)　*Who$_i$ do you like [the book that t$_i$ wrote]?

　　根据(161b),若疑问算子与离它最近的 Wh 词一起解读,则句子被标注为 Wh 疑问句。然而,(161b)并没有讲清楚"解读"的含义。我们假定,如果一个 Wh 词与疑问算子通过一致操作或选择函项进行解读,则二者一起获得解读。如果是这样,可以将唯标句条件修订如下,据此排除像(198b)这样的句子。

（201）唯标句条件（Pure Clausal Typing Condition, PCTC）

    a. 对于 Wh 提升语言,一个句子被标注为 Wh 疑问句, 当且仅当其中一个 Wh 词通过不跨越任何强孤岛 的循环移位显性移位至[Spec, CP]。

    b. 对于疑问助词语言,一个句子被标注为 Wh 疑问 句,当且仅当其中一个 Wh 词通过一致操作或选择 函项应用而与离它最近的 $C_{[+Q]}$[①]一起解读。

基于 2.3.3 节中做出的分析,我们可以认为,在汉语疑问句 中,C 具有 Q 特征,而疑问助词是 C 的显性实现形式。所有这些 完成后,句子变为一个疑问句,但还不是一个 Wh 疑问句。要形成 Wh 疑问句,C 需要与一个 Wh 词一起解读。如果相关的 Wh 词不 包含于强孤岛中,它就可以在逻辑式中直接移位至[Spec, CP],与 C 一致并与 C 一起解读。如果相关的 Wh 词处于强孤岛中,由于 孤岛限制,它不能移位至[Spec, CP]。在汉语中,算子插入策略是 可行的,因此可以在[Spec, CP]位置上插入一个疑问算子来约束 相关的 Wh 词。由于约束意味着特征传递,并且疑问算子与 C 一 致,故这个句子被标注为 Wh 疑问句。在(198b)中,Wh 词"为什 么"处于强孤岛之中,无法在逻辑式中移位至[Spec, CP]。那么, 它只能通过选择函项与 C 一起解读。然而,由于"为什么"不能指 涉一个由可被个体化的成员组成的集合,它也无法通过选择函项 进行解读。既然 C 不可能与一个 Wh 词一起解读,这个句子就无 法被标注为 Wh 疑问句。其结果就是,(198b)违反了唯标句条件。 假定违反唯标句条件的句子是不可解读的,由此可知,(198b)不 合法必然是因其不可解读而导致的。这一分析的一个可喜的结果 是,我们可以区分未标注的句子与违反经济原则的不合法推导。 请看以下句子[(202b)重复自(70)]:

---

① $C_{[+Q]}$ 表示具有[+Q]特征的 C。

（202）a. *[$_{NP}$[Kare-ga   naze   kai-ta]   hon]-ga

　　　　　　　he-N   why   write-P   book-N

　　　　　　　他$_{-主格}$ 为什么   写$_{-过去时}$ 书$_{-主格}$

omosiroi-desu-ka？

interesting-be-Q

有趣的-是$_{-疑问算子}$

'Books that he wrote why are interesting？'

'他为什么写的书有趣？'

（Nishigauchi 1990：93）

b. $^{?(?)}$[$_{NP}$[Dare-ga   naze   kai-ta]   hon]-ga

　　　　　　who-N   why   write-P   book-N

　　　　　　谁$_{-主格}$ 为什么   写$_{-过去时}$ 书$_{-主格}$

omosiroi-desu-ka？

interesting-be-Q

有趣的-是$_{-疑问算子}$

'Books that who wrote why are interesting？'

'谁为什么写的书有趣？'

　　根据西垣内泰介（Nishigauchi 1990）的说法，（202a）完全不合法，但是（202b）加上了另一个 Wh 短语，即使不是完全合法的，也比（202a）好一些。以上二例在合法性上的差别，是目前的分析所预测的。按照目前的分析，（202a）实际上是不可解读的，因为 naze（'为什么'）出现在孤岛中时，不能与 C 一起解读，故该句无法被标注为 Wh 疑问句。（202b）的可接受度有所提高，是因为满足了唯标句条件，Wh 词 dare（'谁'）可以通过选择函项与 C 一起解读，从而将句子标注为 Wh 疑问句。这个句子不是完全合法的，因为 naze 无法被解读。（202a）与（202b）可接受度的差别表明，区分句子的不可解读性与 Wh 词的不可解读性，是很有必要的。（202a）更差，因为除了其中有一个不可解读的 Wh 词外，这一句子本身因无法被标注为 Wh 疑问句,也是不可解读的。(202b)好一些,是因为其中虽有一个不可解读的 Wh 词,但句子本身已被标注为 Wh 疑问句,因而是可解读的。

在此前的分析中,我们采取石定栩(Shi 1994)的观点,假定 A-not-A 成分是由疑问算子并入至 INFL 而形成的。基于这一假设,我们使用新修订的唯标句条件对以下不合法的句子[重复自(67)]做出更令人满意的解释。

(203) *[他去不去美国]比较好?

82　　根据黄正德(Huang 1991)的分析,我们假定汉语的 A-not-A 成分与英语的 *whether* 相对应,并因此与具有[−WH]特征的 Wh 成分相对应[15]。如果 A-not-A 成分是一个 Wh 成分,那么根据(165),它就不可以在逻辑式中移出主语从句孤岛,因为按照目前的分析,逻辑式移位也受孤岛条件制约;不过,它可以移到主语从句的 C 位置。在(203)中,疑问算子直接嫁接到主语从句的 INFL,以触发 A-not-A 的形成(若疑问算子嫁接至主句的 INFL,则是主句的 INFL 形成 A-not-A)。根据(201b)的规定,只有在 Wh 词与离它最近的 C 一起解读的情况下,相关句子才能被标注为 Wh 疑问句。在这种情况下,由于包含算子的 A-not-A 成分可以移至主语从句的[Spec, CP],故被标注为 A-not-A 问句的是主语从句,而非主句。由于 A-not-A 成分不能移出主语从句孤岛,因此它获取主句辖域的唯一方法是在主句的[Spec, CP]位置上插入一个疑问算子。即使我们假设可以在不考虑语法系统经济性要求的前提下,在主句的[Spec, CP]插入另一个疑问算子,主句也仍然无法被标注为疑问句,因为这一主句算子不约束任何成分。首先,这一主句算子无法约束 A-not-A 成分,因为 A-not-A 已经与并入它的疑问算子一致。这也意味着选择函项无法应用于 A-not-A 成分,因为它已经在主语从句中通过一致操作进行解读了。其次,主句无法被标注为 Wh 疑问句,因为相比于引入主语从句且并入至主语从句 INFL 的疑问算子,这个新插入的主句算子不是离 A-not-A 成分最近的,故无法满足唯标句条件。罗振南(Law 2001)认为,(203)不合法,是因为主语从句被解读为直接问句,而主句的谓语与这个由直接问句充当的论元不兼容。目前的分析与罗振南的解释一致。根据目前的分析,(203)不合法,是因为除违反空约束(vacuous binding)限制外,同时还违反唯标句条件,故无法被标注为 A-not-A 问句,但这个句子是需要被标注并解读为疑问句的。

请看以下句子:

(204)[我去美国还是不去美国]比较好?

(Huang 1991:313)

黄正德(Huang 1991)认为,以上句子是一个真正的选择问句。基于黄正德(Huang 1991)的分析,我假定真正的选择问句不是通过疑问算子并入至 INFL 而形成的。由于疑问算子可以插入到主句的[Spec,CP],并且主语从句中所含的疑问成分可以通过选择函项得到允准、解读,因此(204)满足唯标句条件,从而被标注、解读为疑问句。

潘海华(个人交流)问及(205a)这样的句子是否会对新定义的唯标句条件造成问题。在下例(205a)中,A-not-A 成分可以满足唯标句条件,且 Wh 词"什么"可以通过选择函项进行解读。我们进一步改进的分析看似会错误地预测这是一个符合语法的 Wh 疑问句。

(205) a. *我想知道李四喜不喜欢什么?

　　　b. [CP Who [IP t bought what]]?

　　　c. *张三为什么喜欢谁?

但实际上,(205a)不合法,恰恰是目前的分析所预测的。首先,由于内嵌句的疑问算子已经并入至内嵌句的 INFL,因此没有疑问算子来约束 Wh 词"什么"。语法系统也不允许在内嵌句 CP 域内插入另一个疑问算子。即使允许这样做,也会导致特征冲突,因为 A-not-A 成分与 Wh 词具有不同的 Wh 特征。其次,无法通过在主句 CP 域内插入另一个疑问算子的方式将主句标注为 Wh 疑问句。根据唯标句条件,若 Wh 词与离它最近的疑问算子一起解读,则句子被标注为 Wh 疑问句。假如在(205a)中主句的[Spec, CP]位置上插入一个算子,Wh 词则可以通过选择函项进行解读,但即便如此,也无法将主句标注为 Wh 疑问句,因为主句算子并不是离 Wh 词最近的疑问算子。离 Wh 词最近的疑问算子是内嵌句的疑问算子,它已经并入至 INFL,并在逻辑式中提升至内嵌句 CP 的 Spec 位置。虽然这个算子是可用的,但它却因特征不匹配而无法约束 Wh 词。

莱茵哈特(Reinhart 1998)提出,原位 Wh 词受存在疑问算子约束,并通过选择函项解读为函项变量。在她的分析中,必须在句子中独立地引入一个疑问算子来约束函项变量。我认为,在多重 Wh 疑问句中,如果要获得成对解读,那么,若有一个 Wh 词在句法或逻辑式中移位至[Spec,CP],则不需要独立引入约束函项变量的算子。我假定,前置的 Wh 词可以充当疑问算子,不仅约束自己的语迹,而且约束其他原位 Wh 词。注意,根据目前的分析,在英语中实际上不存在逻辑式提升的 Wh 算子,因为(i)根据唯标句条件,在英语中,Wh 疑问句必须由显性移位的 Wh 词标注;(ii)根据(165)中给出的 Wh 移位条件,一旦句子被标注,则不允许任何 Wh 词再移位至[Spec,CP],因为相关的 Wh 移位不再具有动因。由于句子已经被标注,就不会因句类标注而驱动 Wh 移位。由于英语 Wh 词上的 Wh 特征不是强特征,也不会因 Wh 特征核查而驱动 Wh 移位。Wh 算子的逻辑式提升,尽管在英语中不可行,但在汉语中却是可行的。在汉语中,如果 Wh 词不包含于孤岛中,就可以在逻辑式中提升至[Spec，CP]；而且，根据唯标句条件，在进行 Wh 句类标注时，Wh 词必须与离它最近的 C$_{[+Q]}$ 一起解读，因此相关的 Wh 移位是因 Wh 句类标注而驱动的。我认为，算子插入是最后一招。只有在句子中没有任何 Wh 词能够充当算子或者原位 Wh 词要越过移位的 Wh 成分来取宽域的情况下，才可以在句子中独立地插入一个算子。如果这一分析是正确的，那么在(205b)中，Wh 词 *who* 作为一个算子，不仅约束它自己的语迹，而且约束解读为函项变量的 Wh 宾语。在(205c)[重复自(183)]中，Wh 词"为什么"在逻辑式中移位至[Spec，CP]之后，便充当算子。然而，由于"为什么"不能指涉一个由实体组成的集合，因此它不能使处于原位的 Wh 宾语在成对解读中获得解读，尽管它可以使自己的语迹得到解读。

2.4 进一步的讨论

2.4.1 日语中的 Wh 孤岛效应

日语被认为在 Wh 孤岛效应方面与汉语有所不同(参看：Watanabe 2001)。我在上文的讨论中已经指出，这种想法建立在对汉语多重 Wh 疑问句的错误描述之上，汉语其实也表现出 Wh 孤岛效应。如果汉语与日语在多重 Wh 解读方面没有差异，那么语言学家因何认为它们应该有所不同？这似乎与没有语言学家同时以汉语和日语为母语有关。有趣的是，如果我们仔细查阅关于日语 Wh 疑问句的相关文献，我们很快会发现，并不是所有的语言学家都认为日语是对 Wh 孤岛效应敏感的语言，而事实上，对于日语是否表现出真正的 Wh 孤岛效应，仍然颇有争议(参看：Lasnik & Saito 1984，1992；Nishigauchi 1990；Pesetsky 1987；Watanabe 1992)。我们自然要问：为什么语言学家对同样的数据做出不同的判断？一个可能的答案是：如果可以对日语多重 Wh 疑问句中的相关 Wh 词做出回声问句解读,则倾向于认为日语中不存在 Wh 孤岛效应;而如果无法对相关 Wh 词做出回声问句解读,则倾向于得出日语中存在 Wh 孤岛效应的结论。请看以下引自西垣内泰介(Nishigauchi 1990：33)的日语例句(206a):

85

（206） a. Tanaka-kun-wa 　[*dare*-ga 　*nani*-o 　tabe-ta-*ka*]

　　　　　　 Top 　who-N 　what-A 　eat-P 　Q

　　　　　　 -话题标记 　谁-主格 　什么-宾格 　吃-过去时-疑问算子

oboe-te-i-masu-*ka*?

remember is 　Q

记得 　是 　-疑问算子

'Does Tanaka know who ate what?'

'Tanaka 记得谁吃了什么吗?'①

b. 对于哪个 x, x 为一个人, Tanaka 记得 x 吃了什么吗?

'For which x, x a person, does Tanaka know what x ate?'

　　　根据西垣内泰介的说法,在一些母语者看来,(206a)可以解读为(206b)。但是,他同时也指出,即使对于那些会将(206a)解读为(206b)的母语者而言,也有一些限制,其中一项限制就是:要取主句辖域的 Wh 词必须带上有标记的语调(即重读)。这一点很有趣,因为我发现,(107)和(130)中的汉语 Wh 词,若要解读为回声问句中取宽域的 Wh 词,也需要重读的支持。由此我认为,当日语多重 Wh 疑问句中的相关 Wh 词能够避免 Wh 孤岛效应时,其实是像汉语一样,作为回声问句解读的。至此,我们可以用第四个标

---

　　　① 原文及其所引西垣内泰介(Nishigauchi 1990：33)的例句中,相关日语词的英文对等词为"remember",但例句的英文翻译中使用的是"know",两处不相一致。翻译为中文时,统一译为"记得"。

准来区分直接问句与回声问句：直接问句的 Wh 词不需要任何额外的重读支持,但回声问句的 Wh 词是需要的。

汉语与日语在 Wh 量化方面另一假定的区别在于原位 Wh 词与 QP(quantifier phrase,量化短语)之间的交互作用,如下所示：

（207） a. ^{?*}Daremo-ga   nani-o   katta   no?（日语）

        everyone   what   bought   Q

        每个人-主格   什么-宾格   买-过去时   疑问算子

    b. Nani-o   daremo-ga   *t*   katta   Q?

        什么-宾格   每个人-主格   买-过去时   疑问算子

    c. 每个人都买了什么?（汉语）

                                 （Watanabe 2001：215）

傍士元(Hoji 1986：88)注意到,在日语中,如果一个 Wh 短语被一个量化短语成分统制,则句子变得不合法,如(207a)所示;但是,当相关的 Wh 短语爬升越过了量化短语时,句子就变得合法,如(207b)所示。渡边明(Watanabe 2001)注意到,对应于(207a)的汉语句子(207c)不仅合法,而且还允许像(208)这样的成对解读,(208)以英语呈现。

（208）John bought beer, Mary a bottle of wine, ...

渡边明发现日语在这方面不同于汉语,正如傍士元(Hoji 1986)所指出的,不仅是(207a)不可接受,而且可接受的(207b)也没有成对解读。根据渡边明的说法,即使是觉得(207a)可以接受的人,也不会得出成对解读。基于上述事实,渡边明认为,在是否涉及 Wh 移位方面,汉语与日语有所不同。日语是一种 Wh 移位语言,日语句子(207a)不可接受,是因为 Wh 移位被成分统制它的量化短语 *daremo-ga*('每个人-主格')阻断了。汉语是涉及无选择

86

约束而不涉及 Wh 移位的语言,因此(207c)是合法的,因为无选择约束不会被介入性的量化短语阻断。

在此需要考虑两个问题。第一,为什么(207a)是不可接受的,而(207c)是可接受的? 第二,为什么(207c)能得到成对解读,而(207b)不能? 我认为,回答第一个问题,应该没那么复杂,还不至于需要去考察日语或汉语是否涉及某些抽象的 Wh 移位。如果我们看(207)中的相关量化短语,可以发现是在这两种语言中的两个不同的量化短语之间进行比较的。日语量化短语 daremo('每个人')由 Wh 词 dare('谁')加扩域助词(domain-widening particle)mo 构成。汉语量化短语"每个人"由分配性量化词(distributive quantifier)"每"、分类词(classifier)"个"和名词"人"构成。因此,"每个人"可以看作与英语量化短语 everyone 相对应的汉语量化短语,但它并不与日语量化短语 daremo 相对应。注意,汉语也有与 daremo 相对应的表达,即"谁都"。汉语的"都"在表义和功能上大致与日语的 mo 相当,而且当一个 Wh 词被"都"量化时,相关的 Wh 词变为全称量化短语,如下所示:

(209) 谁都喜欢这本书。

有趣的是,如果我们将(209)中的宾语替换为一个 Wh 词,做出一个与(207a)相似的汉语句子,那么,若将"谁"视为量化短语,我们便得到一个与(207a)一样不可接受的句子,如下所示:

(210) $^{?*}$谁都买了什么?

另一个有趣的情况是,如果我们将 Wh 宾语话题化,这个句子就变得可以接受,正如日语句子(207b)一样。

(211) 什么,谁都买了?

如果我们将(207a)中的量化短语替换为另一个不是从 Wh 词派生而来的量化短语,又会如何?日语中就有这样的词,即 *minna*('大家/每个人')。如果我们将(207a)中的量化短语替换为 *minna*,这个句子不仅变得可以接受,而且允许成对解读,如下所示[16]:

87

(212) Minna-ga   nani-o   katta   no?

       everyone   what   bought   Q

       大家-主格   什么-宾格   买-过去时   疑问算子

       'What did everyone buy?'

       '大家/每个人(都)买了什么?'

至此可以看到,第一个问题并不是一个真正的问题,因为所比较的是两个不同的成分①。实际上,第一个问题应该这样问:为什么(207a)和(210)是不可接受的?我认为这可以从唯标句条件中得出答案。如果将唯标句条件应用于(207a)和(210),疑问算子会自动与离它最近的 Wh 成分关联。然而,在这两个句子中,离疑问算子最近的 Wh 词同时也被另一个算子选作约束对象,该算子是一个全称量化词,分别是日语的 *mo*、汉语的"都"。一个 Wh 词受两个不同的量化词约束,会导致特征冲突,故(207a)和(210)被排除。(207b)和(211)是合法的,因为在这两个句子中,前置的 Wh 词正是离疑问算子最近的 Wh 词,因此疑问算子和全称量化词可以分别约束两个不同的 Wh 词,从而避免二者争抢 Wh 词。

现在讨论第二个问题:为什么(207c)能得到成对解读,而(207b)不能?注意,汉语句子(211)也是不能得到成对解读的。

---

① 第一个问题问为什么(207a)是不可接受的,而(207c)是可接受的,意在比较(207a)与(207c),而二例中关键的成分分别是日语量化短语 *daremo* 和汉语量化短语"每个人"。如上文所述,这两个量化短语其实不是等价的。因此,在(207a)与(207c)之间所比较的实际上是不同的成分。

这是因为,在(207b)和(211)中,一个 Wh 词选择性的前置,均会取消该 Wh 词留在原初位置时所能得到的那种语义隐含,这一点上文已有讨论。注意,(207c)和(212)都能得到成对解读。但是,当 Wh 宾语前置时,这一成对解读便不复存在,如下所示:

(213) a. 什么每个人都买了?

b.
Nani-o	minna-ga	katta	no?
what	everyone	bought	Q
什么-宾格	大家-主格	买-过去时	疑问算子

如果我们以最简方案的术语解释这一现象,便可以说移位从来都不是无代价的。所谓的选择性移位并不真的是可选择性的,因为它会取消原来的语义,从而产生新的语义。[17]

2.4.2 Wh 附加效应

格雷文多夫(Grewendorf 2001)对多重 Wh 疑问句提出了一个十分有趣的解释。他认为,在保加利亚语这样的多重 Wh 前置语言中,一个 Wh 词可以成为另一个 Wh 词进行显性 Wh 移位的落脚点(landing site),而这一移位所形成的 Wh 丛(wh-cluster)接着再移至 CP 的 Spec,从而形成 Wh 疑问句。他进一步指出,日语中有隐性的 Wh 丛形成过程,因此是逻辑式型(隐性)多重 Wh 前置语言,与保加利亚语等显性多重 Wh 前置语言形成隐性与显性对应。将一个 Wh 词嫁接到另一个 Wh 词,然后再将新形成的 Wh 丛移走,这个想法并不是全新的。这一想法至少可以追溯到斋藤卫(Saito 1994)。其新颖之处在于,无论是在句法层面还是逻辑式层面,所有的 Wh 词都可以嫁接到另一个 Wh 词上,形成一个 Wh 丛。尽管这一解释颇具吸引力,但在理论概念上和经验事实上都是不恰当的。请看以下重复自(70)的句子:

88

（214）^{?(?)}[_{NP} [Dare-ga　　naze　　kai-ta] hon]-ga

who-N　　why　　write-P　　book-N

谁-主格　　为什么　　写-过去时　　书-主格

omosiroi-desu-ka?

interesting-be-Q

有趣的-是-疑问算子

'Books that who wrote why are interesting?'

'谁为什么写的书有趣？'

　　按照格雷文多夫的分析，以上句子的可接受度有所提高，是由于 Wh 嫁接语可以嫁接到 Wh 论元上，然后新形成的 Wh 从可以隐性地移出孤岛。既然他的分析建立在最简方案（Chomsky 2000，2001）的基础上，有人或许会问：在不违反最简方案精神的前提下，一个 Wh 成分如何可能移出孤岛？注意，由于最简方案摒弃了管辖，而且空语类原则也不起作用，那么，格雷文多夫除了要解释一个成分移出孤岛的动因，还必须解释为什么移位应该对 Wh 论元与 Wh 嫁接语的区分敏感。

　　格雷文多夫的分析还存在经验事实方面的问题。第一，他的分析无法解释为什么其文所讨论的下列保加利亚语例句（引自 Richards 1997：242）[①]中，（215b）的可接受度比（215a）的高[②]。

（215）a. [*]Koja　kniga_i　otreče senatorăt　[mălvata　če

which book　　denied the-senator　the-rumor　that

哪本书　　否认　议员　谣言　的

iska　　da　zabrani t_i]?

---

　　① 格雷文多夫（Grewendorf 2001：91）指出保加利亚语例句引自理查兹（Richards 1997），但格雷文多夫提供的页码概有误。

　　② 注意，保加利亚语例句中"议员"对应的词，在（215a）中写作"senatorăt"，在（215b）中写作"senator"，这在理查兹（Richards 1997）文中即如此。

（he）-wanted　to　ban

他-想　　　　　禁止

'Which book did the senator deny the rumor that he wanted to ban?'

'议员否认了他想禁止哪本书的谣言？'

b. ?Koj　senator　koja　kniga$_i$　otreče　［mǎlvata

　　which　senator　which　book　denied　the-rumor

　　哪个　　议员　　哪本　书　　否认　　谣言

　　če　iska　　　　da　zabrani t$_i$］？

　　that　（he）-wanted　to　ban

　　的　　他-想　　　　禁止

'Which book did which senator deny the rumor that he wanted to ban?'

'Which senator denied the rumor that he wanted to ban which book?'

'哪个议员否认了他想禁止哪本书的谣言？'

　　在（215a）中，是一个从复杂名词词组中提取出的 Wh 短语对句子进行句类标注；而在（215b）中，是主句的 Wh 主语将句子标注为 Wh 疑问句，另一个 Wh 短语则是从复杂名词词组中提取出的。如果保加利亚语是 Wh 丛构型的语言，那么（215b）中的两个 Wh 词必须形成一个 Wh 丛。然而，这个 Wh 丛是在什么阶段形成的，却不得而知，因为这两个 Wh 词是被一个复杂名词词组孤岛分隔开的。如果（215b）中没有形成 Wh 丛，那么就要问：为什么 Wh 丛的形成是选择性的？什么情况下是选择性的？另外，如果（215b）中没有形成 Wh 丛，那么在格雷文多夫的分析中，为何（215b）好于（215a）的问题就未曾得到解答。

　　现在讨论下列（216）中的日语句子。根据受访母语者的反馈，（216）与（214）的可接受度并无区别。注意，在（216）中，Wh 主语

dare（'谁'）并不在孤岛中,因此孤岛中的 Wh 嫁接语没有机会先嫁接到 Wh 主语上,然后再与之一起移出孤岛。当我们考虑(216)时,可以清楚地看到,(216)的可接受度有所提高,与假设 Wh 嫁接语若与孤岛内的 Wh 论元形成 Wh 丛,则可移出孤岛,是毫无关系的。

(216) ^{?(?)}Dare-ga　　[[John-ga　　naze　　kai-ta]　　hon]-o

who-N　　　　John　　　why　　write-P　book-A

谁-主格　　　　John-主格　　为什么　写-过去时　书-宾格

katta　　ka?

bought　Q

买-过去时　疑问算子

'Who bought the book that John wrote why?'

'谁买了 John 为什么写的书?'

第二,假如日语是隐性 Wh 丛构型的语言,我们便还要问:为什么(206a)中的两个 Wh 词不形成一个 Wh 丛,然后再移至主句算子位置,从而解读为直接配对问句? 注意,假如(206a)中的两个 Wh 词形成一个 Wh 丛,那就不应该存在孤岛效应了,因为其中只有一个 Wh 词,即 Wh 丛本身。

我认为,所谓的 Wh 附加效应与假定的 Wh 丛形成过程并无关系。(214)加上 Wh 主语后可接受度有所提高,仅仅是因为 Wh 主语可以通过选择函项应用与主句的 C 一起解读,因此相关句子被标注为 Wh 疑问句,从而满足唯标句条件。该句不是完全可接受的,因为处于强孤岛中的 Wh 嫁接语 *naze*（'为什么'）是不可解读的。这一分析也适用于(216)。(215b)的可接受度得到提高,是因为句子被成功地标注为 Wh 疑问句,满足了唯标句条件。该句不是完全可接受的,因为 Wh 宾语的移位违反邻接条件。(215a)比(215b)差,且完全不合法,是因为(215a)除了违反邻接条件外,还违反唯标句条件。

注意,目前的分析依据唯标句条件与其他语法限制条件之间的交互作用,不仅可以刻画理查兹(Richards 1997,1998)最简依从原则(Principle of Minimal Compliance, PMC)的观察,而且比他的分析更胜一筹。以下是最简依从原则的定义(Richards 1998:601):

(217) 最简依从原则

对于任何遵守限制条件 C 的依存关系 D,任何与确定 D 是否遵守 C 相关的元素,在其余的用以确定任何其他依存关系 D' 是否遵守 C 的推导中,都可以被忽略。

90　　　　根据最简依从原则,(215a)因违反邻接条件而不可接受;(215b)通过添加一个 Wh 主语而遵守邻接条件,所以其可接受度好于(215a)。理查兹最简依从原则背后的基本观点是,某个限制条件在一个子句中只需要遵守一次。(215b)已经遵守过一次邻接条件,因此 Wh 宾语的移位就可以不理会邻接条件。虽然最简依从原则可以解释(215a)与(215b)之间的对比,但是,正如格雷文多夫(Grewendorf 2001:92)所指出的,它无法解释(215b)与下列保加利亚语句子之间的对比。

(218) *Koj$_i$　kak$_j$　t$_i$　iska　da　kaže　molitva　[predi

　　　who　how　　　wants　to　say　prayer　before

　　　谁　怎么　　想　　　说　祈祷　在……之前

　　　da　intervjuitame Marija　t$_j$]

　　　to　we-interview　Maria

　　　我们-访问　　Maria

据格雷文多夫(Grewendorf 2001)所述,斯托扬诺娃(Marina Stojanova)给他提供的以上例句是不合法的,尽管它满足最简依从原则。如果邻接条件在一个子句中只需要遵守一次,那么,既然(218)中的Wh主语已经遵守过邻接条件了,就应该允许Wh嫁接语从嫁接语从句中移出。显然,最简依从原则不能解释(215b)与(218)可接受度的对比。在我们的分析中,(218)不可接受,是因为当Wh嫁接语从嫁接语从句孤岛移至主句CP域时,它不仅违反邻接条件,而且还无法被解读。它无法通过一致操作与主句的C一起在句法中被解读,因为主句的C与处于嫁接语从句中的Wh嫁接语彼此不是相距最近的。它也无法在语义中被解读,因为它是一个Wh嫁接语,既不能通过选择函项应用得到解读,也不能在成对解读中得到解读。注意,按照目前的分析,在多重Wh前置语言中,只有一致操作所允准的第一个前置的Wh词才能在句法中被解读,而除此之外的其他Wh词只能在语义中被解读,尽管它们也需要移位至CP域内来核查掉其强Wh特征[18]。

2.5　重议Wh解读中的经济原则

本书指出,一个Wh疑问句必须满足以下两项要求。

(219)　一个Wh疑问句必须被恰当标注句类。

(220)　一个Wh短语必须被恰当解读。

(219)和(220)均不需要在语法中被特别规定,因为(219)可以从所有句子都有标句词(complementizer)这一假设(Bresnan 1970)中推导出来,而(220)可以从充分解读原则(Principle of Full Interpretation)(Chomsky 1986a)中推导出来。基于罗伊兰(Reuland 2001)对反身代词的研究,我提出:当考虑多重Wh疑问句时,上述两项要求可以通过以下四种不同的方式得到满足,这四种方式可以根据经济原则进行排序。

91

（221）

a.

话语解读

语义解读 $wh_1 + wh_2 + \ldots wh_n = 1$

句法推导和解读   标句 + 解读 = 1

（跨模块操作的数量为 2。）

b.

话语解读

语义解读 $wh_1 + wh_2 + \ldots wh_n = 1, \ldots, n$

句法推导和解读   标句 + 解读 = 2

（跨模块操作的数量为 3。）

c.

话语解读 $wh_1 + wh_2 + \ldots wh_n = 1$

语义解读 $wh_1 + wh_2 + \ldots wh_n = 2, \ldots, n$

句法推导和解读   标句 + 解读 = 1

（跨模块操作的数量为 4。）

d.

话语解读 $wh_1 + wh_2 + \ldots wh_n = 1$

语义解读 $wh_1 + wh_2 + \ldots wh_n = 2, \ldots, n$

句法推导和解读   标句 + 解读 = 2

（跨模块操作的数量为 5。）

（221a）可以解释下列句子。

（222） Who bought what?

在（222）中，句类标注和 *who* 的解读可以通过句法中的一次操作来完成。因此，句法操作的数量是 1。由于 *who* 和 *what* 可以通过一次语义操作在成对解读中被解读，因此对（222）进行的跨模块操作(cross-modular operation)的数量是 2。

(221b)和(221d)可以解释下列例句可接受度的对比。

(223) a. *What did who give t to Mary?
　　　b. ?What did who give to whom?

在(223a)中,句类标注并不意味着 *what* 得到解读。如此一来,句类标注和 *what* 的解读必须通过句法中的两个不同的步骤来完成,因此其句法操作的数量就是 2。我们之前的讨论中已经指出,在(223a)中,*what* 的移位取消了 *what* 与 *who* 在成对解读中被解读的机会,并且 *what* 与 *who* 必须通过两次独立的操作进行解读,故语义操作的数量是 2。由于 *who* 和 *what* 无法通过语义中的一次操作解读为一对配对的成员,因此必须利用话语来解读为一对配对的成员,故其跨模块操作的总数为 5。现在讨论为什么(223b)的合法度得到大幅度提高。在(223b)中,句类标注同样不意味着 *what* 得到解读,因此句法中所涉及的操作数量是 2。(223b)好于(223a),因为(223b)中涉及的所有 Wh 成分都可以通过一次语义操作在成对解读中被解读。因此,该句涉及的语义操作的数量是 1,而涉及的跨模块操作总数为 3。注意,目前的分析还可以正确地预测(223b)不应像(222)一样好,因为前者比后者涉及更多的操作。

(221c)可以预测以下句子是不可接受的。

(224) *张三为什么喜欢谁?

在(224)中,句类标注和"为什么"的解读可以通过句法中的一次操作来完成。因此,句法操作的数量是 1。由于"为什么"和"谁"不能通过一次语义操作在成对解读中解读为一组配对集合的成员,故其在语义中所涉及的操作数量是 2;而且,由于这两个

Wh 成分必须利用话语解读为一组配对集合的成员,因此跨模块操作的总数为 4。

上述分析表明,经济性可以根据所涉及的操作的数量来衡量。此处的基本观点是,若句法计算复杂程度增加,则相关推导变得更差。

2.6　本章小结

本书第一部分讨论汉语与英语中的 Wh 疑问句如何形成以及 Wh 成分如何解读,并指出 Wh 疑问句的形成与解读受制于基于经济性考量的条件,确切地说,即唯标句条件与经济原则,二者均融合了两个因素:显著性和局部性。本书指出,Wh 疑问句的推导和解读不仅受到局部性条件的影响,而且受到显著性因素的影响。正是显著性与局部性之间的交互作用决定了 Wh 疑问句如何以最经济的方式进行推导和解读。

93　注释

1　(27a)这样的例句最早是凯恩(Kayne 1984)注意到的。

2　虽然"怎么样"像"怎么"一样可以有两个相区别的解读——工具解读与方式解读,但是"怎么样"却不像"怎么"一样有表原由的解读(causal reading)。

3　按照蔡维天(Tsai 1994a)的分析,关系从句和同位语从句都处于 N 的投射中。

4　蔡维天认为,可以根据动词所选择的补足语从句中 COMP 的不同[N]特征对动词进行区分。蔡维天提出,"遗憾""记得""同意"等动词,有别于"认为""猜""说"等动词,前一组选择[+N]的补足语从句,而后一组只能选择[-N]的补足语从句。这一区分大致对应于林若望提出的观点动词(verbs of opinion)与推测动词(verbs of conjecture)之间的区分。

5 注意,如果"为什么"出现在(68a)方括号内的从句中,如下所示,那么句子就不合法,这表明加方括号的部分与句子余下的部分不应该处理为两个句子。

(i) *[他为什么不来]让你这么伤心?

6 注意,"为什么"也可以用来表示理由或原由。

7 如果宫川繁(Miyagawa 2001)所持日语中 Wh 特征落在 T 上,Wh 短语必须移位至 TP 的 Spec 并与 T 形成一致关系的观点是正确的,那么,日语可能在某种程度上属于这第四种类型:其疑问句由疑问助词来标注;其 Wh 词要由 T 来允准,而不由 C 来允准。

8 潘海华(个人交流)指出,(106)中的两个析取项也可以有真值,且二者都可以为真,但其中的两个"谁"不能取相同的值。也就是说,第一个"谁"为第一个析取项取一个值,第二个"谁"为第二个析取项取一个值。但这两个"谁"所取的值必须是不同的,而(104)中的"谁"却必须取相同的值,这或许是(104)不可接受的原因。

9 尽管"想知道"在 WH 研究的文献中被广泛地引以为例,但正如徐烈炯(Xu 1990)所指出的,它并不是汉语中的一个复合词(compound word)。徐烈炯(个人交流)进一步指出,"想知道"必须跟一个 Wh 疑问句做补足语,这表明,子语类化选择补足语从句的是整个谓语,而不是单个动词。

10 扬达(Janda 1985)坚持认为,回声问句是通过词汇替换产生的,且回声 Wh 词不仅可以替换限定词或 NP,还可以替换动词、VP、词汇性次级成分、音节、非成分性的音节串。以下是扬达举出的一个例子:

(i) 说话人 A:She believes in ad-/sub-jacency.
   说话人 B:She believes in what . . . -jacency?

11 潘海华(个人交流)问及回声问句如何标注。对此较合理的回答可能是,回声问句普遍由语调算子(intonation operator)标注,语调算子约束一个带有对比重音(contrastive stress)的 Wh 成分。由于标准英语采用不同的策略来标注直接问句与回声问句,因此就句法形式而言,Wh 疑问句从不存在

94

Wh 解读与回声解读之间的歧义。汉语 Wh 疑问句在表层形式上存在这两种解读之间的歧义，因为汉语的 Wh 词不进行提升。然而，由于回声问句中的 Wh 成分受语调算子的约束并因此带有对比重音，这一歧义可在语音层面消解。

12　注意，"是"不同于"究竟是"。"是"与回声 Wh 词相兼容，因为它可以用作系动词，在系动词用法与焦点标记用法之间是两可的；但"究竟是"与回声 Wh 词不相兼容，因为其身份不存在两可的情况，不能用作系动词。

13　潘海华（个人交流）指出，(191c) 和 (191d) 之所以不可接受，是因为内嵌句的 who 与内嵌句的 C 合并，进而由主句动词选择，因此无法给 who 提供回答。目前的分析与潘海华的观点一致。(191c) 和 (191d) 不合法，是因为没有满足主句动词的子语类化要求。注意，如果真要给 who 提供一个值，就必须令 Wh 宾语 what 移位，以满足主句动词的子语类化要求。然而，如果 what 被前置，则违反经济原则，因为它不是离内嵌句的 C 最近的 Wh 词。令 what 移位，除了取消 who 在句法中被解读的机会外，还会取消 what 自身通过成对解读在语义中被解读的机会。

14　当"也"表示 also 的意思时，(199b) 是合法的，但在这一解读中，"也"不是用来将 Wh 词焦点化的。

15　当一个成分被赋为 [-WH] 时，则表示相关成分属于 WH 类，但不能解读为 Wh 疑问词。注意，解读为不定指 NP 的 Wh 词也被赋为 [-WH]。既然不定指 Wh 词和 A-not-A 成分被赋予了同样的特征，它们可以在同一个句子中共现，如下所示：

(i) 你想不想吃点什么？

16　汉语与日语的区别是：日语倾向于使用由 Wh 词派生而来的量化短语指谓 everyone（'每个人'）这一概念，但是汉语没有这一倾向性。

17　潘海华（个人交流）指出，(213) 丧失成对解读，可能是与线性顺序（linear order）以及 Wh 成分的移位与不移位之间的对比有关。如果不移 Wh 成分就可以产生成对解读，那么将之移位则会丧失这一解读。在英语中，Wh 成分必须移位，所以英语句子中不存在像 (213) 这样的对比。

18　本研究不重点关注多重 Wh 前置语言,故不再讨论是否应引入理查兹(Richards 1997)所提出的多重[Spec,CP]或多重[Spec,IP]以及"tucked in"("塞入")概念来解释多个前置 Wh 词的分布。相关讨论可参看鲁丁(Rudin 1988)、理查兹(Richards 1997)、格雷文多夫(Grewendorf 2001)。

第二部分

反身代词

3

反身代词约束中的显著性与局部性

引论

在本书这一部分中,我对汉语中的非对比性复合反身代词(noncontrastive compound reflexive)和光杆反身代词(bare reflexive)(以及英语的反身代词)做出统一的解释,并指出它们受相同的反身代词约束条件制约,这一条件规定一个反身代词应在其约束域(binding domain)内受一个可及的(accessible)显著NP(prominent NP)约束,而约束域是由关联最显著NP(the most prominent NP)的候选项集合(candidate set)定义的。由于不同的语言可对最显著NP有不同的定义,故NP显著性的参数化将决定跨语言反身代词约束域的参数化,从而解释不同语言之间或同一语言内部各个反身代词的不同特性。

除引论外,本书这一部分包括六节。3.1节考察莱茵哈特、罗伊兰(Reinhart & Reuland 1993)与罗伊兰、莱茵哈特(Reuland & Reinhart 1995)(下文简称R&R[①]),以及利兹(Lidz 2001a,2001b)提出的基于谓词的约束理论(predicate-based binding theory)及其对照应语(anaphoric expression;anaphor)的刻画,指出他们的理论无一能够充分刻画汉语照应语的约束特性。在3.2节中,我将给出我自己对汉语照应语的刻画。3.3节讨论汉语光杆反身代词

---

① 在不特别注明年份时,"R&R"指莱茵哈特、罗伊兰(Reinhart & Reuland 1993)与罗伊兰、莱茵哈特(Reuland & Reinhart 1995)两篇文献。

"自己"独特的约束特性,并述评关于"自己"的两种分析方案。在 3.4 节中,我指出非对比性复合反身代词与光杆反身代词的约束受制于同一项建立在 NP 显著性之上的约束条件。基于黄正德、汤志真(Huang & Tang 1991)所持的"自己"既无指称特征(referential feature)又无 φ 特征(phi-feature;φ-feature)的假设,我提出一项两套特征搜索引擎(feature search engine)的分析方案来解释光杆反身代词"自己"的约束特性,并指出"自己"所表现出的阻断效应(blocking effect)源于由两套搜索引擎选出的两个最显著 NP 的并集(union)。在 3.5 节中,我进一步讨论推导循环(derivational cycle)、非对比性复合反身代词与对比性复合反身代词,以及"自己"的多次出现。3.6 节是对本书这一部分的小结。

98 ## 3.1 基于谓词的约束理论

R&R(1993,1995)提出基于谓词的(predicate-based)非结构性约束理论,以取代乔姆斯基的基于论元的(argument-based)约束理论;其基于谓词的约束理论要求:一个被反身标定的(reflexive-marked)谓词须是反身性的(reflexive)(条件 A,Condition A)且一个反身性的谓词须是被反身标定的(条件 B,Condition B)。他们以反身化功能特性(the property *Reflexivizing function*)与指称独立性特性[the property R(referential independence)]建立了一个照应语的类型图谱。其分析预测:SELF 照应语,即复合反身代词(complex reflexive),在占据论元位置(argument position)时不能被长距离(long-distance,LD)约束,因为它可以反身标定(reflexive-mark)一个谓词;而 SE 照应语,即光杆反身代词,并不反身标定一个谓词,可以被长距离约束。利兹(Lidz 2001a,2001b)尝试通过区分"纯反身代词"(Pure-reflexive)与"近反身代词"(Near-reflexive)来扩展 R&R 的理论。他提出,前者是与词汇上被反身标定的(lexically reflexive-marked）谓词共现的照应语，要求反身代词与其先行语之间具有完全同一身份（complete identity）；后者是句法上反身标定（syntactically reflexive-mark）其谓词的照应语，不强加上述同一身份的要求。

下文的讨论将指出，R&R（1993，1995）和利兹（Lidz 2001a，2001b）的理论都不能推广至汉语来正确地刻画汉语反身代词的特性，他们的理论既过强（too strong）又过弱（too weak），因此会对汉语反身代词的约束和指称可能性做出错误的预测。R&R 的反身代词类型图谱一旦推广至汉语，除了无法区分汉语中的"自己""本人""本身"等光杆反身代词外，还会错误地排除掉汉语"自己""他/她自己"①等反身代词的存在，因为它们不仅可以将其谓词反身化（reflexivize），而且在处于论元位置时还可以找到长距离先行语。我认为，尽管有必要区分近反身代词与纯反身代词，但利兹（Lidz 2001a，2001b）的条件 R（Condition R）并不是一项普遍的原则，因为将其应用于汉语反身代词时，除了错误地将单纯（simplex）反身代词"自己"与复合（complex）反身代词"他自己"分为一类外，还无法区分"他自己"这样的不要求同一身份的反身代词与"自己""本人""本身"等要求同一身份的反身代词。本节也讨论了一种重新分析汉语语言事实的可能的方法，以挽救 R&R 基于谓词的反身化（reflexivization）理论，但是却发现这是不可能的，并且得出以下结论：自然语言中的反身代词并不是同质的（homogeneous），因此不是仅以 R&R（1993）给出的两个特性和利兹（Lidz 2001a，2001b）提出的条件 R 就能充分刻画的。

---

① 下文凡遇"*ta-ziji*"，如不是特定的情况，均译为"他自己"。

3.1.1　R&R 基于谓词的反身代词理论

3.1.1.1　R&R 的反身代词类型图谱

99　　根据法尔茨(Faltz 1977，1985)和皮卡(Pica 1987)的观察，即复合反身代词普遍受到局部约束，而单纯反身代词普遍受到长距离约束，R&R(1993)将前者归类为 SELF 照应语，后者归类为 SE 照应语。他们以反身化功能特性与指称独立性特性(R 特性)建立了一个照应语的类型图谱，如下所示：

（1）

	SELF 照应语	SE 照应语	代词
反身化功能特性	+	−	−
指称独立性特性	−	−	+

指称独立性特性适用于指称语(R-expression)和代词，而反身化功能特性只适用于 SELF 照应语。由(1)可知，SE 照应语不仅在指称独立性特性方面与 SELF 照应语构成一组，二者都是缺乏指称性的(−R)表达式；而且在反身化功能方面与代词构成一组，二者均不能将谓词反身化。

此外，SE 照应语还与代词一样，都有一个空的中心语，如(2)所示；而 SELF 照应语的中心语 N 位置由"self"占据，如(3)所示。

（2）a. $[_{NP}$ Pron $[_{N'} \ldots e \ldots]]$

　　 b. $[_{NP}$ SE $[_{N'} \ldots e \ldots]]$

（3）$[_{NP}$ Pron/SE $[_{N'}$ self$]]$

根据 R&R 的分析，SELF 照应语和 SE 照应语都允许有称为

"语内传递"(logophoric)的(话语)用法。他们指出,"局部照应语"(local anaphor)与"长距离照应语"(long-distance anaphor)这两个术语极具误导性,因为这两类照应语在不占据论元位置,尤其是不占据宾语位置时,都可以用作语内传递语(logophor),因此可以出现在各种距离的位置上①。他们认为照应语的出现有两个作用域(domain):一个是反身性(reflexivity)作用域,另一个是允许SE 照应语受约束的作用域。在第一个作用域中,SELF 照应语强制性地将一个谓词反身化,而代词和 SE 照应语均被排除于此作用域之外。在第二个作用域中,SE 照应语的约束必须遵守时态句限制(Tensed-S Constraint)(R&R 1993)。

3.1.1.2 R&R 基于谓词的约束理论

R&R(1993)为反身代词约束理论制订了以下条件。

(4)条件

条件 A:一个被反身标定的句法谓词须是反身性的。

条件 B:一个反身性的语义谓词须是被反身标定的。

(5)定义

a. 由(中心语)P 构成的**句法谓词**(*syntactic predicate*)是 P、P 所有的句法论元以及 P 的外论元(主语)。

P 的**句法论元**(*syntactic arguments*)是被 P 指派题元角色(θ-role)或格(Case)的投射。

由 P 构成的**语义谓词**(*semantic predicate*)是 P 及其在相关语义层面的所有论元。

b. 一个谓词是**反身性的**(*reflexive*),当且仅当它的两个论元同标(co-indexed)。

c. 一个(由 P 构成的)谓词是**被反身标定的**(*reflexive-*

100

_____

① 当照应语用作语内传递语时,所出现的位置与其先行语位置之间的距离不限。

marked），当且仅当 P 在词汇层面是反身性的，或 P 的一个论元是 SELF 照应语。

条件 A 在 SELF 照应语的约束用法与语内传递用法之间设置了一条分界线。条件 A 要求反身标定句法谓词的 SELF 照应语必须得到反身性解读；同时也意味着，SELF 照应语如果不占据句法谓词的论元位置，因而不反身标定相关的谓词，则可以用作语内传递语。这一分析可以恰当地解释（6）中两个句子之间的对比（R&R 1993：670）。

(6) a. Max boasted that the queen invited Lucie and himself for a drink.

　　b. *Max boasted that the queen invited himself for a drink.

（6a）是合法的，因为（6a）中的 SELF 照应语本身并不占据论元位置，因而不会反身标定相关的谓词。在这种情况下，条件 A 不适用，SELF 照应语可以用作语内传递语。（6b）是不合法的，因为违反了条件 A。（6b）中的 SELF 照应语占据着一个论元位置，并因此反身标定其谓词。然而，它却不是反身性的，因为它无法与其同论元（co-argument）*the queen* 同标。

条件 B 要求一个反身性的谓词须是被反身标定的。由于（7）中的反身性谓词没有被反身标定，故（7）不合法。

(7) *Max$_i$ criticized him$_i$.

然而，如果没有形成反身性的谓词，则不要求反身标定。请看以下句子：

（8）a. Max$_i$ likes jokes about him$_i$.

　　b. Max（λx（like（x，jokes about x）））

在（8a）中，代词不是谓词 *like* 的论元，而是名词性谓词 *joke* 的论元，如（8b）中给出的语义表达式所示。在这种情况下，*Max* 与代词 *him* 之间的同标关系（co-indexation）不会产生反身性谓词。因此，条件 B 在（8a）中是以空运转的方式被满足①。　　101

条件 B 是一项关于反身化的条件，而不是关于代词分布的条件，因此条件 B 预测 SE 照应语像代词一样，不能作为非词汇层面反身性谓词的论元出现。

（9）＊Max$_i$　haat　zich$_i$.

　　　Max　hates　SE

　　　Max　讨厌　SE

在荷兰语例句（9）中，形成了一个反身性谓词，因为这一谓词的两个论元是同标的。由于 *zich* 不被认作反身标定成分（reflexive-marker），且谓词也没有在词汇层面被反身标定，因此条件 B 将（9）作为不合法的句子排除。现在讨论以下句子：

（10）Willem$_i$　　shaamt　zich$_i$/＊hem$_i$.

　　　Willem　　shames　SE/＊him

　　　Willem　　使羞愧　SE/＊他

由于通过主语与 *zich* 的同标关系形成的反身性谓词是被动词固有的词汇特性天然地反身标定的，故条件 B 可以正确地容纳

---

① （8a）中根本没有反身性谓词，因此无论如何都不会违反条件 B，在这种情况下，可以说条件 B 是以空运转的方式被满足。

（10）中 *Willem* 与 SE 照应语 *zich* 的同标关系；尽管如此，条件 B 却不能恰当地排除（10）中 *Willem* 与代词 *hem* 之间不合法的同标关系，因为通过主语与 *hem* 的同标关系形成的反身性谓词同样也是被天然反身标定的。注意，相关的同标关系也不能通过条件 A 来排除，因为在词汇层面被反身标定的谓词实际上正是通过相关的同标关系才变成反身性的。为了排除这种不当的同标关系，R&R（1993）提出了一项论元语链（A-chain）条件，该条件可以调控 SE 照应语与代词的分布。下面给出论元语链的定义及其合法性的条件：

（11）定义（R&R 1993：693）

论元语链是具有同标关系的任意序列，该序列以一个论元位置为链头，且满足先行语管辖（antecedent government）。

（12）论元语链的一般条件（General Condition on A-chains）（R&R 1993：696）

一个最大的论元语链（$\alpha_1, \ldots, \alpha_n$）仅精确地包含一个具有+R（+指称独立性）特征且被格标的（Case-marked）的链环（link）α_1。

现在，（10）中 *Willem* 与 *hem* 之间不合法的同标关系就可以通过这一语链条件（Chain Condition）排除。根据（1）中给出的特征分析，SE 照应语在指称独立性（R 特性）上不同于代词。SE 照应语具有[-R]特征，而代词具有[+R]特征。（10）中 *Willem* 与 *hem* 的同标关系是不合法的，因为由这一同标关系形成的语链包含两个[+R]的成分，违反语链条件；而 *Willem* 与 *zich* 的同标关系是合法的，因为链尾（the tail of the chain）*zich* 是[-R]特征的，不违反（12）中定义的语链条件。

3.1.2　利兹(Lidz)的条件 R

利兹(Lidz 2001a，2001b)认为,R&R(1993)基于谓词的反身代词理论存在局限性,他们的理论会错误地预测被反身标定的谓词在语义上都是一致的。他提出,被 SELF 照应语反身标定的谓词要与词汇层面被反身标定的谓词区分开来。根据利兹(Lidz 2001a，2001b)的观点,近反身代词与纯反身代词之间存在差异:前者是**在句法层面**反身标定谓词的照应语,而后者是要求有一个**在词汇层面**被反身标定的谓词的照应语。这两类照应语在语义解读上也不同:纯反身代词要求反身代词与其先行语之间具有完全同一身份,近反身代词则不强加这一同一身份的要求。纯反身代词与近反身代词的差异反映在其各自的语义表达式中,如(13)所示:只有前者被处理为一个受约束的变量,而后者则被处理为一个与先行语相关的函数(Lidz 2001b)。

(13) a. $\lambda x\,[\,P(\,x,\,x\,)\,]$　　(语义反身代词/纯反身代词)

　　　b. $\lambda x\,[\,P(\,x,\,f(\,x\,)\,)\,]$　(近反身代词)

在(13a)中,谓词 P 的两个论元直接彼此关联,因而具有同一身份;而在(13b)中,两个论元是通过近反身代词函数 f 彼此关联的,故不必是同一的,尽管大多数情况下二者在外延上等同[①]。利兹(Lidz 2001a，2001b)提出以下条件 R(Condition R)来解释词汇或形态上被反身标定的谓词为何不允许近反身代词解读。

(14) 条件 R

---

① "二者在外延上等同"(英文原文为: the two are extensionally equivalent),是指二者的外部世界所指相同。

$$\lambda x \left[P(x, x) \right] \quad \leftrightarrow \quad (\theta 1 = \theta 2)$$

$$\text{语义} \qquad\qquad\qquad \text{题元栅}$$

　　这一公式的左侧是反身性(reflexivity)的语义表达式,右侧是词汇/形态反身性谓词的题元栅(theta-grid)要求。条件 R 规定:若一个谓词在语义上是反身性的,则它在词汇/形态上也必须是反身性的;若一个谓词在词汇/形态上是反身性的,则它在语义上也必须是反身性的。与 R&R 的理论一样,条件 R 也可以排除(15)所示的不合法的同标关系。这是因为,由于假定 zich 引入了纯反身代词函数,这个句子的谓词在语义上是反身性的,但在词汇上却不是反身性的。注意,如果一个谓词在词汇上是反身性的,那么它就是被天然反身标定的。例如,(16)中的动词就是被天然反身标定的,但(15)中的动词不是。如果一个谓词在形态上是反身性的,则它是被一个语素(morpheme)反身标定的。利兹(Lidz 1995,2001b)扩展了 R&R 对反身标定的谓词的定义,将形态反身性也包括在内,形态反身性可见于坎纳达语(Kannada)等语言,坎纳达语中有反身标定谓词的语素。利兹指出,在坎纳达语中,如果没有动词性反身性语素 -kol(过去时形式为 -koṇḍ),照应语 tannu 就不能被同论元约束,如(17)中二例的对比所示。

(15) a. *Max$_i$ haat zich$_i$.

　　　b. *Max$_i$ hates him$_i$.

(16) a. 　Max scheert zich.

　　　　　Max shaves self

　　　　　Max 剃须　自己

　　　　　'Max shaves himself.'

　　　　　'Max 刮胡子。'

　　　b. 　Max scheert zichzelf.

　　　　　Max shaves self-self

・144・

   Max 剃须　自己-本身

   'Max shaves himself.'

   'Max 给自己刮胡子。'

（17）a. *Hari tann-annu hoḍe-d-a

   Hari self-A　　hit-P-3SM

   Hari 自己_{-宾格}　打_{-过去时-第三人称单数阳性}

   'Hari hit himself.'

   'Hari 打了自己。'

  b.　Hari tann-annu hoḍe-du-koṇḍ-a

   Hari self-A　　hit-PP-REFL.PST-3SM

   Hari 自己_{-宾格}　打_{-过去分词-反身化.过去时.第三人称单数阳性}

   'Hari hit himself.'

   'Hari 打了自己。'

  此外,条件 R 可以预测(16a)和(17b)中的反身代词只能得到纯反身代词解读,而(16b)中的反身代词可以得到近反身代词解读。根据条件 R,(16a)和(17b)中的反身代词不能得到近反身代词解读,因为其中的谓词在词汇/形态上是反身性的,因而在语义上也必须是反身性的。(16b)可以得到近反身代词解读,因为 *zichzelf* 在句法上反身标定相关谓词,从而引入了近反身代词函数[1]。

3.1.3　基于谓词的反身代词理论的局限

3.1.3.1　R&R 对反身代词的刻画及其类型图谱的问题

  当我们应用 R&R(1993)基于谓词的反身代词理论来分析汉语的反身代词时,遇到的第一个问题是我们不知道如何对单纯反身代词"自己"进行分类。单纯反身代词"自己"与复合反身代词"他自己"之间存在差异,似乎应该将"自己"分析为 SE 照应语。这一分析能够解释"自己"可以被长距离约束的语言事实。然而,假如"自己"是一个 SE 照应语,则不能将其谓词反身化,如此一来,相关谓词若非在词汇上就是反身性的,"自己"就不能被它的同论元约束;但"自己"显然是可以被它的同论元局部约束的,如下所示:

(18) 约翰ᵢ喜欢自己ᵢ。

(18)表明"自己"不应该是 SE 照应语,但可以是 SELF 照应语,因为它可以将谓词反身化。然而,假如"自己"是一个 SELF 照应语,那么当它出现在论元位置上时,理应不能被长距离约束。但这一预测并未得到证实。

(19) 约翰ᵢ认为比尔ⱼ喜欢自己ᵢ/ⱼ。

在(19)中,"自己"可以越过一个局部的主语而指称主句的主语。假如"自己"是 SELF 照应语,那么按照 R&R 的分析,(19)中的这一长距离约束就应该被排除,因为"自己"占据论元位置时,反身标定局部的谓词,因此应与其同论元同标。更糟糕的是,(19)中的"自己"既可以被局部约束,也可以被长距离约束。要解释这些语言事实,R&R 就不得不假设汉语有两种"自己",一种是 SELF 照应语,另一种是 SE 照应语。但是,他们的理论并没有提供任何方法帮助我们区分汉语中的这两种"自己"。实际上,R&R 的理论过弱,因为它无法排除以下句子中不合法的约束。

(20) a. [约翰ᵢ的爸爸]ⱼ害了自己﹡ᵢ/ⱼ。
　　 b. 约翰ᵢ知道我ⱼ不喜欢自己﹡ᵢ/ⱼ。

如果我们将 R&R 的分析应用到(20),那么"自己"的不合法约束就会被当作合法的而被容纳,因为"自己"可以是一个 SE 照应语,因而可以被一个非同论元的先行语约束。(20b)例示的"自己"的阻断效应也给 R&R 提出了难题,他们无法预测(20b)中不可能存在长距离约束,因为他们的理论若推广至汉语,在"自己"可以作为 SE 照应语这一假设之下,便会预测长距离约束应该是可能的。注意,尽管我们可以利用"自己"的 SELF 照应语属性来解释(20),但是像(19)这样的句子又会对这种处理构成难题。因此,R&R 很难以一个一致的标准来区分 SELF"自己"与 SE"自己"。

不仅是汉语单纯反身代词"自己"引发这些问题,汉语复合反身代词"他自己"也要面对这些问题。按照 R&R(1993)的反身代词类型图谱,像"他自己"这样的复合反身代词应归类为 SELF 照应语。R&R 的理论虽然可以正确地预测(21)中的复合反身代词"他自己"受局部约束,但是却无法正确地预测(22)中的情况,因为其理论不仅过弱(这一点上文已有讨论),而且还过强。他们的条件 A 会错误地排除(22)中合法的句子。

(21) 约翰$_i$认为比尔$_j$喜欢他自己$_{i/j}$。

(22) a. 约翰$_i$的骄傲害了他自己$_i$。

　　b. 约翰$_i$说[这件事]$_j$害了他自己$_{i/*j}$。

R&R 的理论预测,复合反身代词作为 SELF 照应语,在占据论元位置时就不能被长距离约束,而这与(22)中所示潘海华(Pan 1998)注意到的语言事实相矛盾:论元位置上的复合反身代词,比如"他自己",也可以被长距离约束。虽然复合反身代词"他自己"可以分别反身标定(22a)和(22b)中的谓词,但根据 R&R 的分析,二例都应该是不合法的,这是因为:由于动词"害"的两个同论元不同标,故(22a)和(22b)中被反身标定的谓词并不是反身性的,因而违反 R&R 的条件 A。注意,我们也不能声称(22)中的"他自己"是语内传递语,以此解释其长距离约束的可能性,因为它们不是对比性的,而且占据着论元位置。

此外,像(22b)这样的句子还对 R&R 的论元语链条件提出难题。论元语链条件的一个特性是,一个给定的 NP 的论元语链范围为该 NP 约束域的子集,并且这一论元语链中任意两个链环之间都不应该出现语障(barrier)。因此,(23)中反身代词的论元语链应当限定在内嵌句。

106   (23) John$_i$ thinks [$_{CP}$ that he$_i$ likes himself$_i$].

在(23)中,即使内嵌句的主语 *he* 与主句的主语 *John* 具有相同的标引(index),二者也无法形成一个论元语链,因为二者处于不同的约束域。这一分析同样适用于以下汉语句子:

(24) 约翰$_i$ 认为 [$_{CP}$ 他$_i$ 喜欢他自己$_i$]。

在(24)中,内嵌句主语"他"也不能与主句主语"约翰"形成论元语链。假如"他"与"约翰"形成一个论元语链,则违反论元语链条件,因为相关论元语链包含两个[+R]成分。这些事实表明,在汉语中,CP 是形成论元语链的语障。然而,如果说在汉语中论元语链确实只能在 CP 域内形成,那么根据 R&R 的论元语链条件,以下重复自(22b)的句子就应该作为不合法的句子被排除。

(25) 约翰说 [$_{CP}$ 这件事害了他自己]。

在(25)中,"他自己"不与主句主语形成论元语链,因为它们被一个 CP 语障分隔开了。但是,如果"他自己"的论元语链范围限定在内嵌句 CP,那么其论元语链内就不会有[+R]成分,因此(25)应作为不合法的句子被语链条件排除。显然,(25)是合法的。如果我们将"他自己"的论元语链范围扩展至整个句子,那么

（25）就会满足论元语链条件；但是，（24）又会被错误地排除，因为它的论元语链包含两个［＋R］成分。注意，按照 R&R 的理论，（25）中的"他自己"占据一个论元位置且不处于焦点，因此不是语内传递语。实际上，在 R&R 的分析下，（25）会被错误地排除两次，因为它还会被条件 A 排除：虽然"他自己"作为 SELF 照应语，反身标定其谓词，但是这个处于内嵌句中的谓词却不是反身性的，因为这一谓词的两个同论元不同标。或许可以通过人为规定语障是一个带有指人主语的 CP 而为汉语的"他自己"更改语障的定义，以此解释（25）这样的句子，但是，当我们考虑涉及"自己"的情况［例如（19）］时，这样更改定义将引发诸多问题。在（19）中，内嵌句会被视为形成语链的语障，这就预测"自己"不能与主句主语形成一个论元语链，故不能以主句主语为先行语，但这是错误的预测。

最后，如潘海华（Pan 1997）所述，R&R 对反身代词的二分策 略无法区分汉语中的三个光杆反身代词："自己""本人""本身"。如果我们将 R&R 的反身代词类型图谱应用于汉语中的这些反身代词，它们都应该归类为 SE 照应语，因为它们没有数（number）、性（gender）、格上的系统变化。然而，如潘海华（Pan 1995，1997）所述，这些光杆反身代词却表现出不同的特性。例如，光杆反身代词"本人"就与"自己"不同，"本人"占据宾语位置时，不能指称任何成分统制它的主语，如下所示：

（26）约翰$_i$认为比尔$_j$看不起本人$_{*i/*j}$。

（26）中的"本人"既不能指称局部主语，也不能指称主句主语，而是只能指称说话人；但尽管如此，它仍然可以用作照应语，如下所示（Pan 1997：187－188）：

（27）a. 他$_i$是我的同事，家庭出身不详，**本人**$_i$成分学生。

　　b. 纳税人$_i$除**本人**$_i$免税额外还可以享受被抚养人的免税额。

　　在(27a)中，"本人"有一个跨越子句边界的先行语；在(27b)中，"本人"出现在一个嫁接语短语中，并以局部的主语为先行语。注意，(27a)中的"本人"不能替换为"自己"，但(27b)中的却可以。如果我们依照 R&R 的分析，简单地把"本人"和"自己"归为同一种类型(即 SE 照应语类型)，那么它们之间的不同特性将无法得到解释。

　　罗伊兰(Reuland 2001)以最简方案的术语重新修改了 R&R (1993)中的一些观点。由于他仍然坚持认为只有复合反身代词才能允准反身化，所以还是无法回答(18)为什么合法的问题。根据罗伊兰(Reuland 2001)的说法，在(18)中，光杆反身代词"自己"和主语应该形成一个"大语链"(CHAIN)[①]，这一大语链充当谓词的唯一论元。如此一来，(18)就应该被排除，因为二价动词"喜欢"的论元配位数(arity)与这一大语链使之变为一价谓词的事实相矛盾。但是，(18)是合法的，这对罗伊兰(Reuland 2001)的分析提出严重的质疑。注意，虽然在罗伊兰(Reuland 2001)的分析中，将汉语光杆反身代词"自己"分析为一个带有空代词的复合反身代词"pro-自己"(类似于"他自己")也是可能的，但是这一分析将无法分辨出"自己"与"他自己"之间的诸多差异，也无法解释这些差异。罗伊兰(Reuland 2001)的另一个问题是：英语 *himself* 这样的反身代词，在与天然反身标定的动词关联时(例如："John behaves himself")，必须处理为不能承载独立题元角色的单纯反身代词；但在与非天然反身标定的动词关联时(例如："John likes himself")，则必须处理为能够承载独立题元角色的复合反身代词。

---

　　① 罗伊兰(Reuland 2001)提出的"CHAIN"概念与 R&R(1993)使用的"chain"概念不同。在此将"CHAIN"译作"大语链"，以示区分。"CHAIN"(及"Chain")与"chain"的区别与联系，详见罗伊兰(Reuland 2001)。

在罗伊兰的分析中,单纯反身代词与复合反身代词具有不同的结构,因此,英语反身代词与这两类动词关联时应如何进行结构表征,尚不得而知。

3.1.3.2　利兹(Lidz)条件 R 的问题

利兹(Lidz 2001a,2001b)区分纯反身代词与近反身代词,他对 R&R 理论的这一扩展,也不适用于汉语。如 3.1.2 节所述,利兹(Lidz 2001a,2001b)区分句法上被反身标定的谓词与词汇和形态上被反身标定的谓词。他提出,句法上反身标定的谓词所允准的照应语是近反身代词,词汇/形态上反身标定的谓词所允准的照应语是纯反身代词。确切地说,在没有词汇反身性的情况下,任何可以被局部约束的照应语都会引入近反身代词函数。

利兹(Lidz 2001a,2001b)认为,汉语单纯反身代词"自己"是一个近反身代词,因为"自己"可以在没有词汇反身性的情况下被它的同论元局部约束。因此,在以下句子中,"自己"既可以指称"约翰",也可以指称"约翰的塑像"。

(28) 约翰把自己枪毙了。

根据利兹的分析,可以在这样一种情境下说出(28):约翰走进一家蜡像馆,他发现了一尊描绘他自己的蜡像,一看到这尊蜡像,他勃然大怒。利兹认为,在这一情境下,可以说出(28)来表示约翰枪毙了他自己或者这尊蜡像。这很有趣,但并不符合事实。我询问了多位汉语母语者,没有一人认为(28)可以表示约翰枪毙了蜡像。如果想得到相关解读,必须用"他自己"代替"自己"。

在某些情况下,"自己"确实可以指称蜡像,但这通常仅限于一些特定的情境,在这些情境中相关句子的使用是为了表达幽默。设想:女王和约翰站在女王的蜡像前,女王发现蜡像的鼻子有问题,她伸出手指触碰了蜡像的鼻子,但当她触碰蜡像的鼻子时,蜡像的鼻子突然掉落了。在这一语境下,约翰可以幽默地说出以下句子,而在这种情况下,"自己"可以指称蜡像[2]。

（29）女王,,你,怎么把自己,的鼻子弄掉了?

尽管(29)中的"自己"可以得到近反身代词解读,但需要指出的是,在获得近反身代词解读方面,"自己"与"他自己"是不同的。"他自己"很容易得到非同一身份解读(Pan 1997)或近反身代词解读,但"自己"要得到这类解读就很困难。实际上,只有用来表达幽默时,"自己"才能得到近反身代词解读。根据母语者的语感判断,如果是在某些幽默情境下使用,即使是在词汇语义中就明确指向真实自身的汉语反身代词形式,比如"代词+本人"和"自己本身",也可以得到近反身代词解读。设想:女王和约翰站在女王的蜡像前,女王不喜欢这尊描绘她自己的蜡像,所以踢了蜡像几次,结果,蜡像的一条腿断了。在这一情境下,约翰可以幽默地对女王说出以下这个句子,其中"本人"和"自身"("自己本身"的缩略形式)指称的是蜡像。

（30）女王,,你,弄断的可是你本人,/自身,的玉腿啊。

但是,在其他情境下,即使是用来表达幽默,"他本人"和"自身"也无法得到近反身代词解读。例如,在(31)中,"他本人"和"自身"即使用于表达幽默,也都不能指称副本自我(the duplicated self)。

（31）约翰,看不起他本人,/自身,。

此外,(31)还对利兹的条件 R 提出了另一个难题,因为条件 R 预测,如果一个谓词在语义上是反身性的,那么它在词汇上也必须是反身性的。而在(31)中,这些反身代词在语义上是反身性的,它们只允许同一身份解读,即纯反身代词解读,但是,它们在词汇上却不是反身性的。我认为,(30)与(31)在反身代词解读上的差异在于相关动词的语义。对于某些表达物理性消失(physical evaporation)和心理过程(psychological process)的动词而言,它们所选择的反身代词很难获得近反身代词解读。

由此,我认为"他自己"与"自己"在指称副本自我方面存在一个根本的区别。"他自己"可以直接指称副本自我,因为它不要求同一身份;而"自己"只能在某些特殊的情境下才能指称副本自我,因为它要求同一身份(Pan 1997)。我认为,像"自己"这样要求同一身份的反身代词,只有在存在一个隐喻过程(metaphorical process)的前提下,才能够在(29)这样的句子中获得近反身代词解读,这一隐喻过程可以将真实人物和蜡像映射到一个可能世界(possible world),蜡像在这个可能世界中被拟人化,从而使得真实人物与拟人化的蜡像共享同一身份。

至此可以看到,"自己"以及其他要求同一身份的反身代词要获得近反身代词解读,必须满足一些特殊的条件。利兹未能解释"他自己"与像"自己"这样要求同一身份的反身代词在指称可能性与所受限制方面的这些差异。此外,利兹将"自己"识别为近反身代词的标准,也是不恰当的。根据利兹(Lidz 2001b)的分析,在荷兰语和坎纳达语中,含纯反身代词的比较结构删略句,只允许松散(sloppy)解读;而含近反身代词的比较结构删略句,既允许严格(strict)解读,也允许松散解读。利兹指出,由于在比较结构删略句(32)中,"自己"既允许严格解读,也允许松散解读,所以"自己"应该是一个近反身代词。

(32) 张三比李四为自己辩护得好。

　　'Zhangsan defended himself better than Lisi defended himself. '

'张三为自己辩护，（结果）好于李四为自己辩护。'
（松散解读）

'Zhangsan defended himself better than Lisi defended him.'

'张三为自己辩护，（结果）好于李四为他（＝张三）辩护。'
（严格解读）

在此须要澄清两点。第一，在现代汉语（普通话）中，（32）并不是一个可接受的比较句。现代汉语中表达（32）这个意思的可接受的比较句，应该是像（33）这样的，但（33）不允许松散解读，如下所示：

（33）张三为自己辩护比李四辩护得好。

* 'Zhangsan defended himself better than Lisi defended himself.'

* '张三为自己辩护，（结果）好于李四为自己辩护。'
（松散解读）

'Zhangsan defended himself better than Lisi defended him.'

'张三为自己辩护，（结果）好于李四为他（＝张三）辩护。'
（严格解读）

111　　　注意，（33）与（32）的不同之处在于，（32）中的"自己"同时被比较结构中的"张三"和"李四"成分统制，而（33）中的"自己"仅被"张三"成分统制，这可能就是（32）中的"自己"可以指称这两个NP，而（33）中的"自己"只能指称"张三"的原因。

第二，根据利兹的标准，像（33）这样的句子仍然兼容"自己"的近反身代词解读，但是我认为，一个句子既允许严格解读又允许松散解读，并不能证明反身代词就是近反身代词。如果我们造一个类似于(32)这样的别扭的句子,将其中的"自己"替换为"他本人",那么"他本人"也会允许严格解读和松散解读,但是请注意,"他本人"在这样一个中性的语境中绝不能用作近反身代词。

(34) [?]张三比李四为他本人辩护得好。

'Zhangsan defended himself better than Lisi defended himself.'

'张三为他本人辩护,(结果)好于李四为他本人辩护。'(松散解读)

'Zhangsan defended himself better than Lisi defended him.'

'张三为他本人辩护,(结果)好于李四为他_(=张三)辩护。'(严格解读)

上述语言事实表明,即使比较结构删略句的严格/松散解读测试在荷兰语和坎纳达语中是有效的,但这一测试在汉语中却不起作用,因为它会错误地将纯反身代词归为近反身代词。

以上分析清楚地表明,利兹对基于谓词的反身代词理论的扩展,在应用于汉语反身代词时,同样是既过强又过弱。其分析过强,因为它会错误地排除像(31)这样的合法句子,在(31)这样的句子中,在语义上是反身性的谓词,在词汇/形态上并不是反身性的,因而违反利兹的条件 R。其分析也过弱,因为它会错误地容纳(28)、(31)和(34)中这些反身代词不可能也不合法的近反身代词解读。

3.1.4 缺失的类型

阿纳格诺斯托普卢、埃弗拉特(Anagnostopoulou & Everaert 1999,下文简称 A&E)指出,R&R 的反身代词类型图谱中被刻画为[+SELF，+R]的第四种类型，可以被预测，但在自然语言中未得到证实。A&E(1999)认为，这一缺失的类型之所以未得到证实，是有一个理论内部的原因，这是由R&R的条件A和条件B与语链条件之间的交互作用所致。具体地讲，按照R&R的分析，如果一个谓词被SELF照应语反身标定，那么这一谓词的同论元必须是同标的。若这一谓词的同论元同标，则由这一同标关系形成的论元语链必须遵守论元语链条件，即：链尾中不允许再出现具有[+R]特征的成分。这就是R&R的类型图谱中缺失具有[+SELF，+R]特征的照应语的原因。然而，A&E认为，具有[+SELF，+R]特征的照应语，如果不进入语链结构，就仍然可以出现在自然语言中。按照A&E的分析，希腊语的 *o eaftos tu* 就是一个这样的照应语，它由定指限定词 *o*('the')、中心语名词 *eaftos*('self')以及所有格代词 *tu*('his')组成。请看以下转引自A&E(1999：105)的句子：

(35) [O   Petros]$_j$ agapai   [ton   eafto$_i$ tu$_j$]$_i$.
     the   Petros$_{(N)}$ loves   the   self$_{(A)}$ his$_{(G)}$
     定指限定词 Petros-主格 爱   定指限定词 自己-宾格 他的-属格
     'Petros loves himself.'
     'Petros 爱他自己。'

在(35)中，同标的两个成分是谓词的主语与宾语DP这一复合形式照应语内部的所有格代词。由于这两个同标的成分分别处于两个不同的管辖语域(governing category，GC)，故不会形成论元语链。注意，虽然(35)中反身标定谓词的SELF照应语并不与其同论元同标，但这个句子却不是不合法的。A&E认为，(35)合法，是因为其中存在抽象的并入(incorporation)，如下所示：

(36) [O Petros]$_j$ eafto$_i$-agapai [ton t$_i$ tu$_j$]$_j$.

在(36)中,名词和动词形成一个复合谓词,而作为这一名词—动词并入操作的结果,所有格代词被"擢升"为这一复合谓词的论元,如此一来,所有格代词与主语成为同论元,满足了 R&R 的条件 A。注意,A&E 似乎是说,中心语名词 *eafto* 通过并入至动词而反身标定谓词,擢升的所有格代词与主语的同标关系将谓词变为反身性的。这样一来,就没有违反条件 A 和条件 B。关键的一点是,反身标定成分不需要与主语或宾语共享相同的标引。

初看之下,这一并入分析似乎解决了[+SELF,+R]照应语可能对 R&R 理论造成的问题,并且可以恰当地解释为什么自然语言中也可存在这一缺失的类型。但是,经过进一步的考察,我发现 A&E 的并入分析实际上是不合理的,这一分析存在自身无法解决的问题。

第一个问题是,他们无法解释为什么反身标定成分与谓词的主语可以是异标的(counter-indexed)。根据科尔、赫蒙、宋丽梅(Cole,Hermon & Sung 1990)及科尔、王承炽(Cole & Wang 1996)所提出的标准分析,如果一个反身代词经中心语移位(head movement)嫁接到谓词上,那么它会通过标识语—中心语一致关系(Spec-head agreement)与主语同标。然而,在(36)中,反身代词与主语却是异标的。这怎么可能? 注意,福克斯(Fox 1993)已经指出,如果反身标定成分不需要参与反身代词约束,那就没有什么可以阻止推导出像"You$_i$ showed myself to yourself$_i$"或"Jan$_i$ showed myself to SE$_i$"(荷兰语)这样的不合法句子。在这些句子中,谓词都是反身性的,因为各句中谓词的两个论元都是同标的,并且谓词还被第三个论元 *myself* 反身标定。这或许是 R&R (1993:662)将其条件 A 和条件 B 相对化为标引的原因,以便在其系统中排除此类不合法的结构。他们规定:一个 i-反身标定的句法谓词必须是 i-反身性的;一个 i-反身性的语义谓词必须是被 i-反身标定的。如此一来,A&E 所假定的恰恰是 R&R 的分析所禁止的,因为 A&E 的假定会产生错误的结果。

A&E 对(36)的分析的另一个问题是,它与汉语中已证实的并入实例相悖,即:当发生并入且所有格代词擢升至论元位置时,所有格代词与其同论元(即句子的主语)必须是异标的。

(37)约翰$_i$在生他的$_{i/j}$气。

在(37)中,"气"并入至动词"生"而形成一个动宾复合词"生气",所有格代词擢升至论元位置并充当复合词"生气"的宾语。在这种情况下,所有格代词必须与主语异标。如果没有发生并入,且所有格代词没有擢升至论元位置,那么所有格代词就可以与句子的主语同标,因为二者不是同论元,如下所示:

(38)约翰$_i$在看他的$_{i/j}$书。

由此,我认为(36)中的所有格代词若擢升至论元位置,就不可能与主语同标,因为这样就会有一个代词在其局部域(local domain)内受约束,这样的同标关系会违反标准约束原则 B(Binding Condition B)。注意,没有证据表明(36)中的所有格代词在擢升至论元位置时就可以改变其身份而成为一个照应语,而且我认为这样一种身份改变过程应当是普遍禁止的。所有格代词若擢升至论元位置,则不能与其同论元同标,正因如此,我认为(36)中所示的这种擢升过程是不可能的。

此外,A&E 对 *eaftos* 的处理还存在一个潜在的矛盾。一方面,他们宣称(36)中的名词—动词并入是可能的,因为 *eaftos* 是一个语义不健全的(defective)名词,而正是 *eaftos* 的语义不健全性触发(trigger)了这一抽象的并入;而另一方面,他们将 *eaftos* 归类为指称性的(referential)。问题是:语义不健全性可以与指称性共存吗?A&E 并未明确定义语义不健全性是指什么,但据其注释 12 所示,他们似乎将助词(particle)和习语性(idiomatic)名词/形容词视为语义不健全的成分。但是,如果将 *eaftos* 与这些语义不健全的习语性名词/形容词归为一类,那么它们就不是通常意义上的指称性的。如此,它就不应该归类为指称性的成分。注意,这也是 R&R 对指称独立性特性(R 特性)的定义中所存在的一个普遍问题。根据 R&R(1993)的说法,若一个成分具有 φ 特征和结构格(structural Case)的充分赋值(full specification),则将其定义为 R 成分。φ 特征分为数类,包括人称(person)、数、性。若一个成分自始至终都没有表现出 φ 特征和结构格上的对比,则将被定义为[−R]成分。按照这一分析,照应语的指称依存性并不必然意味着它不能独立地指称,而是意味着它缺乏 φ 特征和结构格上的对比。如果我们依照 R&R 的定义,会发现很难对 φ 特征和格都被充分赋值但又语义不健全的成分进行分类。希腊语的 *eaftos* 就是一个这样的成分。A&E 采纳 R&R 对 R 的定义,并断定希腊语的 *eaftos* 是一个 R 成分,因为它有性的标记,且有数和格的充分屈折变化。但是,如果 *eaftos* 被定义为一个 R 成分,那么我们又如何解释其语义不健全性? 显然,这种定义指称独立性的方式不适用于汉语的反身代词。"自己""本人""本身""自身"等单纯反身代词并不表现出 φ 特征或格上的任何对比,而"他/她自己"这样的复合反身代词仅表现出人称和数上的对比,未表现出性[3]或格上的对比。如果我们以 R&R 的标准对这些反身代词进行分类,则会出现两种可能:一是所有的单纯反身代词都归为[−R]成分,但"他自己"这样的复合反身代词归为[+R]成分,因为复合反身代词表现出人称和数上的对比;二是所有的反身代词都归为[−R]成分,因为复合反身代词虽然表现出人称和数上的对比,但是却没有表现出性或格上的对比,故而未表现出 φ 特征上的充分对比。但须注意,如果我们将 R&R 的标准应用于汉语的代词,代词也应该归类为[−R]成分,因为汉语的代词虽表现出人称和数上的对比,却没有表现出性或格上的对比,因而没有表现出 φ 特征上的充分对比。显然,R&R 基于 φ 特征对 R 的定义存在问题,因为汉语第三人称单数代词"他/她/它"明显可以独立使用。

我认为,一个成分若是 R 成分,则应当能够独立指称。也就是说,它可以用于直指(deictic),且在句子范围内不需要依赖于先行语进行解读。如此一来,我们对 R 的定义就与乔姆斯基(Chomsky 1981)对代词和名称(name)的定义是一致的,因为它们都不需要在其局部域内受约束。如果我们将指称独立性定义为独立指称的能力,那么汉语反身代词"代词+本人"就可以刻画为[+SELF,+R]成分。例如,(31)[重复为(39)]中给出的复合形式"他本人",除了可以受其谓词的同论元约束外,也可以独立指称。除了回指局部主语外,它还可以指称局部主语之外的某个 NP,比如正在讨论中的某个人或先前话语中提及的某个人。

（39）约翰_i看不起他本人_{?i/j}。

（39）这样的句子表明,"他本人"是一个真正的[+SELF,+R]照应语,而这不能通过并入分析来解释。第一,如果光杆反身代词"本人"并入至谓词,则会反身标定其谓词。否则,这一并入过程就没有动因。但是,"本人"本身并不具备充当反身标定成分的资格,因为它必须在指称中规避其同论元,见(26)。第二,"本人"与希腊语的照应语 *eaftos* 不同,它并不是语义不健全的成分,因此不允许并入至动词。

3.1.5　进一步的讨论：复合谓词与反身标定

在本节中,我们将探讨是否有可能在解决汉语反身代词所提出的问题的同时,仍然保留 R&R(1993)的基本假设,即约束是反身标定谓词的过程。如果我们假设一个汉语句子中的不同从句可以选择性地形成复合谓词,似乎有可能解决上述问题。我们可以假设复合谓词的形成受到从句定式性(finiteness)的制约。不同的定式性从句不能融为一个谓词,而不同的非定式性从句却可以。
我们可以进一步假设,复合谓词的形成仅对具有显性定式性形态
标记的谓词敏感。鉴于汉语没有定式性或非定式性的显性形态标
记(参看:Hu, Pan & Xu 2001),从理论上讲,汉语中复合谓词的形
成可能并不受上述定式性条件限制。因此,在形成复合谓词方面,
汉语比那些具有显性定式性形态标记的语言更加自由。如果是这
样,那么在(40)中,我们可以将"认为比尔喜欢"视为一个复合谓
词,它带有两个论元:一个论元是主句主语,另一个是反身代词。
在这种分析之下,"自己"被处理为 SELF 照应语,而不是 SE 照应
语。由于在汉语中复合谓词的形成是选择性的,因此,(40)中"自
己"的局部约束、非局部约束都可以得到解释。

(40)约翰$_i$认为比尔$_j$喜欢自己$_{i/j}$。

复合谓词分析方案虽然能够解释为什么"自己"在占据论元　116
位置时,既可以被局部约束,又可以被非局部约束,但是却无法解
释以下句子的约束特性。

(41)约翰$_i$知道我$_j$不喜欢自己$_{*i/j}$。

(42)我$_i$知道约翰$_j$不喜欢自己$_{*i/j}$。

(43)a.约翰$_i$的骄傲害了(他)自己$_i$。

　　b.约翰$_i$说[这件事]$_j$害了(他)自己$_{i/*j}$。

(44)约翰$_i$认为比尔$_j$喜欢他自己$_{*i/j}$。

在(41)中,"自己"不能被主句主语约束,而且我们也不清楚
为什么当内嵌句的主语是具有不同 φ 特征的代词时[①],内嵌句与
主句谓词就无法形成一个复合谓词。我们可以假定,能够形成复

---

　　① 内嵌句的主语与主句的主语具有不同的 φ 特征。

合谓词的不同从句,其主语必须具有相同的 φ 特征。然而,即使这是可能的,也无法解释为什么(42)中内嵌句主语与主句主语具有不同的 φ 特征,但反身代词却又能够被主句主语约束。这一假设性分析的另一个问题是,它仍然无法解释为什么(43)中的句子虽然直接违反了约束原则 A(Binding Condition A),但却是合法的;因为"他自己"和"自己"都是 SELF 照应语,必须遵守约束原则 A。(44)进一步表明,复合谓词分析大概是不合理的,因为在(44)中,反身代词不能被主句主语约束,但这一复合谓词分析却认为反身代词可以被主句主语约束。

从以上各节的讨论中可以看到,R&R 与利兹提出的基于谓词的约束理论及其相关的反身代词类型图谱,在推广至汉语时,无法恰当地刻画汉语反身代词的特性。自然语言中的反身代词似乎并不同质,因此不是仅以 R&R(1993)给出的两个特性(即:反身化功能特性与指称独立性特性)就能充分刻画的。尽管自然语言中的反身代词或可具有这两个特性之一,但它们同时也具有这两个特性无法涵盖的其他特性。我认为,基于谓词的约束理论若要成为普遍语法中反身代词的一般理论,还需要进一步改进;如果不能充分地刻画并解释汉语的反身代词,那么任何反身代词的类型图谱都无法完整地呈现普遍语法中反身代词的全貌。

3.2 刻画汉语反身代词:从基元特征推导指称依存性和反身性

乔姆斯基(Chomsky 1981)使用两个二分特征[±照应语]([±anaphor])与[±代词]([±pronominal])来刻画名词短语的特性。R&R(1993)使用[±反身化功能]与[±指称独立性]来刻画照应语的特性。他们对照应语的特征刻画,虽然对于建立跨语言照应语的初步类型图谱十分有用,但是却无法刻画汉语照应语的约束特性。仅以[±照应语,±代词]这样的特征来区分名词短语,除了无法预测汉语光杆反身代词"自己"的长距离约束特性外,更无从解释"自己"所表现出的阻断效应。上文已指出,R&R(1993)对照应语的特征刻画在这方面同样没有解释力。除了无法解释"自己"为什么以及在什么情况下会表现出阻断效应,他们的特征刻画也不能预测汉语照应语的类型多样性。此外,他们对照应语的特征刻画不够基元性(primitive),故无法回答是名词短语的什么特性使其成为照应语或者代词,以及为什么有的反身代词是反身化标记/反身标定成分(reflexivizer),而其他的反身代词就不是。在下文的讨论中,我将给出我自己对汉语照应语的特征刻画,并说明从中可以推导出汉语照应语的一些约束特性。

如果我们大致检视名词短语,首先可以二分特征[±依存性]([±dependency])对它们进行第一次区分。众所周知,反身代词在指称上是依存性的,但指称语和代词不是。假定自然语言中的名词短语确实可以按照[±依存性]特征进行分类,那么接着要问的问题是:为什么有的名词短语是指称依存性的,而有的却不是?看来一定是有某些句法基元(syntactic primitive)造成了[±依存性]特征。黄正德、汤志真(Huang & Tang 1991)在解释汉语光杆反身代词与复合反身代词不同的指称表现时指出,光杆反身代词比复合反身代词更具"照应性",因为它既没有指称,也没有 φ 特征。光杆反身代词是"双重照应语",因为它不仅需要从其先行语处获得 φ 特征,还要从其先行语处获得指称。这一观点颇有见地,因为它切实揭示了光杆反身代词与复合反身代词之间的关键差异。显然,将反身代词的指称表现与其基元特性联系起来,就不那么特设(ad hoc)了。在随后的讨论中,我将进一步阐释这一特征驱动的(feature-driven)反身代词分析方案,并说明汉语光杆反身代词的阻断效应实际上可以从中推导出来。

如果我们以更加基元性的特征——[±φ 特征](下文简称[±φ])与[±指称](下文简称[±ref])——来刻画汉语中的照应语,那么我们可以得到以下结果。

118

（45）汉语照应语的特征表征

	"自己"	代词+"自己"	代词
φ 特征	−	+	+
ref(指称)	−	−	+

以上特征表征表明，代词具有 φ 特征与指称特征。黄正德、汤志真（Huang & Tang 1991：274）认为，除量化词以外的所有 NP，都同时具有内在的 φ 特征与内在的指称特征。代词具有内在的 φ 特征，并且可以有独立的指称或者从其先行语处获得指称。如果缺乏 φ 特征或者缺乏指称都会导致名词性成分的依存特性，那么，将光杆反身代词"自己"作为"双重照应语"来分析，是合理的。由于汉语复合反身代词仅缺乏指称特征，故可以假设，一旦它从一个恰当的先行语处获得这一特征（下文将解释什么是恰当的先行语），它就不会再继续搜索先行语，因为进一步的搜索就没有动因了。若确实如此，那么复合反身代词约束的相对局部性质，或许是由于它仅缺乏一个特征。至于光杆反身代词，可能涉及两个搜索过程：一个搜索 φ 特征，另一个搜索指称特征。下文即证明情况确是如此。

与上述特征表征相关的另一个问题是：反身性是否可以从中推导出来？初看之下，反身性似乎可以从缺乏指称这一点推导出来。但是事实并非如此。比如，汉语中的空代词。根据乔姆斯基（Chomsky 1981：20，60，322）的分析，PRO 具有人称、数、性等 φ 特征，但缺乏内在的指称。乔姆斯基（Chomsky 1981：65）提出，显性代词在指称上是自由的，但 PRO 不是，因为 PRO 的指称是由与之同标的先行语确定的，且 PRO 必须在控制（control）之下进行解读。我们不做进一步的论证而直接采纳乔姆斯基的假设，即：PRO 具有 φ 特征，但缺乏指称。黄正德（Huang 1991）认为，PRO 和 pro 属于同一范畴 Pro。沿着黄正德的分析，我直接将 PRO 和 pro 标为 Pro。尽管我没有区分 PRO 和 pro，但我仍然保留强制性控制的 Pro 与选择性控制的 Pro 之间的区分。我提出，只有前者是没有指称的。至于后者,若在句子内有先行语,则被选择性地控制;或者如柯尔(M.D. Cole 2000)所言,在指称非语言的(nonlinguistic)先行语时,用于直指。当 Pro 用于直指时,它就有指称。如果我们用上述特征矩阵来刻画被控制的(controlled)Pro 与不被控制的(uncontrolled)Pro,则前者应刻画为[$+\varphi$, $-$ref]([φ]表示 φ 特征,[ref]表示指称特征),而后者应刻画为[$+\varphi$, $+$ref]。现在讨论以下句子:

(46) a. 李四$_i$ 打算[Pro$_i$ 明天来]。

b. 李四$_i$ 说 Pro$_{i/j}$ 明天来。

c. 李四$_i$ 怕老师$_j$ 会批评 Pro$_{i/*j/k}$。

在(46a)中,Pro 在与先行语形成依存关系之前是没有指称的,因为它是一个强制性控制的 Pro。(46b)和(46c)中的 Pro 是选择性控制的。在(46b)中,Pro 可以依赖于主句主语或是句外先行语获得指称特征。(46c)显示,虽然 Pro 可以通过主句主语或句外先行语来认定其所指,但它不能依赖于它的同论元获得指称。这一事实表明,尽管在文献中 Pro 有时也被称为"零形照应语"(zero anaphor),但是在这个方面,Pro 表现出不同于反身代词的约束特性。我认为,反身代词与 Pro(无论是强制性控制的 Pro 还是选择性控制的 Pro)之间的差异,并不在于它们是否具有相关的依存性特征(即:指称特征或 φ 特征),而是在于它们是否具有 SELF 特征。我将证明,依存性与反身性必须区分开来,因为这一区分对于充分刻画照应语而言是必要的。我提出,反身性要求具有 SELF 特征,而依存性并不一定需要这一特征。我认为,令 SELF 对照 OTHER①,则最容易理解。如此,[$+$SELF]意味着[$-$OTHER]。

---

① SELF 可译为"自我",OTHER 可译为"他者"。SELF 与 OTHER 表征的是特征,而不表示具体的词汇。译文对作为特征表征的 SELF 与 OTHER 不做翻译。

但需要指出的是,[-OTHER]并不一定意味着[+SELF],下文即将说明这一点。在萨菲尔(Safir 1996)的分析中,OTHER 是一个语义基元,但 SELF 不是。萨菲尔区分 SELF 与 SAME①,并指出:在日耳曼语族语言中,用 SELF 语素形成反身代词;而在罗曼语族语言中,则是用 SAME 语素形成反身代词,例如法语 *lui-même*('himself'/'他本人'②)中的 *même*('same'/'同者,同样的人/事物')。他进一步指出,虽然二者都参与建立同一身份关系,但它们又有所不同:前者可以用来指谓(denote)个体,而后者不可以。由于 SAME 与汉语反身代词的定义无关,在此不再讨论。在萨菲尔(Safir 1996)的分析中,SELF 是 **MET(转喻)**应用于身体部位 *self*('自我/自身/己身')③的一个实例。以下是萨菲尔(Safir 1996:548)对 **MET** 的定义:

120

(47) **MET(转喻)**是一种寄生于 **BODYPART(部位)**的论元的二价转喻身份认定关系,其中部分论元(part argument)代表未充盈的(unsaturated)的整体论元(whole argument),或者说,部分论元被认定为等同于未充盈的整体论元。

BODYPART(部位)定义如下(Safir 1996:549):

(48) **BODYPART(部位)**是部分与整体(整体与部分不可让与地关联在一起)之间的一种二价关系。对应于整体的论元可以是未充盈的。所讨论的身体部位(body part)

---

① SAME 可译为"同者"。SAME 也是一个特征表征,故不做翻译。
② 原文中对法语 *lui-même* 的英文翻译是"himself"。由此翻译中文时,选用的是"他本人"而非"他自己",这是有用意的。因为法语 *lui-même* 含有 SAME 语素,在这种情况下,"他自己"就不能体现其中的 SAME 语素("他自己"可体现 SELF 语素),故不选用。
③ 此处的 *self* 理解为"身体部位",译作"自身"或"己身"或更为恰当。

天然地充盈了部分论元。

在萨菲尔的分析中,照应性的 SELF 是一个转喻的照应语,它将一个个体的部分表征为同该个体的整体是一致的,其结果是原子(atom)SELF 用作二价的身份认定关系。萨菲尔将 SELF 的第二个论元处理为 self('自我/自身/己身'),对应于"部分"论元。因此,根据萨菲尔的说法,*John loves himself*('约翰爱自己')这个句子表示的是:约翰爱他的部分,该部分即他的"自我/自身/己身",如下所示:

(49) a. John loves himself.

　　 b. John$_i$ loves $[\, x_i \; \text{SELF} \,]$

　　 c. where $[\, x_i \; \text{SELF} \,]$ means x_i-MET-**self**$_i$.

据萨菲尔所述,(49b)的解读是:*John* 爱由 *self* 表征的 x,且 MET 要求 *self* 代表 x 的先行语,即 *John*。由此便推导出由 MET 所引介的 *love* 的反身性解读。海曼(Haiman 1985,1995)也认为"self"是身体的实例化,并且提出,反身代词的使用所反映的是一种(主体)心—(客体)身二元论 [(subject) mind-(object) body dualism]。如果我们考虑汉语对比性反身代词"本人"和"本身",便能明白为什么他们的分析是合理的。如果我们采纳萨菲尔(Safir 1996)的分析,那么在"本人"的表达式中,SELF 的第二个论元实现为"人"("人物"),而在"本身"的表达式中,SELF 的第二个论元实现为"身"("身体")。这些事实表明,萨菲尔对反身代词的刻画确实抓住了其语义特性。然而,这一刻画虽看似合理且颇具见地,但无法解释为什么"本人"和"本身"不能用作反身化标记,而光杆反身代词"自己"却可以。"自己"与"本人""本身"之间的唯一区别是,在"自己"的表达式中,第二个论元(即"部分"论元)实现为"self"('自我'),而不是"人"或"身"。这一事实表明, 121

在反身化中,重要的不是 MET 或 BODYPART,而是萨菲尔所说的 "self"。我们将萨菲尔所说的 "self" 表示为 SELF。注意,这里的 SELF 不同于塞尔斯(Sells 1987)所定义的 Self。SELF 可以从字面上理解为反身代词中的 SELF 语素[注意,萨菲尔(Safir 1996) 偶尔也用 SELF 表示 SELF 语素]。关键的一点是,SELF 是对照 OTHER 来使用的。

如果我们将 SELF 与 OTHER 纳入照应语的分类中,则可以将汉语照应语刻画如下:

(50) 汉语照应语的特征表征

	φ 特征	ref(指称)	SELF	OTHER
不被控制的 Pro	+	+	−	+
被控制的 Pro	+	−	−	+
"自己"	−	−	+	−
代词+"自己"	+	−	+	−
"本人"	−	+	−	−
"本身"	−	+	−	−
"他/她本人"	+	+	−	−
"自己本身"	−	+	+	−

在乔姆斯基(Chomsky 1981)的分析中,PRO(即被控制的 Pro)被刻画为[+代词,+照应语]。根据目前的分析,其[+照应语] 特征是从它缺乏指称这一事实中推导出来的,其[+代词]特征则是从它有[+OTHER]特征但无[+SELF]特征这一事实中推导出来的。"自己"之所以具有依存性,是因为它既缺乏 φ 特征,又缺乏指称特征;之所以具有反身性,是因为它具有 SELF 特征,但缺乏 OTHER 特征。"他自己"这样的复合反身代词与"自己"的区别仅在于,前者具有 φ 特征。如果依存性是因缺乏 φ 特征或指称特

征所致,那么可以推断,缺乏其中一个特征会导致局部依存,而缺乏这两个特征可能会导致长距离依存。这正是黄正德、汤志真(Huang & Tang 1991)所持的观点。尽管缺乏 φ 特征或指称特征会导致依存性,但是,如果一个名词短语不具有 SELF 特征,它仍然不能用作反身代词。正是 SELF 特征导致了一个谓词的同论元之间的共指(co-reference)。若确实如此,则一个合理的假设是:如果一个名词短语具有 SELF 特征,而又只缺乏一个依存性特征(即:或是缺乏 φ 特征,或是缺乏指称特征),那么,若是可以在局部范围内获得指称,它就不会倾向于被长距离约束。这一假设不仅符合经济原则(Principle of Economy,PE),而且也得到了语言事实的支持。众所周知,"他自己"这样的汉语复合反身代词在任何可能的情况下都倾向于被局部约束。只有当它无法在局部范围内找到一个理想的先行语时,它才会被长距离约束(详细的讨论参看:Pan 1995,1997,1998)。我们随后将讨论"他自己",此处不展开详述。另一个遵守相对限制性局部性条件的汉语反身代词是"自己本身"。俞贤富(Yu 2000)指出,在以下句子中,"自己本身"可以被内嵌句主语约束,但不能越过内嵌句主语而被主句主语长距离约束。

122

(51)张三$_i$说[李四$_j$只关心自己本身$_{*i/j}$]。

(Yu 2000:51)

然而,如果内嵌句主语不是一个可能的先行语,则"自己本身"越过局部主语而被主句主语长距离约束,就是可能的,如下所示:

(52)他知道[这应该怪自己本身]。

(Yu 2000:18)

作为逼近问题的初步方案,目前的分析可假定,"自己本身"之所以具有相对的局部性,是因为它只缺乏一种依存性特征:φ特征。一旦它从一个显著的先行语处获得这一特征,其搜索先行语的过程就会停止。在这个方面,"自己"不同于"他自己"或"自己本身"。"自己"既缺乏 φ 特征,又缺乏指称特征,因此它需要两个特征搜索过程:一个搜索 φ 特征,另一个搜索指称特征。随后,我将证明"自己"的长距离约束特性可以从它缺乏这两个特征推导出来。

在潘海华(Pan 1995,1997)的分析中,"本人"和"本身"是两个光杆对比性反身代词。"本人"表示"这个人","本身"表示"这个身体"。这两个对比性反身代词虽然不具有 SELF 特征,但它们也并不指向 OTHER。这表明,[−SELF]并不一定意味着[+OTHER]。以"本人"为例。潘海华(Pan 1995,1997)指出,尽管"本人"通常指称语句(utterance)的说话人或文章的作者,但它也可以用作照应语,并且可以有跨从句或跨句子的先行语,如下所示:

(53) a. 他$_i$是我的同事,家庭出身不详,本人$_i$成分学生。

(Pan 1997:187)

123

      b. 纳税人$_i$除本人$_i$免税额外还可以享受被抚养人的免税额。

(Pan 1997:188)

潘海华(Pan 1995,1997)进一步指出,"本人"不能指称任何成分统制它的 NP,如下例所示:

(54) 约翰$_i$告诉马克$_j$比尔$_k$不喜欢本人$_{*i/*j/*k}$的照片。

根据目前的分析,"本人"的照应语特性是意料之中的,因为这可以从［-OTHER］特征中推导出来；但它的反成分统制（anti-c-commanding）特性却是意料之外的。注意,缺乏 SELF 特征并不意味着它不能指称一个成分统制它的 NP。代词也缺乏 SELF 特征,但如果成分统制它的 NP 不是其同论元,代词就可以指称这个成分统制它的 NP,如下所示:

(55) 张三$_i$ 说李四喜欢他$_i$。

"本人"的反成分统制特性须从某些其他的特征推导出来。但是,(50)中所给出的特征,无一可以推导出这一特性。拉斯尼克（Lasnik 1989）（另见 Thráinsson 1991）非常令人信服地论证,在刻画所谓的代词性形容词/代词性别称（pronominal epithet）（如 *the bastard* 等）时,需要二分特征［±指称语］（［±r-expression］）（下文简称［±R］）,因为它除了具有一些代词特性外,还与名称（如 *John* 等）有一定的共同之处。我们假定,如拉斯尼克（Lasnik 1989）和瑟林松（Thráinsson 1991）所述,确实需要这一［±R］特征。那么,接着要问的问题是:在目前的系统中同时设立［ref］特征和［R］特征,是否冗余？ 这两个特征是否可以简化为一个？ 实际上,这两个特征各自独立,都是需要的。［ref］特征表示"独立的指称",而［R］特征表示含有该特征的相关成分是一个指称语。瑟林松（Thráinsson 1991）认为,在对照应语进行分类时,独立指称特征与［R］特征都是需要的,这是因为,虽然一个具有［R］特征的 NP 可能同时具有［ref］特征,但一个具有［ref］特征的 NP 可能并不具有［R］特征。例如,代词具有［ref］特征,但不具有［R］特征。在瑟林松的 NP 类型图谱中,NP 首先根据［±ref］特征进行分类,然后再根据［±R］特征和其他特征进一步分类。而我则认为,NP 应该首先根据［±R］特征进行分类,然后再根据其他特征进一步分类。在乔姆斯基（Chomsky 1981）的 NP 类型图谱中,指称语被刻画为［-照应语,-代词］。如果采纳乔姆斯基（Chomsky 1981）的类型图

124

谱,那么量化词和 Wh 短语也应该归类为具有[－照应语,－代词]特征的指称语。但是众所周知,量化词没有指称。按照标准的分析(如 Chomsky 1981),Wh 短语同样是非指称性结构,因为它们不会在给定的话语范围中选出一个特定的个体或实体。正因如此,它们经常被视为量化词。如果量化词和 Wh 短语没有指称,那么它们就不应该归类为指称语。加之它们也不是照应语或代词,因此未被纳入乔姆斯基的 NP 类型图谱。这表明,乔姆斯基的类型图谱可能无法涵盖自然语言中所有可能的 NP。如果我们以[±R]特征对 NP 进行第一次区分,则名称具有[＋R]特征,而所有其他的名词短语,包括照应语、代词、量化词、Wh 词,都具有[－R]特征。假定 NP 可以根据[±SELF]和[±OTHER]特征进一步分类,并且[±ref]特征仅与[－R]特征的 NP 相关,而与[＋R]特征的 NP 无关,那么,我们就能明白在我们的系统中同时使用[±ref]和[±R]的必要性。如果这一分析是正确的,我们可以将汉语照应语的特征表征修订如下。在以下特征表征中,[±φ]特征和[±ref]特征仅应用于[－R]特征的 NP,而不应用于[＋R]特征的 NP。

(56) 汉语照应语的特征表征
A.

	SELF	OTHER	R
不被控制的 Pro	－	＋	－
被控制的 Pro	－	＋	－
"自己"	＋	－	－
代词+"自己"	＋	－	－
"本人"	－	－	＋
"本身"	－	－	＋
"他/她本人"			
"自己本身"	＋	－	－

B.

	φ 特征	ref（指称）
不被控制的 Pro	+	+
被控制的 Pro	+	−
"自己"	−	
代词+"自己"	+	−
"他/她本人"	+	+
"自己本身"	−	+

以上特征表征可以解释为什么"本人"不能被一个成分统制它的先行语约束。这是因为，"本人"具有[+R]特征。而指称语总是排斥成分统制它的先行语，这一点已经充分证明。注意，正如我们之前的讨论中所提到的，"本人"也具有[−OTHER]特征。这就是它可以用作照应语的原因。

潘海华（Pan 1995,1997）指出，复合对比性反身代词"他本人"可以指称成分统制它的先行语，如下所示：

(57) 约翰$_i$ 说比尔$_j$ 看不起他本人$_{i/?j/k}$。

潘海华（Pan 1997）认为，在（57）中，"他本人"优先选择主句主语做先行语，不倾向于选择内嵌句主语做先行语。注意，（57）中的"他本人"还可以指称某个句外的先行语。根据我们的分析，"他本人"不倾向于被其局部主语约束，是因为它不是一个强反身化标记。尽管它有[−OTHER]特征，但因其缺乏 SELF 特征，它就不是强反身化标记。我认为，只有那些具有[+SELF]特征的名词性成分才能充当强反身化标记。

在（56）中，"本身"与"本人"具有相同的特征表征。然而，"本身"与"本人"之间存在一个重要的区别。潘海华（Pan 1997：202）

指出,"本身"与"本人"的不同之处在于,"本身"不能用作施事（agent）,如下所示:

（58）*约翰/他本身打了比尔一下。

虽然上述特征表征不能预测"本身"的这一特性,但是这可以从它的词汇语义中独立推导出来。由于"本身"的词汇语义是"这个身体",所指称的是"身体"而非"人物",所以它似乎不具有强生命度特征。假定施事性（agentivity）要求相关的成分在生命度等级（animacy hierarchy）中位次很高或者具有强生命度特征,这样就可以解释"本身"不能用作施事的原因。

注意,上述照应语的特征表征也可以用来刻画 R&R（1993）所定义的 SELF 照应语与 SE 照应语。英语中 *himself* 这样的 SELF 照应语与荷兰语中 *zichzelf* 这样的 SELF 照应语,都具有 [+SELF, −OTHER, −R] 特征。二者的差异在于,前者被赋为 [+φ, −ref],而后者,就像汉语的"自己本身"一样,被赋为 [−φ, +ref]。*zichzelf* 之所以具有 [+ref] 特征,是因为 *zichzelf* 中 *zelf* 的指称是由 *zich* 定义的,因而指向 *zich* 的自我。由于 *himself* 和 *zichzelf* 都具有 [+SELF] 特征,但仅缺乏一个依存性特征（即:它们或是缺乏 φ 特征,或是缺乏指称特征）,因此可预测它们是反身化标记。SE 照应语所具有的特征必须是 [−SELF, −OTHER, −R] 和 [−φ, −ref]。SE 照应语不能作为反身化标记,因为它不具有 [+SELF] 特征。

3.3　汉语光杆反身代词

汉语光杆反身代词"自己"引发众多理论语言学者的关注,这不仅是因为它可以指到其管辖语域之外的 NP,从而展现出一些乔姆斯基（Chomsky 1981）的约束原则 A 所无法刻画的独特性质,而且还因为它表现出阻断效应,且如潘海华(Pan 1995,1997,2001)所述,其阻断效应还是不对称的。为了解释汉语反身代词的独特性质,不同的语言学者提出了不同的分析方案,这些分析方案可以分为两大类:一类是句法分析方案,另一类是非句法分析方案。

3.3.1 句法分析方案

句法分析方案尝试证明汉语反身代词的长距离约束本质上是一种句法现象,而且可以在加以修订的约束原则 A 之下来处理。一种分析提出遵循黄正德(Huang 1983)、梁东晖(Yang 1983)、曼齐尼和韦克斯勒(Manzini & Wexler 1987)的精神,对不同语言的管辖语域概念进行参数化。以王嘉龄和斯蒂林斯(Wang & Stillings 1984)为代表的另一种分析(另见 Mohanan 1982)则提出,"自己"代表了一种新的 NP 类型,称为"照应性代词"(anaphoric pronoun),其解读受到一项新的约束原则调控。第三种方案主要基于皮卡(Pica 1987),假设"自己"的长距离约束是逻辑式层面隐性循环移位的结果。虽然相关文献对"自己"逻辑式移位的细节存在分歧,但这些分析都一致认为,先行语与反身代词之间表面上看似不受边界限制的(unbounded)依存关系,实际上受到隐性的边界限制,因此在本质上仍然是局部的。在黄正德、汤志真(Huang & Tang 1991)的分析中,"自己"的逻辑式移位是非论元移位(A'-movement),通过 IP 嫁接而实现,类似于量化词提升的过程。在巴蒂斯泰拉(Battistella 1989)、科尔等(Cole et al. 1990)、科尔和宋丽梅(Cole & Sung 1994)以及科尔和王承炽(Cole & Wang 1996)的分析中,这一移位则是中心语移位,"自己"移至其所处从句的 I(或 AGR),并选择性地(通过 C)移至上一层从句。第四种分析是普罗戈瓦茨(Progovaç 1992,1993)提出的,是逻辑式移位分析的一种非移位变体,称为相对化主语(relativized subject,RS)分析方案

127

[汤志真(Tang 1994)采纳并修订了这一分析方案],它将 X^0(即 AGR)指定为 X^0(中心语)反身代词(如"自己")的主语(SUBJECT),而将 XP 指定为 XP(最大投射)反身代词(如"他自己")的主语(SUBJECT)。邓慧兰、顾阳(Tang & Gu 1998)也使用这一主语概念来解释"自己"的约束特性。她们遵循鲍尔斯(Bowers 1993)的述谓理论(Predication Theory),提出"自己"的约束受到鲍尔斯所说的主要主语(primary subject)和次要主语(secondary subject)概念的调控。

本着贝克(Baker 1995)之精神,薛平、波拉德、萨格(Xue, Pollard & Sag 1994)以及波拉德、薛平(Pollard & Xue 1998)主张将句法约束与话语显著性(discourse prominence)分离开来,并为"自己"提出了一种中心语驱动短语结构语法(Head-driven Phrase Structure Grammar, HPSG)分析方案,这一分析假定出第四种 NP 类型,称为 Z 代词(Z-pronoun),而汉语的"自己"就是一个 Z 代词,它受制于一项新的约束原则——这与王嘉龄和斯蒂林斯(Wang & Stillings 1984)的精神一致。科尔、赫蒙、李子玲(Cole, Hermon & Lee 2001)也主张将句法约束与话语显著性分离,而黄正德、刘辰生(Huang & Liu 2001)则提出,局部"自己"与长距离"自己"的分界线应为传统概念的管辖语域,同时指出,可以使用久野暲(Kuno 1972)的视角(perspectivity)理论来解释"自己"所表现出的阻断效应。

3.3.2　非句法分析方案

非句法分析方案提出,现代汉语反身代词的长距离约束应通过非句法因素加以解释。Chou(1992)[①]认为,长距离反身代词不是受制于句法约束,而是受制于某些生命度条件和题元条件。徐

---

①　无法确认该文献作者的中文姓名,故以英文列出。

烈炯（Xu 1993，1994）指出，在"自己"的约束中，并不总是会观察到阻断效应。他认为，"自己"的先行语受到主语或题元等级（thematic hierarchy）的制约。他还认识到现代汉语"自己"解读中显著性与局部性的交互作用（徐烈炯 1999）。其他学者则采用话语—语用方案来解释现代汉语反身代词的约束特性，认为现代汉语反身代词的先行语是由话语因素确定的，比如语内传递（logophoricity）（Y. Huang 1994；Maling 1984；Reinhart & Reuland 1991，1993；Yu 1991；Zribi-Hertz 1989）、视角（Iida 1992；Kuno 1987；N.-C. Li 1991；Sells 1987；Zubin et al. 1990）、强调（emphasis）或强调代词（intensive pronoun）（Baker 1995）等。沿着这一研究思路，俞贤富（Yu 1991）和黄衍（Y. Huang 1994）提出，汉语"自己"是一个语内传递语，因此必须受语内传递制约；李乃聪（Li 1991）认为不受约束的"自己"和长距离约束的"自己"的解读是由视角确定的；而陈平（Chen 1992）则使用 TOPICALITY（"主题性"）和塞尔斯的 PIVOT（"基准"）概念来解释"自己"的长距离约束。

潘海华（Pan 1995，1997，2001）遵循贝克（Baker 1995）的精神，提出一种汉语反身代词三分的方案：局部约束的反身代词应与非局部约束的反身代词区分开，而后者又进一步划分为涉己（de se）照应语"自己"与对比性反身代词"本人""本身"等。他认为话语，更确切地说是自我归属（self-ascription）和话语显著性，在汉语反身代词的解读中起着至关重要的作用。潘海华提出，长距离约束的"自己"是一个涉己照应语，应受到自我归属的制约。潘海华（Pan 1995，1997，2001）认为，阻断效应是不对称的，而引发阻断效应的关键因素并不是文献中所说的局部主语或不同人称特征的冲突（Huang & Tang 1991；Xue, Pollard & Sag 1994）。相反，在阻断效应中起到决定性作用的，正是第一／二人称名词短语与第三人称名词短语之间的不对称；而且，不仅是主语，其他句法功能项也会引发阻断效应。潘海华（Pan 1998）进一步指出，"他自

128

己"这样的非对比性复合反身代词不需要一个成分统制或子成分统制(subcommanding)[1]它的先行语,它可以有长距离先行语,并且也表现出阻断效应,这对皮卡(Pica 1987)广为接受的概括提出了严重的质疑,即:只有形态上为单纯形式而非复合形式的反身代词才可以被长距离约束。

鉴于我已经另文述评了句法分析方案、非句法分析方案(参看:胡建华 1998a;胡建华、潘海华 2002),而且从潘海华(Pan 1995,1997,2001)处也可以很容易地获取关于汉语反身代词既有研究的详细而富有见地的综述,因此,若不提供新的评论和批评,则没有必要对相关文献再进行综述。在下文中,在简要讨论"自己"的约束特性之后,我将只述评潘海华(Pan 2001)、黄正德和刘辰生(Huang & Liu 2001)关于"自己"的这两项研究,然后提出我自己的分析。在开始讨论"自己"之前,有必要指出的是,尽管近三十年来对光杆反身代词"自己"的研究不断涌现,但是对汉语复合反身代词和光杆反身代词的统一解释尚付阙如。而且,如何更圆满地解释"自己"所表现出的阻断效应,仍是理论语言学的一大挑战。圆满的分析应该不仅能够解释为什么"自己"表现出阻断效应,而且能够解释为什么阻断效应有时强而又有时弱。大多数分析都将阻断效应视为一项不可违反的硬性限制,但事实并非如此,因为根据我的分析,它并不是一项语法限制。在下文的讨论中,我将指出,阻断效应实际上可以降低,因为阻断效应是从 NP 的显著性推导出的;如果相关 NP 的显著性降低或者又出现另一个比它更加显著的 NP,阻断效应就会减弱,这是合理的。

3.3.3 "自己"的约束特性

以下例句显示,光杆反身代词"自己"(i)可以被长距离约束,

---

[1] "子成分统制"的定义详见下文(60)。

（ii）可以只被一个主语约束，（iii）可以被子成分统制它的 NP 约束，（iv）不能越过一个具有不同人称特征的介入性 NP 而被先行语长距离约束[1]（C.-T. J. Huang 1982b；Y.-H. Huang 1984；Tang 1989；Wang & Stillings 1984）。

（59）a. 张三$_i$ 认为李四$_j$ 喜欢自己$_{i/j}$。

b. 张三$_i$ 没有告诉李四$_j$ 自己$_{i/*j}$ 的分数。

c. 李四$_i$ 知道你$_j$ 喜欢自己$_{*i/j}$。

d. ［张三$_i$ 的骄傲］$_j$ 害了自己$_{i/*j}$。

（59a）表明，"自己"被局部约束或是被非局部约束均可。（59b）显示了"自己"的主语倾向（subject-orientation）特性，因为它只能被一个主语约束。（59c）显示，"自己"与主句主语之间的长距离约束，被一个人称特征不同于主句主语的介入性 NP 所阻断。（59d）表明，"自己"可以被一个子成分统制它的主语约束，子成分统制的定义如下（Tang 1989）：

（60）β 子成分统制 α，当且仅当 β 包含于一个成分统制 α 或子成分统制 α 的 NP，且任何包含 β 的论元都处于主语位置。

虽然局部的子成分统制者可以约束"自己"，但非局部的子成分统制者不可以约束"自己"，这一点是黄正德、汤志真（Huang & Tang 1991）观察到的。

（61）张三$_i$ 的信表示［李四$_j$ 害了自己$_{*i/j}$］。

---

① 第（iii）点与第（iv）点应互换顺序，如此方可同下文例句及例句分析的顺序相对应。

黄正德、汤志真（Huang & Tang 1991）还注意到，长距离"自己"可能的阻断成分（blocker）不仅包括成分统制它的主语，而且也包括子成分统制它的 NP，如下所示：

（62）a. 张三ᵢ 说我ⱼ 的骄傲害了自己*ᵢ/ⱼ。

b. 张三ᵢ 说[[你ⱼ 这样做]对自己*ᵢ/ⱼ 不利]。

李亚非（Li 1993）指出，具有不同人称特征的子成分统制者，在充当一个[+人]（[+Human]）NP 的所有者（possessor）时，即使它不是"自己"可能的先行语，也仍然可以引发阻断效应。

（63）李四ᵢ 以为我ⱼ 的学生ₖ 不喜欢自己*ᵢ/*ⱼ/ₖ。

此外，薛平等（Xue et al. 1994）发现，直接宾语①与旁格宾语（oblique）也可以引发阻断效应，并且阻断成分可以不是"自己"潜在的约束语（binder），而这与黄正德、汤志真（Huang & Tang 1991）的说法相反，如下所示：

（64）a. 张三ᵢ 告诉我ⱼ 李四ₖ 恨自己*ᵢ/*ⱼ/ₖ。

b. 张三ᵢ 对我ⱼ 说李四ₖ 常批评自己*ᵢ/*ⱼ/ₖ。

c. 张三ᵢ 从你ⱼ 那儿听说李四ₖ 常批评自己*ᵢ/*ⱼ/ₖ。

(Xue et al. 1994：437)

（65）a. 张三ᵢ 知道我ⱼ 的信表明李四ₖ 害了自己*ᵢ/*ⱼ/ₖ。

b. 张三ᵢ 听说你ⱼ 的文章揭露李四ₖ 恨自己*ᵢ/*ⱼ/ₖ 的太太。

(Xue et al. 1994：437-438)

---

① 此为薛平等（Xue et al. 1994）文中使用的术语。

徐烈炯(Xu 1994)认为,位于被动语素"被"或动前宾语标记"把"之后的名词(下文称为"被"名词、"把"名词)可以是"自己"的先行语,并且不会阻断句子中具有不同人称特征的主语对"自己"的约束。科尔、王承炽(Cole & Wang 1996)指出,这些"被"名词和"把"名词,即使是在长距离约束中也不会引发阻断效应,如下所示:

(66) a. 张三$_i$以为李四$_j$会把你$_k$领回自己$_{i/j/k}$的家。

　　b. 张三$_i$以为李四$_j$会被你$_k$领回自己$_{i/j/k}$的家。

(Cole & Wang 1996：360-361)

科尔等(Cole et al. 2001)进一步指出,虽然在(66)中反身代词"自己"可能与主句主语"张三"共指,但这种共指关系在(67)中更容易得到。基于这一事实,他们得出结论:由于第二人称代词出现在"把/被"之后,(66)中存在轻度的阻断效应。

(67) a. 张三$_i$以为李四$_j$会把小明$_k$带回自己$_{i/j/k}$的家。

　　b. 张三$_i$以为李四$_j$会被小明$_k$带回自己$_{i/j/k}$的家。

(Cole et al. 2001：32)

科尔等区分了语法阻断(grammatical blocking)与语内传递阻断(logophoric blocking)。在(66)中,轻度的阻断效应源于语内传递阻断;而在以下句子中,语法阻断源于逻辑式中心语移位和特征渗透(feature percolation)。根据他们的观察,语法阻断比语内传递阻断更强。

(68) a. 张三$_i$以为我$_j$会把你$_k$带回自己$_{*i/j/k}$的家。

　　b. 张三$_i$以为我$_j$会被你$_k$带回自己$_{*i/j/k}$的家。

(Cole et al. 2001：31)

需要指出的是,尽管阻断效应有时强有时弱,但这并不意味着更强的就是语法阻断,而较弱的就是语内传递阻断。科尔等(Cole et al. 2001)认为,如果阻断成分占据主语位置,就会产生强阻断效应。按照他们的分析,在(68)所给出的句子中,"自己"首先在逻辑式层面嫁接到局部的 AGR 并将其特征渗透到这个 AGR 上,并且由于"自己"可以接着嫁接到上一层从句的 AGR,若占据[Spec,AGR]的 NP 具有不同的人称特征,则会造成人称特征冲突。如此一来,便产生阻断效应。在光杆反身代词"自己"研究的各种逻辑式分析方案中,这种特征渗透机制被广泛采用。其基本观点是,阻断效应源于无法形成语法一致关系。语法一致关系不可违反,这是一个公认的事实,如下所示:

(69)＊He am a student.

以上句子被排除,仅仅是因为 AGR 的 Spec 与 AGR 本身具有不同的人称特征。若是如科尔等(Cole et al. 2001)所述,阻断效应确实源于无法形成一致关系,那么语法也应该排除以下句子。

(70) a. 你怕他超过自己吗?

b. 我$_i$不喜欢李四$_j$管自己$_{i/j}$的事。

(Pan 2001:283)

然而,尽管内嵌句主语与主句主语具有不同的人称特征,以上句子却是完全可接受的。上述事实表明,"自己"所表现出的阻断效应不可能源于无法形成一致关系,因此不应视为语法阻断。如果相关限制的确是一项语法限制,则假定违反语法限制的推导还可以继续保持其合法性,就是不合理的。

3.3.4 潘海华(Pan 2001)的自我归属理论

潘海华(Pan 1995，1997，2001)区分了局部约束反身代词与长距离约束反身代词，并认为只有长距离约束的非对比性"自己"表现出阻断效应。他发现"自己"的阻断效应不是对称的，而引发阻断效应的关键因素并不是文献中所说的局部主语或不同人称特征的冲突(Huang & Tang 1991；Xue，Pollard & Sag 1994)，而是第一/二人称NP与第三人称NP之间的不对称。他认为，第一/二人称代词可以阻断第三人称NP长距离约束"自己"，但第三人称NP并不一定阻断第一/二人称代词长距离约束"自己"，如下所示：

(71) a. 我ᵢ不喜欢李四ⱼ管自己ᵢ/ⱼ的事。

　　 b. 你ᵢ喜欢李四ⱼ管自己ᵢ/ⱼ的事吗？

　　 c. 李四ᵢ不喜欢我/你ⱼ管自己*ᵢ/ⱼ的事。

　　 d. 李四ᵢ不喜欢张三ⱼ管自己ᵢ/ⱼ的事。

(Pan 2001：283)

(71a)和(71b)表明，第一/二人称代词与"自己"之间的共指关系不会被介入性的第三人称NP"李四"阻断。(71c)显示，当第一/二人称代词介于主句主语与"自己"中间时，会阻断其共指关系。潘海华(Pan 1995，1997，2001)还指出，不仅是主语或包含在主语中的NP，其他语法功能项若由第一/二人称代词充当，也可以引发阻断效应，如(64)所示。基于这些语言事实，他发展出一种自我归属理论，以解释"自己"约束中所表现出的阻断效应。潘海华(Pan 1995，1997，2001)提出，长距离约束的"自己"指向信念持有者(the carrier of belief)，因此其解读受到自我归属的制约。他通过以下事实解释阻断效应：只有第一/二人称代词是强制性的自我归属者(self-ascriber)，因此，它们若是介于有可能作为先行语

的第三人称 NP 与"自己"中间,就可以阻断"自己"的长距离约束;

134 而第三人称 NP 是选择性的自我归属者,因此不一定会阻断"自己"被第一／二人称代词长距离约束。潘海华(Pan 1995,1997)区分局部性的"自己"与自我归属的"自己"。他认为只有自我归属的"自己"对阻断效应敏感。潘海华(Pan 2001:297)为自我归属的"自己"提出以下约束条件。

(72) 自我归属"自己"的约束条件
"自己"可以在语言域 γ 内被信念持有者(即:最显著的自我归属者)约束,当且仅当 γ 内所包含的信念命题中不存在阻断成分。

显著性条件(Prominence Condition)定义如下(Pan 2001:298):

(73) 显著性条件
α 是 γ 中最显著的自我归属者,当且仅当 γ 中不存在 β,β 在下列任一等级中位次高于 α。
a. 主语 > 宾语或旁格宾语
b. 支配性 NP > 被支配 NP

在潘海华的分析中,阻断成分与先行语是分开的,因此阻断成分不一定是可能的先行语之一。显著性条件似乎只负责识别可能的先行语,而与识别阻断成分无关。正因如此,潘海华(Pan 2001:298)单独定义了阻断成分。

(74) α 是 β 的阻断成分,如果 α 是一个自我归属者,并满足以下条件:(a) α 位于"自己"之前;(b) α 及其所控制的 NP 都不是包含"自己"的非反身性谓词的论元。

虽然潘海华的分析比之前的解释更胜一筹,但仍有一系列问题尚未得到解释。第一,如果第一/二人称代词确如潘海华(Pan 1995,1997,2001)所言,是强制性的自我归属者,那么就不清楚为什么自我归属要对非反身性谓词敏感;如此一来,将非反身性谓词概念添加到阻断成分的定义中,反而削弱了自我归属理论的解释力。在定义阻断成分时之所以要考虑非反身性谓词,主要是因为存在如下不受自我归属限制的句子:

(75) a. 他怕我超过自己。

b. 总统请我坐在自己的旁边。

(Xu 1993:136)

在(75)中,第一/二人称代词不会阻断第三人称 NP 对"自己"的约束。潘海华(Pan 2001)声称非反身性谓词中不存在自我归属,以此解释这些例句。如果是这样,则意味着第一/二人称代词或许并不是强制性的自我归属者。的确,有一些语用因素或世界知识(world knowledge)因素排除了(75)中"自己"与离它最近的 NP 共指的可能。但是,我们可以对以上句子稍加修改,使得"自己"可以被最近的 NP 或主句的主语约束,如下所示:

(76) a. 他$_i$怕你$_j$超过自己$_{i/j}$的儿子。

b. 总统$_i$请我$_j$坐在自己$_{i/j}$的太太旁边。

在(76)中,反身代词"自己"的解读不受非反身性谓词制约,因为它不是非反身性谓词的论元。如此一来,"自己"就可以指称局部的先行语。鉴于被主句主语约束并不是唯一可能的选择,自我归属理论会预测"自己"不能被主句主语约束,而这与上述事实相反。

第二,自我归属理论还无法解释为什么第一/二人称代词出现在"把/被"之后时，就不是强制性的自我归属者，如(66)所示。

第三，潘海华(Pan 2001)对自我归属的解释与第一/二人称代词是强制性自我归属者的说法之间存在潜在的矛盾。按照潘海华(Pan 2001：295)的说法，自我归属者将某种特性归属于自我。在以下句子(77)中，"自己"不能指称主句主语，因为信念命题中有一个强制性的自我归属者，即第一人称代词"我"。如果第一人称代词是一个强制性的自我归属者，那么有人或许就会问：为什么它不能做先行语？这个问题的一个现成的答案是，阻断成分也可以不是先行语。即使我们接受这个说法，我们仍然会问：为什么(77)中的第一人称代词是一个自我归属者，它自我归属的是什么特性？在(77)中，似乎没有可以让它自我归属的信念命题。如果(77)中的第一人称代词没有可归属的特性，那么给它贴上自我归属者的标签，可能就没有充足的动因，因为这不符合潘海华的说法，即：自我归属者要将某种特性归属于自我。黄正德、刘辰生(Huang & Liu 2001)也指出了这一问题。他们认为，将(71c)中的内嵌句主语称为自我归属者，并不切合自我归属这一术语的含义，因为它仅仅是某个指谓事件的谓词的主语，不归属任何特性。

（77）李四$_i$以为我$_j$的学生$_k$不喜欢自己$_{*i/*j/k}$。

3.3.5　黄正德和刘辰生(Huang & Liu 2001)的解释

黄正德、刘辰生(Huang & Liu 2001)也区分局部反身代词与长距离反身代词，并指出二者之间的分界线就是传统概念的管辖语域，其定义如下(Huang & Liu 2001：141)：

（78）管辖语域(参看：Huang 1983；Chomsky 1981)

　　　α是β的管辖语域，当且仅当α是包含β、β的管辖语

（governor），以及 β 的可及主语（SUBJECT）的最小语域。

黄正德、刘辰生（Huang & Liu 2001）认为，管辖语域可以正确区分内嵌句主语位置的反身代词与内嵌句宾语位置的反身代词。

（79）a. 张三以为自己的儿子最聪明。

　　　b. 张三以为李四最喜欢自己的儿子。

（80）a. 张三说自己看见了李四。

　　　b. 张三说李四看见了自己。

（Huang & Liu 2001：168）

黄正德、刘辰生认为，在（79a）和（80a）中，"自己"被主句主语"张三"约束时，它是语内传递语还是局部反身代词，是模棱两可的。也就是说，在涉己情境下或是非涉己情境下，它都可以指称主句主语。而在（79b）和（80b）中，"自己"在非涉己情境下只能被内嵌句主语"李四"约束，而不能被主句主语"张三"约束。根据他们的分析，这一差异源于（79a）和（80a）中"自己"的管辖语域是主句，而（79b）和（80b）中"自己"的管辖语域是内嵌句。他们认为，以下句子中阻断效应的分布进一步表明局部反身代词与长距离反身代词之间的分界线是管辖语域。

（81）a. 张三$_i$告诉我自己$_i$的儿子最聪明。

　　　b. $^{??}$张三$_i$告诉我李四最喜欢自己$_i$的儿子。

（82）a. 张三$_i$对我说自己$_i$批评了李四。

　　　b. $^{??}$张三$_i$对我说李四批评了自己$_i$。

（Huang & Liu 2001：169）

在（81b）和（82b）中，主句主语对"自己"的约束被第一人称代词阻断,因为"自己"是长距离反身代词;而在(81a)和(82a)中,主句主语对"自己"的约束未被阻断,因为"自己"是在其管辖语域内受约束的局部反身代词。黄正德、刘辰生进一步指出,在以下句子中,"自己"以一个子成分统制它的 NP 为先行语时,也是一个局部反身代词。

(83) [张三$_i$ 的骄傲]$_j$ 害了自己$_{i/*j}$。

在他们的分析下,只有语内传递语表现出阻断效应,因此他们正确地预测,在以下句子中,"自己"与子成分统制它的先行语之间的约束关系不会被阻断。

(84) 张三$_i$ 的表情告诉我$_j$[自己$_{i/*j}$ 是无辜的]。

(Huang & Liu 2001:170)

138   虽然在理论上和经验事实上都有必要区分局部"自己"与长距离"自己",但黄正德、刘辰生的区分标准无法体现局部反身代词与长距离反身代词之间的一项重要差异[4]。局部反身代词与代词呈互补分布,而长距离反身代词则与代词是自由变体,这在文献中众所周知。显然,(79a)、(80a)、(81a)、(82a)、(83)、(84)中的"自己"可以替换为一个与"自己"指称保持一致的代词。如果这些句子中的"自己"确实是局部反身代词,有人或许会问为什么它可以与代词是自由变体。注意,在以下句子中,"自己"不能替换为代词,这表明该句中的"自己"是一个真正的局部反身代词。

(85) 约翰$_i$ 喜欢自己$_i$/他$_{*i}$。

我认为,如果确实有必要区分局部"自己"与长距离"自己",那么这一区分应该仅限于"自己"与代词处于互补分布的句法环境。

黄正德、刘辰生（Huang & Liu 2001）采用一种视角理论来解释"自己"约束中所表现出的阻断效应，并认为可以通过径直套用久野暲（Kuno 1972）的直接引语表征假设（direct discourse representation hypothesis）来解释阻断效应。根据黄正德、刘辰生的分析，（86a）中"自己"的长距离约束被阻断，原因是外部说话人（external speaker）的视角与内部说话人（internal speaker）的视角存在冲突。

（86）a. 张三觉得我在批评自己。

　　　b. 张三觉得，"**我**在批评**我**"。

（Huang & Liu 2001：161）

黄正德、刘辰生依照久野暲（Kuno 1972）的分析，提出（86a）中的长距离"自己"源于（86b）中底层的第一人称代词"我"。在他们的分析中，（86b）被视为（86a）的底层表达式。在（86b）中，"我"出现了两次。第一个"我"指称整个句子的（外部）说话人，第二个"我"指称"张三"，即直接引语补足语的（内部）"说话人"。由于两个不同说话人的视角存在冲突，如果（86a）中的"自己"被主句主语约束，那么该句就是不可接受的。

正如潘海华（Pan 2001：301）所指出的，这一视角分析的问题在于，它会错误地预测在以下这样的句子中"自己"的长距离约束会被阻断。

（87）约翰说比尔把自己的书送给了我。

139

（Pan 2001：300）

根据黄正德、刘辰生（Huang & Liu 2001）的分析，（87）可以表达为（88）。

（88）约翰说，"比尔把**我**的书送给了**我**"。

在（88）中，第一个"我"指称"约翰"，即直接引语补足语的（内部）"说话人"；第二个"我"指称整个句子的（外部）说话人。由于两个不同说话人的视角存在冲突，黄正德、刘辰生所做的分析会预测，如果"自己"被主句主语约束，（88）就不可接受，但这与事实相悖。注意，像（66）、（75）、（76）、（77）这样的句子［重复为下例（89）、（90）、（91）、（92）］，也对基于视角的分析方案构成问题。

（89）a. 张三$_i$以为李四会把你领回自己$_i$的家。

　　　b. 张三$_i$以为李四会被你领回自己$_i$的家。

（90）a. 他怕我超过自己。

　　　b. 总统请我坐在自己的旁边。

（91）a. 他$_i$怕你$_j$超过自己$_{i/j}$的儿子。

　　　b. 总统$_i$请我$_j$坐在自己$_{i/j}$的太太旁边。

（92）李四$_i$以为我$_j$的学生$_k$不喜欢自己$_{*i/*j/k}$。

以（89a）为例。当"自己"指称主句主语时，（89a）可以表达为（93）。

（93）张三以为，"李四会把**你**领回**我**的家"。

按照黄正德、刘辰生（Huang & Liu 2001）所做的分析，在（93）中，"你"指称外部说话人面对的听话人，而"我"则指称内部说话人"张三"。由于内部信息源（"我"锚定的对象）与外部信息源（"你"锚定的对象）之间存在冲突，黄正德、刘辰生（Huang & Liu 2001）的分析预测（89a）在预期解读下是不可接受的，这再次与事实相悖。虽然黄正德、刘辰生可以说（90）涉及非反身性谓词，以此免除（90）的麻烦，但是他们却不能这样来处理（91）。他们的分

析还有另一个问题,它会错误地预测(92)中的"自己"可以被子成分统制它的 NP 约束,如下所示:

(94) 李四以为,"我的学生不喜欢我"。

在(92)的直接引语表达式(94)中,"我"出现了两次。由于第一个"我"和第二个"我"在预期解读下(即:第一个"我"与第二个"我"共指)都指称外部说话人,所以(94)中不存在视角冲突。其结果是,基于视角的分析方案会错误地预测(92)中的"自己"可以指称子成分统制它的 NP。当然,黄正德、刘辰生可以说,在(94)中,子成分统制者"我"不能做宾语"我"的先行语,因为子成分统制者"我"是被另一个 NP 支配的 NP。但是,仍有问题尚未得到回答,即:为什么视角应该对支配性 NP 与被支配 NP 之间的区别敏感?

黄正德、刘辰生(Huang & Liu 2001)所做分析的再一个问题是:它会错误地预测,当发生视角冲突时,汉语复合反身代词的语内传递用法也要被阻断。请看以下例句:

(95) 李四ᵢ不喜欢我管他自己ᵢ的事。

当用作对比性的复合反身代词时,"他自己"可以被长距离约束。注意,由于这个复合反身代词具有明确赋值的人称特征,因此它在长距离约束中不会表现出阻断效应。如果我们使用直接引语表征法来表达(95),其结果是(96)。

(96) 李四ᵢ不喜欢,"我管我ᵢ的事"。

由于第一个"我"指称外部说话人,第二个"我"指称内部说话人,因此黄正德、刘辰生的分析会认为语内传递用法的"他自己"

141

与主句主语之间的长距离约束应该被阻断;但事实并非如此。除了这些问题外,无论所涉及的反身代词是复合形式还是光杆形式,将(95)这样的句子表达为(96),也看着很奇怪,因为像"喜欢"这样的动词不能用来引入直接引语。

3.4 汉语反身代词约束中的显著性与局部性

3.4.1 复合反身代词的约束

潘海华(Pan 1995,1997,1998)指出,汉语复合反身代词(如"他/她自己")不仅可以被一个长距离的先行语约束,而且可以被一个非成分统制它的先行语、子成分统制它的先行语约束,如以下引自潘海华(Pan 1998)的例句所示。

(97) a. 约翰$_i$说那本书放在他自己$_i$的家里。

  b. 约翰$_i$的骄傲害了他自己$_i$。

  c. 我为约翰$_i$找到了他自己$_i$的照片。

  d. 约翰$_i$说[比尔$_j$的小聪明]$_k$害了他自己$_{i/j/^*k}$。

  e. *约翰$_i$知道比尔喜欢他自己$_i$。

142　　在(97a)中,"他自己"越过一个局部主语而被长距离约束。在(97b)中,"他自己"被一个子成分统制它的 NP 约束。在(97c)中,"他自己"被一个非成分统制它的先行语约束。在(97d)中,"他自己"可以被子成分统制它的 NP 约束,也可以被主句主语约束。在(97e)中,"他自己"不能被主句主语约束。基于上述语言事实,潘海华(Pan 1998)认为,一个 NP 可以做照应语的先行语,前提是在照应语的语言域内没有比这一 NP 距离照应语更近的阻断成分。在他的分析中,阻断成分包括两类具有同等或更高显著性的 NP,即主语以及可以支配相关候选先行语的非主语。在潘海华

（Pan 1998）分析的基础上，潘海华、胡建华（Pan & Hu 2001）提出，汉语复合反身代词不能越过一个显著性不低于远距离先行语的更近距的先行语而被远距离先行语约束。他们给出了以下条件来限制汉语复合反身代词约束的可能性。

（98）照应语不能越过显著性不低于 α 的介入性 NP β 而被 α 约束。

根据上述条件，（97e）中的复合反身代词不能被主句主语约束，仅仅是因为局部主语的显著性不低于主句主语。在潘海华、胡建华（Pan & Hu 2001）的分析中，显著性是在生命度等级和语法功能等级的基础上定义的，如下所示：

（99）生命度等级（Animacy Hierarchy，AH）（Chou 1992）
　　　［+人］>［+有生命（-人）］>［-有生命］
（100）语法功能等级（Grammatical Function Hierarchy，GFH）
　　　主语 > 非主语

尽管（98）可以正确地限制汉语复合反身代词的约束，但它会错误地预测以下句子中的光杆反身代词"自己"不能被主句主语约束。

（101）张三$_i$认为李四$_j$喜欢自己$_{i/j}$。

潘海华（Pan 1995，1997，1998）以及潘海华、胡建华（Pan & Hu 2001）通过假定复合反身代词与光杆反身代词受不同的约束条件制约，解释了二者之间的约束差异。虽然这是可能的，但如果这两类反身代词可以被同一个约束条件制约，那会更加令人满意。我在之前的讨论中指出，如果"他自己"找到了一个恰当的先行语，143

它就没有动因再去找另一个。假定复合反身代词以及光杆反身代词的恰当先行语是最显著NP，尽管"自己"和"他自己"可能要求对最显著的先行语有不同的定义。如果反身代词一旦找到最显著的先行语，就不倾向于再去寻找另一个，那么，反身代词所表现出的阻断效应就可以从NP的显著性推导出来。如果是这样，我们就可以将潘海华、胡建华（Pan & Hu 2001）的概括重新定义为一项一般性的反身代词约束条件。

（102）反身代词约束条件（Reflexive Binding Condition，RBC）
　　　反身代词优先被更加显著的NP约束，但不能越过最显著NP而被约束。

现在还需要做的工作是定义最显著NP。我认为，反身代词约束的语言差异恰恰在于对最显著NP的定义。一个合理的假设是，不同的语言可以对显著性有不同的定义（参看：Pan 1998），不同的反身代词受到不同的显著NP制约。根据（56）中给出的特征表征，汉语复合反身代词需要从其先行语处获得指称特征。假定在不违反反身代词约束条件的前提下，它可以从任一可用的先行语处获取指称特征。根据这一观点，相关的反身代词只要不违反反身代词约束条件，就可以被任一可用的约束语约束。由于复合反身代词涉及两个显著性等级，因此可以很容易地看出，它的最显著的约束语是一个具有[＋人，＋主语]特征的NP。假设特征搜索过程大致类似于一个特征替换过程。每当它找到一个约束语，即受到这个约束语的约束；然而，每当它找到一个更加显著的约束语时，它就会替换不够显著的约束语。但是，一旦它从最显著的约束语处获取指称特征，其特征搜索过程便会停止，因为最显著的约束语不允许其特征被不够显著的约束语的特征所替换。可见，这一特征搜索过程不仅可以推导出不同的约束可能性，还可以推导出对这些可能性的限制。例如，在（97d）中，复合反身代词可以从子成分统制它的 NP 处获得其指称特征,因为反身代词被它约束时,不会违反反身代词约束条件。若复合反身代词的特征搜索过程选择性地停止,则它最终与子成分统制者同标。但是,如果它继续进行特征搜索,它将找到主句主语作为其约束语,并以更显著的约束语的特征替换从不够显著的约束语处所获得的特征。在(97e)中,当复合反身代词被内嵌句主语约束时,它便锚定在此处,无法继续其特征搜索过程,因为内嵌句主语是最显著的约束语,不允许反身代词将其特征替换为另一个不比它更显著的约束语的特征。

3.4.2　光杆反身代词的约束:两套搜索引擎

上一节指出,汉语复合反身代词的显著性条件可以由生命度等级和语法功能等级来定义。现在我们来看光杆反身代词的显著性条件如何定义。在定义光杆反身代词的显著性条件时,除了生命度等级和语法功能等级之外,还须考虑两个额外的因素。一个是人称特征,另一个是移情(empathy)概念(Kuno 1987)。人称特征须要考虑,是因为光杆反身代词"自己"缺乏 φ 特征。移情概念被考虑在内,是因为它会影响"自己"的约束。为了避免陷入围绕移情定义的潜在争议,我们将移情的概念限定在特定动词的使用上。请看以下句子:

(103) a. ᵀ李四$_i$ 说老师会批评 Pro$_i$。
     b. 李四$_i$ 怕老师会批评 Pro$_i$。

(103a)中的空宾语不倾向于指称主句主语,但(103b)中的空宾语可以很容易地与主句主语关联进行解读。这一差异起因于,(103b)中的主句动词是移情动词,而(103a)中的主句动词不是。"怕""敢""担心""抱怨""怀疑"等动词是具有内在移情的动词,因为这些动词的使用表现出说话人对这些动词的主语(即指称对象)的移情。这些动词表达说话人对这些动词所述谓的主语 NP 的某种主观情感或判断。由于这些动词选择的补足语从句通常描述一些可能对这些动词所述谓的主语 NP 产生影响的事件,因此,其补足语从句中所涉及的照应语可以十分自然地指称这些动词的主语 NP。例如,在(103b)中,如果主语 NP"李四"所害怕的与他本人无关,他可能没有理由感到害怕,而说话人也就可能没有理由相信李四会害怕。在相应的情况下,在句子中使用"怕"就不合理。假设引发说话人移情的动词的主语比不引发说话人移情的动词的主语更加显著,那么我们就能够解释为什么移情动词的主语可以很容易地被选作照应语的先行语。至此,我们可以制订以下涉及移情的显著性等级。

(104)移情等级(Empathy Hierarchy,EH)

　　　内在移情动词的主语 > 其他主语

145　　　由于"自己"缺乏 φ 特征,因此可以想到,其 φ 特征搜索过程应当受到以下人称特征等级的制约。

(105)人称等级(Person Hierarchy,PH)

　　　第一/二人称代词 > 第三人称 NP

　　　至于"自己"的指称,我认为除生命度等级外,还取决于以下近距等级、整合语法功能与成分统制等概念的句法显著性等级。我提出,正是生命度等级、近距等级、句法显著性等级的组合决定了"自己"的约束。

(106)句法显著性等级(Syntactic Prominence Hierarchy,SPH)

  a. 语法功能等级（Grammatical Function Hierarchy，GFH）

   主语/主语—所有者 > 宾语（间接宾语 > 直接宾语）> 嫁接语

  b. 结构等级（Structural Hierarchy，SH）

   成分统制者 > 子成分统制者 > 非成分统制者/非子成分统制者

（107）近距等级（Closeness Hierarchy，CH）

   [+更近距] > [-更近距]

  注意，在确定 NP 的显著性时，近距性也起到作用，如（107）所示。也就是说，一个距离反身代词更近的 NP 比一个距离反身代词不太近的 NP 更加显著，除非在其他更高的等级中前者的位次比后者低。近距概念定义如下：

（108）近距条件（Closeness Condition）（Pan 1998：793）

   α 比 β 更近于反身代词 X，当且仅当 X 到支配 α 的最小最大投射（minimal maximal projection）的路径为 X 到支配 β 的最小最大投射的路径的真子集（proper subset）。

  鉴于我们的系统中有不同的等级，一项要事则是如何应用这些等级来计算 NP 的显著性并确定反身代词的约束。我认为这些等级的应用，会受到类似早期生成语法中的规则排序（ordering of rules）或者优选论（Optimality Theory，OT）中相关限制条件排序这类因素的调控。其基本观点是，在 NP 显著性的计算中，一些等级的排序高于其他等级。我提出，相关等级可以排序如下：

（109）显著性等级排序（Prominence Ranking，PR）

> 移情等级 > 生命度等级 > 语法功能等级 > 近距等级 > 结构等级

我进一步提出，相关 NP 显著性的计算由以下算法调控。

(110) 显著性算法(Prominence Computing Algorithm，PCA)
　　如果 A 在显著性等级排序 PR 所含的一个更高的等级中位次高于 B，则 A 比 B 更加显著。

沿着黄正德、汤志真(Huang & Tang 1991)的分析，我假定"自己"要获得两类特征，须涉及两个过程；但与黄正德、汤志真(Huang & Tang 1991)不同，我并不认为 φ 特征是在 S 结构(S-Structure)中获得的，而指称特征是在逻辑式中获得的。我认为"自己"的 φ 特征和指称特征均是在显性句法层面获得的。假定有两套搜索引擎在运作：一套搜索 φ 特征，另一套搜索指称特征。我们将前者称为 P 引擎(φ 特征搜索引擎)，后者称为 R 引擎(指称特征搜索引擎)。这两套引擎的功能是，根据其各自的显著性条件找出一个候选项集合(candidate set)以及最显著 NP，从而帮助"自己"界定其约束域。P 引擎/φ 特征搜索引擎从人称等级中选出最显著 NP，R 引擎/指称特征搜索引擎则根据显著性算法在显著性等级排序 PR 中选出最显著 NP。

在选出两个候选项集合以及最显著 NP[①] 之后，"自己"的约束域实际上就得以界定了；而且，由于"自己"应当在其约束域(约束域由与两套引擎选出的两个最显著 NP 相关联的集合的并集所定义)内受约束，因此，如果相关的反身代词在其约束域之外受约束，还会产生阻断效应。如果这一分析是正确的，反身代词约束条件

---

① 此处"最显著 NP"对应的英文原文是"the most prominent NP(s)"。由于同时使用两套特征搜索引擎，故找出的显著 NP 可能是一个，也可能不止一个。

则可以在乔姆斯基（Chomsky 1981：212）与潘海华（Pan 1998，2001）的基础上重新定义如下：

(111) 反身代词约束条件（Reflexive Binding Condition，RBC）

　　a. 一个反身代词可在其约束域（binding domain）内受一个可及的（accessible）显著 NP（prominent NP）约束。

　　b. 反身代词的约束域为包含候选项集合（candidate set）中所有成员以及该反身代词的最小完整功能复合体（complete functional complex，CFC）。

　　c. A 约束 B，当且仅当 A 与 B 同标（co-indexed）且 A 与 B 的 φ 特征相匹配。

　　d. A 对于 B 是可及的，当且仅当 A 的标引（index）指派给 B 时不违反 *[$_\gamma$ ... δ ...]，其中 γ 和 δ 具有相同的标引。

　　注意，在以上定义中，成分统制和子成分统制都不是必需的，因为二者已经纳入显著 NP 的定义。至此留下的最重要的任务是，如何产生光杆反身代词"自己"的候选项集合。假定"自己"的候选项集合产生于指称特征搜索引擎与 φ 特征搜索引擎选出的两个候选项集合的并集。假定 φ 特征搜索引擎与指称特征搜索引擎的运作原则与管控复合反身代词先行语搜索过程的原则相同。如此，φ 特征搜索引擎一旦找到人称等级中的最显著 NP（即：第一／二人称代词），即停止其 φ 特征搜索过程。指称特征搜索引擎的运作原理类似：一旦它根据显著性算法找到显著性等级排序 PR 中的最显著 NP，其指称特征搜索过程即停止。φ 特征搜索引擎与指称特征搜索引擎所产生的两个候选项集合的并集，将界定"自己"的约束域。

147

如果我们使用搜索引擎来搜索候选项,首先要做的工作就是指定其搜索范围。我认为相关搜索范围应限定为句子。假定句子中所有位于反身代词之前的 NP,按照其与反身代词的相对近距程度形成一个序列：$N = <\alpha_1, \ldots, \alpha_n>$；位于反身代词之后但包含在反身代词推导循环内的 NP 也形成一个序列：$N' = <\alpha'_{-1}, \ldots, \alpha'_{-n}>$。在位于反身代词之前的 NP 中,距离反身代词最近的 NP 是 α_i,其中 $i = 1$。在位于反身代词之后但包含在反身代词推导循环内的 NP 中,距离反身代词最近的 NP 是 α'_{-i},其中 $-i = -1$。对于线性上位于 α_1 之前的所有 NP,$\alpha_i = \alpha_{i+1}$。对于在反身代词推导循环内线性上位于 α'_{-1} 之后的所有 NP,$\alpha'_{-i} = \alpha'_{-i+1}$。在定义搜索范围之后,我们可以制订以下条件来调控搜索引擎的运算。

(112) 搜索引擎运算条件(The Condition on the Operation of the Search Engine,COSE)

在序列 N 与序列 N′中搜索候选项,其中 $N = <\alpha_1, \ldots, \alpha_n>$,$N' = <\alpha'_{-1}, \ldots, \alpha'_{-n}>$。假定存在 N,N = 最显著 NP。假定搜索引擎的运算受近距条件制约,则搜索引擎将：

(i) 检查是否 $\alpha_i = 0$。若 $\alpha_i = 0$,转至(iii)。若 $\alpha_i \neq 0$,选出 α_i 并将其置入候选项集合,然后转至(ii-a)。

(ii) a. 检查是否 $\alpha_i = N$。若 $\alpha_i = N$,转至(iii)。若 $\alpha_i \neq N$,重复(i)。

b. 检查是否 $\alpha'_{-i} = N$。若 $\alpha'_{-i} = N$,转至(iv)。若 $\alpha'_{-i} \neq N$,重复(iii)。

(iii) 检查是否 $\alpha'_{-i} = 0$。若 $\alpha'_{-i} = 0$,转至(iv)。若 $\alpha'_{-i} \neq 0$,选出 α'_{-i} 并转至(ii-b)。

(iv) 停止搜索并产生候选项集合。

在(112)中,$\alpha_i = 0$ 或 $\alpha'_{-i} = 0$ 表示不存在可供搜索引擎选择的 NP。当然,候选项集合也可能完全为空。在这种情况下,反身代词将没有约束域,且因此可以在相关句子中不受约束地获得指称。

至于显著 NP,可以定义如下:

(113) 显著 NP(Prominent NP)的定义 148

    A. 在汉语中,一个 NP 为 φ 特征搜索引擎的最显著 NP,当且仅当它在人称等级中位次最高;NP A 为指称特征搜索引擎的最显著 NP,当且仅当不存在 B,根据显著性算法,B 在显著性等级排序 PR 所含的一个更高的等级中位次高于 A。在英语中,指称特征搜索引擎的最显著 NP 为主语(subject/SUBJECT),即:[NP, IP],[NP, NP]或 AGR。

    B. (i) 为反身代词指定先行语,受以下显著性等级排序 PR′的制约。

        PR′=生命度等级 > 语法功能等级 > 结构等级

        在汉语中,一个在其自身推导循环内在显著性等级排序 PR′中位次最高的 NP,是一个可作为反身代词先行语的显著 NP,当且仅当在约束域内,不存在一个比它距离反身代词更近的 NP,这一更近距的 NP 在显著性等级排序 PR′中位次更高。另外,一个 NP 在其自身推导循环内在显著性等级排序 PR′中位次最高,但在反身代词约束域内在显著性等级排序 PR′中位次低于一个更近距的 NP,前者也是一个可作为反身代词先行语的显著 NP,当且仅当这一 NP 承载说话人的移情。

（ii）在英语中，若 A 成分统制反身代词，则 A 对反身代词而言是一个显著 NP。

我使用 PR′而不是 PR 来调控反身代词先行语的指定，是因为用后者只能选出指称特征搜索引擎的最显著 NP，因而无法正确地预测哪一个 NP 才是可以做反身代词先行语的显著 NP。注意，在上述定义中，显著性的概念有两个用法。最显著 NP 是为搜索引擎定义的。显著 NP 则用于为反身代词指定先行语。在定义可能的先行语时，涉及推导循环的概念。推导循环是规则运作的作用域［例如，一个子句（IP）］。随后我会说明为什么在定义反身代词可能的先行语时需要这一推导循环的概念。

现在讨论以下句子：

（114）李四$_i$以为我$_j$的学生$_k$不喜欢自己$_{*i/*j/k}$。

（115）a. 张三$_i$说李四$_j$告诉过我$_k$王五$_n$恨自己$_{*i/?j/*k/n}$。

b. 张三$_i$以为李四$_j$对我$_k$说过王五$_n$常批评自己$_{*i/?j/*k/n}$。

149

c. 张三$_i$以为李四$_j$从你$_k$那儿听说王五$_n$常批评自己$_{*i/?j/*k/n}$。

（114）重复自（63），（115）中给出的句子则是在（64）的基础上造出的。关于（114），有意思的是，其中的第一／二人称代词虽然不是可能的先行语，因而不会被视为最显著的约束语，但却产生了阻断效应。这怎么可能？如果在这些句子中，第一／二人称代词不是最显著的约束语，我们会认为反身代词可以越过它而被约束，但实际上，反身代词不可以这样受约束。根据薛平等（Xue et al. 1994）的说法，在（115）中"自己"不能指称中间从句的主语；但根据潘海华（Pan 2001）和我自己的判断，它是可以的，只是当"自己"指称中间从句主语时，会产生轻微的阻断效应。注意，（115）中的

"自己"虽然可以指称中间从句的主语,但是不能指称主句的主语。

在黄正德、汤志真(Huang & Tang 1991)分析的基础上,我假定有两套特征搜索引擎在显性句法层面同时运作,为"自己"寻找可能的先行语。φ特征搜索过程与指称特征搜索过程受控于两个不同的显著性条件,从这一事实可推导出"自己"的长距离约束特性。根据目前的分析,φ特征搜索引擎的特征搜索过程只受人称等级调控,因此显著性等级排序PR与φ特征搜索引擎的搜索无关。由于φ特征搜索引擎的搜索过程受到显著性条件的制约,一旦它找到人称等级所定义的最显著NP,即停止搜索。当它停止搜索时,φ特征搜索引擎就会产生一个候选项集合。

先看(114)。φ特征搜索引擎首先会找到内嵌句主语"学生",而由于它是一个第三人称NP,故不是人称等级中的最显著NP,φ特征搜索引擎将继续搜索。φ特征搜索引擎找到的下一个NP是由内嵌句主语支配的第一人称代词。根据人称等级,第一人称代词是最显著NP,因此φ特征搜索引擎在此停止其搜索过程。现在,由φ特征搜索引擎产生的候选项集合包括第一人称代词"我"和内嵌句主语"学生"。指称特征搜索引擎在其搜索过程中同样会产生一个集合。它一旦找到内嵌句主语"学生",便停止搜索,因为根据显著性算法,"学生"是显著性等级排序PR中的最显著NP。在结构等级和近距等级中,"学生"比"我"更加显著,尽管二者在语法功能等级、生命度等级、移情等级中同等显著。因此,"学生"比"我"更加显著。如果我们比较"学生"的显著性与主句主语的显著性,则会发现,前者在近距等级中比后者更加显著,尽管它们在结构等级、语法功能等级、生命度等级、移情等级中同等显著。由于在(114)中没有比"学生"更加显著的其他NP,因此"学生"被指称特征搜索引擎选为最显著NP。当指称特征搜索引擎选出"学生"时,搜索过程便停止。φ特征搜索引擎与指称特征

150

搜索引擎产生的两个候选项集合的并集为{我,学生}。如此一来,"自己"的约束域即内嵌句,因为内嵌句是包含反身代词以及为反身代词定义的候选项集合的最小完整功能复合体。在这一约束域内,"学生"是"自己"唯一可能的先行语,因为第一人称代词"我"是一个由成分统制者NP"学生"所支配的子成分统制者NP,在其推导循环(即:包含"我"和"学生"的从句)内,在结构等级中不如"学生"显著。因此,"我"不能充当"自己"可能的先行语。"自己"只能在其约束域内选择可能的先行语,既然主句主语不在其约束域内,因此"自己"不能被它约束。

再看(115)。在(115a)中,由 φ 特征搜索引擎产生的候选项集合为{我,王五}。主句主语"张三"与中间从句主语"李四"不被纳入候选项集合,是因为 φ 特征搜索引擎一旦找到了由人称等级定义的最显著NP"我",即停止搜索。由指称特征搜索引擎产生的候选项集合只有一个成员,即{王五},因为根据显著性算法,在(115a)中,"王五"是显著性等级排序PR中的最显著NP。"王五"在近距等级和语法功能等级中均比主句的宾语"我"更加显著,而且在近距等级中比主句主语"张三"和中间从句主语"李四"更加显著,鉴于此,"王五"即为最显著NP,因为没有比它更加显著的其他NP。这两个集合的并集为{我,王五}。由于包含候选项集合以及反身代词的最小完整功能复合体为后接内嵌句的中间从句,因此中间从句与内嵌句的联合结构整体构成了反身代词的约束域。注意,约束域不能是内嵌句,因为内嵌句不包含"我",而"我"是候选项集合的一个成员。由于"王五"是最显著NP,且在约束域内也没有比它在显著性等级排序PR′中位次更高的更近距的NP,故"自己"可以被"王五"约束。在(115a)中,"我"不能做"自己"的先行语,因为"我"作为宾语,在其推导循环(即中间从句)内,在显著性等级排序PR′中不如"李四"显著。"李四"作为其推导循环内的显著NP,既然处于约束域内,因而可以做"自己"的先行语。

在(115b)和(115c)中,情况大致相同。在(115b)中,φ 特征搜索引擎一旦找到第一人称代词"我",即停止搜索,产生候选项集合{李四,我,王五}。"李四"包括在候选项集合内,是因为搜索引擎的运算受到潘海华(Pan 1998)提出的近距条件制约,近距条件重复如下:

(116) 近距条件(Pan 1998:793)

α 比 β 更近于反身代词 X,当且仅当 X 到支配 α 的最小最大投射的路径为 X 到支配 β 的最小最大投射的路径的真子集。

根据上述条件,在(115b)中,反身代词到中间从句主语的路径与反身代词到嫁接语"对我"的路径之间不存在子集关系,如(117)所示。

(117)

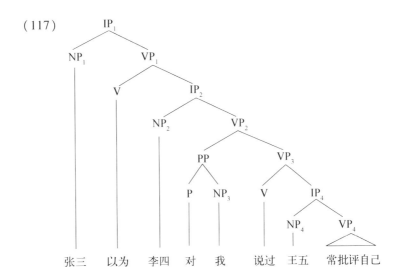

如(117)所示,从"自己"到支配 NP_3 的 PP 节点的路径为 {VP_4, IP_4, VP_3, VP_2, PP},而从"自己"到支配 NP_2 的 IP_2 节点的

151

路径为{VP$_4$，IP$_4$，VP$_3$，VP$_2$，IP$_2$}。因为"自己"到嫁接语的路径与"自己"到中间从句主语"李四"的路径之间不存在路径包含关系，所以语法系统无法确定 φ 特征搜索引擎首先找到的是哪一个。结果，二者都被选为候选项集合的成员。由于（115b）中的嫁接语是第一人称代词，φ 特征搜索引擎在选出嫁接语和中间从句主语后便停止搜索。由指称特征搜索引擎产生的候选项集合仅包括一个成员，即"王五"。这两个集合的并集为{李四，我，王五}。由于包含这两个集合的并集以及反身代词的最小完整功能复合体是后接内嵌句的中间从句，因此反身代词的约束域为中间从句与内嵌句的联合结构整体。"我"作为嫁接语，是一个非成分统制的 NP，因而在其推导循环内在显著性等级排序 PR′中不如中间从句的主语"李四"显著，故不能做"自己"的先行语。"王五"可以做"自己"的先行语，因为它是其推导循环内的最显著 NP，且在约束域内，没有比它在显著性等级排序 PR′中位次更高的更近距的 NP。"李四"可以做"自己"的先行语，因为它处于约束域内，并且在其推导循环内也是显著的。在（115c）中，由 φ 特征搜索引擎产生的候选项集合为{李四，你，王五}，由指称特征搜索引擎产生的候选项集合为{王五}。φ 特征搜索引擎会同时选出"李四"和"你"，因为它无法确定哪一个距离反身代词更近。这两个集合的并集产生集合{李四，你，王五}。"王五"作为内嵌句主语，在其推导循环（内嵌句）内在显著性等级排序 PR′中是最显著 NP，且在约束域内在显著性等级排序 PR′中没有比它更加显著的更近距的 NP，因此"王五"可以做"自己"的先行语。第二人称代词"你"不能做"自己"的先行语，因为它是一个嫁接语，因而在其推导循环内在显著性等级排序 PR′中不如中间从句主语"李四"显著。"李四"可以是"自己"的先行语，因为它处于约束域内，且在其推导循环内是显著的。

现在讨论以下重复自（71a）的句子。

（118）我ᵢ不喜欢李四ⱼ管自己ᵢ/ⱼ的事。

在（118）中,由 φ 特征搜索引擎产生的候选项集合为{我,李四};由指称特征搜索引擎产生的候选项集合为{李四},因为"李四"对于指称特征搜索引擎而言是最显著 NP。这两个集合的并集为{我,李四}。包含候选项集合以及反身代词的最小完整功能复合体是整个句子,因此整个句子就是约束域。由于主句主语"我"与内嵌句主语"李四"在其各自的推导循环内在显著性等级排序 PR′中都是显著的,因此二者都可以是"自己"的先行语。注意,距离反身代词更近的 NP"李四",不会阻断主句主语对反身代词的约束,因为"李四"在显著性等级排序 PR′中并不比主句主语位次更高。我们的双引擎系统还会预测,如果（118）作为补足语从句内嵌入句,φ 特征搜索引擎与指称特征搜索引擎产生的两个候选项集合的并集还是同样的,如下列句子所示,其中的"自己"可以被局部主语或者中间从句主语约束,但是不能越过中间从句主语而被约束,因为中间从句定义了约束域的上边界。

（119）张三ᵢ知道我ⱼ不喜欢李四ₖ管自己*ᵢ/ⱼ/ₖ的事。 153

目前的分析还可以解释黄正德、刘辰生（Huang & Liu 2001）讨论的所谓的"自己"的局部约束。请看以下重复自（81a）和（82a）的句子:

（120）a. 张三ᵢ告诉我自己ᵢ的儿子最聪明。
　　　　b. 张三ᵢ对我说自己ᵢ批评了李四。

在（120a）中,由 φ 特征搜索引擎产生的候选项集合仅包括一个成员（即{我}）,由指称特征搜索引擎产生的候选项集合包括两个成员(即{张三,我})。这两个集合的并集产生候选项集合{张三,我},约束域为包含这一候选项集合的整个句子。由于"张三"和"我"处于同一个推导循环,在显著性等级排序 PR′所含的更高等级(即语法功能等级)中,"张三"作为主语,比"我"这个宾语更加显著,且在约束域内没有比"张三"更加显著的更近距的 NP,因此"张三"被选作"自己"的先行语。在(120b)中,由 φ 特征搜索引擎产生的候选项集合是{张三,我},由指称特征搜索引擎产生的候选项集合也是{张三,我}。这两个集合的并集得出候选项集合{张三,我},约束域为包含这一候选项集合的整个句子。由于"张三"在显著性等级排序 PR′中比"我"更加显著,且在约束域内没有比"张三"位次更高的更近距的 NP,因此"张三"被选作"自己"的先行语。注意,我们的分析不假设(120a)和(120b)中的"自己"是受不同的约束条件制约的局部反身代词,也仍然能够正确地刻画其语言事实,即:二例中的第一人称代词"我"并不阻断主句主语对"自己"的约束。显然,我们目前的分析更胜一筹,因为它对"自己"做出了统一的解释。注意,正如我已经指出的,将(120a)和(120b)中的"自己"处理为局部反身代词,并不可信,因为它与代词是自由变体。

现在讨论以下重复自(66)的句子。

(121) a. 张三$_i$以为李四$_j$会把你$_k$领回自己$_{?i/j/k}$的家。

b. 张三$_i$以为李四$_j$会被你$_k$领回自己$_{?i/j/k}$的家。

在(121a)中,由 φ 特征搜索引擎产生的候选项集合为{李四,你}。"李四"包括在这一候选项集合中,是因为搜索引擎的运算受近距条件制约;根据近距条件,在(121a)中,反身代词到内嵌句主语的路径与反身代词到"把/被"名词的路径之间不存在子集关系,因为这些句子中的"把/被"名词是嫁接语,如(122)所示。

（122）

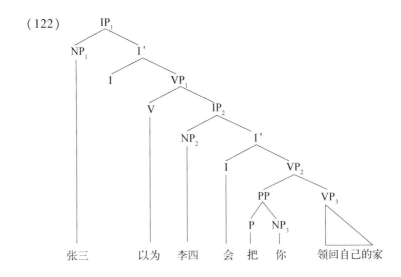

张三　　以为　李四　会　把　你　领回自己的家

如（122）所示，从"自己"到支配 NP_3 的 PP 节点的路径为
$\{VP_3，VP_2，PP\}$，而从"自己"到支配 NP_2 的 IP_2 节点的路径为
$\{VP_3，VP_2，IP_2\}$。由于"自己"到"把"名词的路径与"自己"到内
嵌句主语"李四"的路径之间不存在路径包含关系，因此语法系统
无法确定 φ 特征搜索引擎首先找到的是哪一个。结果，二者都被
选为候选项集合的成员。由于"把"名词是第二人称代词，φ 特征
搜索引擎在选出"把"名词和内嵌句主语后便停止搜索。由指称
特征搜索引擎产生的候选项集合包括$\{$李四，你$\}$。当选出内嵌句
主语"李四"时，指称特征搜索引擎便停止运作，因为"李四"对于
指称特征搜索引擎而言是最显著 NP，它在近距等级中比主句主语
更加显著，在结构等级和语法功能等级中比"把"名词"你"更加显
著。φ 特征搜索引擎与指称特征搜索引擎产生的两个候选项集合
的并集为$\{$李四，你$\}$。由于在显著性等级排序 PR′中，内嵌句主语
"李四"比处于嫁接语位置的"把"名词更加显著，且在约束域内没
有比它更加显著的更近距的 NP，因此"李四"被选作先行语。但
是，"把"名词显然也可以做先行语。这怎么可能？这是可能的，
因为候选项集合不仅包括内嵌句主语和"把"名词，还包括与"把"

名词同标的 Pro。请看以下(121a)部分结构的表达式：

(123) $[_{IP}$ 李四$_i$ 会$[_{VP}$ 把你$_j$ $[_{VP}$ 领 t_j $[Pro_j$ 回自己$_{i/j}$的家$]]]]$

(123)中给出的结构表达式显示，"把"名词在底层结构中是动词"领"的宾语，而动词"回"的主语是与"把"名词同标的 Pro。乔姆斯基(Chomsky 1981：20，60，322)假定 PRO，即本书分析中被控制的 Pro，具有人称、数、性等 φ 特征，但缺乏独立的或内在的指称。根据乔姆斯基(Chomsky 1981)的观点，我们假定被控制的 Pro 具有 φ 特征，但不具有指称。假定它只能通过控制从先行语处获得指称。如果 Pro 具有 φ 特征，那么它就可以被纳入 φ 特征搜索引擎产生的候选项集合。如(123)所示，(121a)中的 Pro 与"把"名词同标，因此"把"名词可以通过同标关系与 Pro 关联而进行解读，但"把"名词本身并不是"自己"可能的先行语。注意，目前的分析预测，当"自己"被主句主语约束时，(121a)中表现出阻断效应。

现在讨论(121b)。在(121b)中，由 φ 特征搜索引擎选出的候选项为"李四"和"你"，因为"自己"到"李四"的路径与"自己"到"被"名词的路径之间不存在子集关系。在本书的分析中，"被"处理为介词，因此"被"名词被视为嫁接语，如下列(124)所示。注意，在黄正德(Huang 1999)和邓思颖(Tang 2001)所做的分析中，"被"后的名词处理为主语。这一分析的一个明显的问题是，它无法解释阻断效应。假如"被"名词确实是主语，那么在(121b)中，"自己"就不能越过它而被约束。第一/二人称代词充当主语时会阻断"自己"的约束，这是一个已经充分验证的事实。但是在(121b)中，当"自己"越过"被"后的第二人称代词而被"李四"约束时，却根本没有阻断效应。这一事实清晰地表明，"被"后的名词不是主语。

（124）[$_{IP}$ 李四$_i$ 会[$_{VP}$ 被你$_j$[$_{VP}$ 领 t$_i$[Pro$_i$ 回自己$_{i/j}$的家]]]]　　156

　　由指称特征搜索引擎产生的候选项集合包括{李四，你}。两个候选项集合的并集给出了集合{李四，你}。由于"李四"在其推导循环内在显著性等级排序 PR′ 中比"你"更加显著，且在约束域内没有比它更加显著的更近距的 NP，故"李四"被选作先行语。但是，需要注意的是，"你"也可以充当先行语，尽管它不如"李四"显著。我很快就会解释为什么"你"也可以做"自己"的先行语。

　　关于（121）中的句子，有趣的是，母语者的语感判断各不相同。有些母语者认为（121）中表现出阻断效应，而有些母语者却认为不存在阻断效应。科尔等（Cole et al. 2001）也指出，在像（121）这样的句子中，阻断效应并不强。这里要问的问题是：为什么有的母语者认为（121）中并不存在阻断效应？对此，一个可能的原因是，这些句子中的"把/被"名词是一个语链的成员。请看（123）。在（123）中，"把"名词形成的语链在约束"自己"前，包括三个成员：{你$_i$，t$_i$，Pro$_i$}。假定 φ 特征搜索引擎在其搜索过程中找到一个语链时，它不会选择整个语链，而是只选择该语链中的一个成员。实际上，鉴于语链的成员通过同标关系共享其 φ 特征，将整个语链放入候选项集合就是冗余的。如果只选择一个成员确实就足够了，那么 φ 特征搜索引擎当然会选择离"自己"最近的成员。在（121a）中，语链{你$_i$，t$_i$，Pro$_i$}中离"自己"最近的成员是 Pro。假定 Pro 虽具有 φ 特征，但不具有完整 φ 特征的充分赋值。具体而言，它在与先行语同标之前，不具有明确赋值的人称特征。如果是这样，就意味着 Pro 上的人称特征并不强。在这种情况下，由于从语链中选出的是 Pro 而不是第二人称代词，并且 Pro 不具有强的人称特征，因此它不被视为最显著 NP，而 φ 特征搜索引擎就可以继续搜索，从而产生一个包括{张三，李四，Pro}的候选项集合。由于这个候选项集合中所有的成员都是主语，因而在其推导循环内都是显著的，所以它们都可以充当"自己"的先行语。这一结果反映了那些认为(121a)中不存在阻断效应的母语者的共同语感。

同样的分析也可以应用于(121b)中的"被"名词。(121b)的部分结构可以表征如下:

(125) $[_{IP}$ 李四$_i$ 会 $[_{VP}$ 被你$_j$ $[_{VP}$ Pro$_j$ 领 t_i $[$ Pro$_i$ 回自己$_{i/j}$ 的家 $]]]]$

我已经论证,"被"名词不是主语,而是嫁接语。在此,我进一步论证,"被"后的 NP 不是从 VP 内部主语(VP-internal subject)位置移位来的;相反,它是一个基础生成的(base-generated)嫁接语。VP 内部主语位置被一个基础生成的 Pro 占据,它承载施事题元角色。需要指出的是,在当代生成语法中,英语被动句的 *by* 短语也不处理为移位生成的短语。尽管英语和汉语在被动句方面有此相似之处,但就被动句的形成而言,英语与汉语之间有着重要的差异。在英语中,被动化是在形态中实现的,而且施事题元角色被吸收到形态中,因此不能在句法中实现为论元,不过它仍然可以作为一个隐含论元(implicit argument)对句子的解读产生语义影响。在汉语中,被动句不是通过形态过程推导的,因而施事题元角色没有被吸收到形态中,故可以实现为论元。如此一来,英语与汉语在被动化方面的一个重要差异是:在英语中,施事题元角色不在句法中实现;而在汉语中,施事题元角色可以有句法实现。注意,(125)中给出的上述结构对于汉语被动句而言是非常合理的。假如汉语被动句不具有上述结构,则很难解释为什么"被"字句中的阻断效应不强。如(115)所示,当第一/二人称代词处于宾语位置或其他嫁接语位置时,对"自己"的阻断效应更强。如果不做出目前的这一分析,那么"被"名词形成的阻断效应就没有理由是弱的,因为它也是一个施事。"把"名词和"被"名词为第一/二人称代词时,均表现出弱阻断效应,因此它们必定具有一些相同的特性。如果我们假定"把"字句和"被"字句都涉及控制结构,且 φ 特征搜索引擎可以选择被控制的 Pro 作为候选项,那么我们就可以解释为什么(115)中所见的阻断效应更强,即使在这些句子中阻断成分并不是可能的先行语。这是因为,在这些句子中,第一/二人称代词并不与被控制的 Pro 一起形成语链,因此它们本身会被 φ 特征搜索引擎选出。在以下句子中,阻断效应也是弱的,因为第一/二人称代词与 Pro 形成一个语链。

(126) 张三$_i$ 以为李四$_j$ 会劝你$_k$[Pro$_k$ 投自己$_{?i/j/k}$ 的票]。

在以上句子中,当"自己"指称主句主语时,阻断效应也不强。如果将(121)中的句子与以上句子等同看待,则可以得到统一的解释。注意,如果采用目前的分析,则可以解释为什么"被"名词可以是反身代词的先行语。这是因为,它控制一个可以做反身代词先行语的 Pro。

如果(121b)确实具有(125)这样的结构,则可以解释为什么有的母语者认为该句子中不存在阻断效应。在(121b)中,如(125)所示,由 φ 特征搜索引擎产生的候选项集合为{张三,Pro$_j$,Pro$_i$}。由指称特征搜索引擎产生的候选项集合为{李四,你}。注意,由于 Pro 没有指称,指称特征搜索引擎不会选择 Pro。这两个集合的并集得出候选项集合{张三,李四$_j$,你$_j$,Pro$_j$,Pro$_i$}。包含候选项集合以及反身代词的最小完整功能复合体是整个句子,故反身代词的约束域为整个句子。由于"张三"、Pro$_j$、Pro$_i$ 是主语,在显著性等级排序 PR′ 中是显著的,并且由于 Pro$_j$ 和 Pro$_i$ 能够从其控制语(controller)处获得指称,因此在(121b)中,"自己"被"张三"或"李四"或"你"约束均可。反身代词若与"张三"共指,则是直接被它约束。反身代词若与"李四"或"你"共指,则是通过被控制的 Pro 间接地与之同标。

母语者对(121)中句子的语感判断各不相同,是因为有两种策略可用。对于那些采取 Pro 策略的母语者而言,他们觉得不存

158

在阻断效应。对于那些不采取 Pro 策略的母语者而言,他们确实感觉这些句子中存在阻断效应。

注意,由于阻断效应是从 NP 的显著性推导出的,因此可以假定,在某些情况下阻断效应的强度有可能会减弱。这正是以下句子中出现的情况。

(127) a. 他怕我超过自己。

　　　b. 总统请我坐在自己的旁边。

(Xu 1993:136)

(128) a. 他$_i$怕你$_j$超过自己$_{i/j}$的儿子。

　　　b. 总统$_i$请我$_j$坐在自己$_{i/j}$的太太旁边。

像(127b)和(128b)这样的句子涉及控制结构。在这些句子中,动词"请"是一个控制动词,其宾语控制内嵌句的空主语。例如,(127b)可以表征如下:

(129) 总统$_i$请我$_j$[Pro$_j$坐在自己$_{i/j}$的旁边]。[①]

159　　在(129)中,由 φ 特征搜索引擎产生的候选项集合为{总统,Pro},由指称特征搜索引擎产生的候选项集合为{总统,我}。这两个集合的并集为{总统,我,Pro}。由于"我"与 Pro 同标,"自己"既可以指称主句主语"总统",也可以指称 Pro,因此"总统"和"我"都可以是"自己"的先行语。注意,在(127b)中,"自己"不倾向于被"我"所控制的 Pro 约束,是因为二者的共指关系不符合我

---

① 例句中的标引"j"显示"自己"可以与"我"同标共指,乍看之下这当然不符合母语者的语感和语言事实,下文随即指出"自己"不倾向于与"我"共指,并解释其原因。反身代词的约束,不单单是句法的问题,而是涉及句法—语义—语用接口。这一例句即充分说明了这一点。例句中对"自己"加标"j",单从句法上讲并无问题,因为"自己"与"我"的这一同标关系在句法结构上是合法的。如果保持例句的句法结构而对其稍作修改,比如"总统请我坐在自己的位置上","自己"与"我"同标共指就完全可以接受了。

们的世界知识。在(128b)中,"自己"则可以被主句宾语所控制的Pro 约束,因为二者的共指关系与我们的世界知识不冲突。

在(127a)和(128a)中,"自己"越过第一/二人称代词而被约束。这意味着,第一/二人称代词所定义的显著性并不是绝对的。在这些句子中,内嵌句的第一/二人称代词主语的显著性首先被内嵌句的谓词降低了,潘海华(Pan 2001)将这类谓词称为非反身性谓词;然后,其显著性又被内在移情动词的主语的显著性超越。注意,如果这些句子中的主句动词被替换为非移情动词,情况则会有所不同。

(130) a. 他$_i$说我$_j$超过了自己$_{?i/?j}$。
      b. 他$_i$说你$_j$超过了自己$_{?i/j}$的儿子。

在(130)中,"自己"很难越过第一/二人称代词而被主句主语约束,因为内嵌句主语的显著性虽然被内嵌句谓词的语义降低了,但主句主语并不比内嵌句主语更加显著。按照目前的分析,在(127a)和(128a)中,就移情等级 EH——显著性等级排序 PR 中的最高等级而言,主句谓词的主语比内嵌句的主语更加显著。因此,在这些句子中,"自己"可以被主句主语约束。例如,在(128a)中,由 φ 特征搜索引擎选出的候选项集合为{你},由指称特征搜索引擎选出的候选项集合为{他,你}。主句主语"他"被指称特征搜索引擎选入候选项集合,是因为"他"在显著性等级排序 PR 中位次更高。这两个集合的并集产生集合{他,你}。由于主句主语和内嵌句主语在其推导循环内在显著性等级排序 PR′中位次更高,因此二者都可以做"自己"的先行语。

现在讨论以下重复自(62a)和(97d)的例句。

(131) a. 张三$_i$说我$_j$的骄傲害了自己$_{*i/j}$。

(Huang & Tang 1991:269)

b. 约翰ᵢ说[比尔ⱼ的小聪明]ₖ害了他自己ᵢ/ⱼ/*ₖ。

(Pan 1998：785)

在(131a)中,由 φ 特征搜索引擎产生的候选项集合为╎我╎,由指称特征搜索引擎产生的候选项集合为╎我,骄傲╎。这两个集合的并集得出候选项集合╎我,骄傲╎,约束域为内嵌句。因为子成分统制者"我"是最显著 NP,所以主句主语未被指称特征搜索引擎选入候选项集合。"我"在生命度等级中比内嵌句主语"骄傲"更加显著。虽然"骄傲"在结构等级、近距等级中比"我"位次更高,但在显著性等级排序 PR 中,结构等级、近距等级的排序低于生命度等级。如此一来,"我"比"骄傲"更加显著,因为"我"在更高的等级中位次高于"骄傲"。注意,在(131a)中,"我"还比主句主语"张三"更加显著,因为"我"在近距等级中比"张三"位次更高。虽然"张三"在结构等级中比"我"位次更高,但结构等级的排序低于近距等级。由于(131a)中没有比"我"更加显著的其他NP,"我"就被指称特征搜索引擎选为最显著 NP。显然,在(131a)中,"我"是唯一可以做"自己"先行语的 NP,因为"我"是其推导循环内的最显著 NP,且在约束域内没有比它更加显著的更近距的NP。主句主语不能做反身代词的先行语,因为它不在约束域内。现在讨论(131b)。潘海华(Pan 1998)提出,在(131b)中,子成分统制者和主句主语都可以做反身代词的先行语。假如内嵌句的子成分统制者与主句的主语在做反身代词先行语方面没有差异,那么潘海华的说法将对目前的分析构成问题。但是,目前的分析方案旨在为反身代词计算出一个优选的解读,并且事实上,(131b)中内嵌句的子成分统制者与主句的主语在做反身代词先行语方面确实存在差异,因此,他的说法并不会对目前的分析构成真正的问题。根据母语者的语感判断,(131b)中的复合反身代词很难越过子成分统制者而指称主句主语,而且(131a)中的"自己"与(131b)中的"他自己"在约束可能性上没有实质性的差异。这一事实表明,(131a)与(131b)之间存在一些共同点。在(131b)中,指称特征搜索引擎的最显著 NP 也是包含在内嵌句主语中的子成分统制者。

3.5 进一步的讨论

3.5.1 推导循环

根据(113)中给出的显著 NP 的定义,汉语反身代词可以被一个在推导循环内在显著性等级排序 PR′ 中位次最高的可及的显著 NP 约束,其条件是,在反身代词约束域内,不存在一个在显著性等级排序 PR′ 中位次更高的更近距的 NP;而且,如果一个 NP 在反身代词约束域内在显著性等级排序 PR′ 中不如一个更近距的 NP 显著,但在给定的推导循环内在显著性等级排序 PR′ 中位次最高,那么反身代词也可以被这个 NP 约束——当且仅当这一 NP 承载说话人的移情。推导循环的概念可以定义如下:

(132) 推导循环为规则运作的作用域(例如,子句)。

有人或许会问:为什么需要推导循环的概念?在定义反身代词可能的先行语时纳入推导循环的概念,这一思路是受潘海华(Pan 2001:297)自我归属"自己"的约束条件启发。基本观点是:反身代词的显著先行语,也可以根据在推导循环(即子句)内以相关显著性等级对相关 NP 的显著性所做的比较而推导出来。请看以下句子:

(133) a. 李四$_i$告诉马克$_j$苏$_k$骗了自己$_{i/*j/k}$。
　　　b. 无情的事实$_i$告诉马克$_j$苏$_k$骗了自己$_{*i/j/k}$。

(Pan 2001:301)

    c. 张三$_i$的信表示[李四$_j$害了自己$_{*i/j}$]。

                  （Huang & Tang 1991：267）

    d. 张三$_i$的信暗示李四$_j$害了自己$_{i/j}$。

                        （Pan 2001：282）

    在(133a)中，"自己"可以被内嵌句主语或者主句主语约束，因为这两个主语在其各自的推导循环(即：内嵌句、主句)内，都是显著性等级排序 PR′中的最显著 NP。(133a)中的反身代词不能被主句的宾语约束，因为主句宾语在其推导循环内在显著性等级排序 PR′中不如主句主语显著。注意，根据潘海华(Pan 2001)的分析，虽然(133a)中的反身代词不能被主句的宾语约束，但(133b)中的反身代词却可以被主句的宾语约束。这两个句子之间的对比，正是目前的分析所预测的。在(133b)中，"自己"可以被主句的宾语约束，是因为主句的主语作为无生命的 NP，在显著性等级排序 PR′中不如主句的宾语显著，因而主句的宾语在其推导循环(即主句)内是显著的。注意，在(133b)中，虽然主句的宾语"马克"在约束域内在显著性等级排序 PR′中不如更近距的 NP"苏"显著，但它却是一个说话人可以移情的 NP，因为如徐烈炯(Xu 1994)所述，它可以解读为间接的经历者。如此，根据(113B)中给出的显著 NP 的定义，它就可以做反身代词的先行语。在(133c)中，虽然主句的子成分统制者在其推导循环内在显著性等级排序 PR′中是显著的，但是反身代词很难指称主句的子成分统制者。主句的子成分统制者不能做反身代词的先行语，是因为在约束域内有一个更近距的 NP(即内嵌句主语"李四")在显著性等级排序 PR′中比它位次更高。注意，根据(113B)，如果一个 NP 在其自身的推导循环内显著，但在约束域内在显著性等级排序 PR′中不如一个更近距的 NP 显著，这个 NP 仍然可以做反身代词的先行语——当且仅当它承载说话人的移情。但是在(133c)中，主句的子成分统制者并不承载说话人的移情，因为动词"表示"只能指示说话人的客观判断,而不能指示其主观移情。在(133d)中,反身代词可以指称主句的子成分统制者。(133d)中主句的子成分统制者"张三"在其自身的推导循环内是显著的。虽然它在反身代词的约束域内在显著性等级排序 PR′中不如更近距的 NP"李四"显著,但是,由于它能够得到说话人的移情,它就可以做反身代词的先行语。动词"暗示"的使用,表明说话人对子成分统制者的移情。注意,虽然子成分统制者在句法上并不是动词"暗示"的主语,但实际上,它在语义解读中却是与这个动词的施事题元角色关联的。主语"信"在语义上可以解读为工具,因为动词"暗示"要求一个有生命的施事。如此一来,这个句子的意思是:张三在他的信中(用他的信)暗示李四害了他。

　　需要指出的是,在为反身代词指定可能的先行语时,不同的语言可能对显著 NP 有不同的定义。例如,在英语中,可以做反身代词先行语的显著 NP 是成分统制反身代词的 NP。在(134a)中,主语和宾语都可以做反身代词的先行语,因为就成分统制而言,它们都是显著的。

(134) a. John$_i$ talked to Bill$_j$ about himself$_{i/j}$.

(Kuno 1987：154)

b. 李四告诉了他自己的分数。

　　然而,在汉语句子(134b)中,反身代词优先选择的先行语是 　163
主语,因为主语在显著性等级排序 PR′中比宾语位次更高。注意,显著性概念不仅可以解释汉语反身代词约束中表现出的阻断效应,而且可以解释汉语反身代词约束中表现出的主语倾向性。反身代词倾向于选择主语作为其先行语,因为主语更加显著。如果主语以外的其他成分也是显著的,如(133b)和(133d)所示,它们也可以被选作先行语。

3.5.2　非对比性复合反身代词与对比性复合反身代词

如 3.4.1 节所述,根据潘海华(Pan 1998)的分析,以下句子中的汉语复合反身代词可以被一个嫁接语性质的先行语约束。

(135) a. 我为约翰$_i$找到了他自己$_i$的作业。

　　　b. 李四$_i$在张三$_j$家里听说他自己$_{i/j}$的文章发表了。

　　　c. 李四$_i$从张三$_j$那儿听说赞扬他自己$_{i/j}$的文章发表了。

(Pan 1998:781-782)

但是,根据我和其他母语者的语感判断,如果复合反身代词是非对比性用法的,以上句子中的复合反身代词就不能指称嫁接语先行语。值得注意的是,根据薛平等(Xue et al. 1994)的分析,以下句子中的复合反身代词不能指称宾语。

(136) 张三$_i$告诉李四$_j$他自己$_{i/*j}$的身份。

(Xue et al. 1994:435)

嫁接语不成分统制反身代词,嫁接语显然不如宾语显著;鉴于此,如果复合反身代词不能指称宾语,我们就疑惑在(135)中它又如何可能指称嫁接语。注意,在(135a)中,嫁接语是反身代词唯一的选择,因为主语与反身代词在人称特征上不兼容。如果主句的主语替换为第三人称 NP,那么反身代词就不倾向于指称嫁接语,如下所示:

(137) 李四$_i$为约翰$_j$找到了他自己$_{i/??j}$的作业。

这里要问的问题是：为什么语法判断会不同？我认为答案在于，汉语复合反身代词可以用作强调代词。注意，当"他自己"这样的复合反身代词用作强调代词时，它可以用于直指并指称语境中的先行语。

（138）你去问他自己吧。

由于"他自己"这样的复合反身代词可以用作强调代词，因此情况很可能是，能够在（135）和（137）中得到反身代词与嫁接语共指解读的母语者，或许是将反身代词的对比性解读当成了非对比性解读。潘海华（Pan 1998）讨论了汉语中对比性复合反身代词与非对比性复合反身代词的区别，认为对比性的"他自己"在"自己"上带有重音，而非对比性的"他自己"以中性的方式发音（不带重音）。显然，这一音系标准是不可靠的，因为（138）中的强调代词也可以以中性的方式发音，而非对比性的"他自己"也可以在"自己"上带有重音。潘海华（Pan 1998）没有提供任何可靠的句法手段来区分汉语中的非对比性复合反身代词与对比性复合反身代词，因此无法证明（135）中的复合反身代词在指称嫁接语先行语时，不是作为强调代词使用的。实际上，有一种方法可以对汉语非对比性复合反身代词与对比性复合反身代词做出句法上的区分。我询问一位北京话母语者，在（135）给出的这些句子中，复合反身代词是否有可能指称嫁接语先行语；她告诉我：如果要将嫁接语作为先行语，她倾向于将这个复合反身代词替换为"NP+自己"这样的形式。例如，如果将嫁接语看作先行语，她倾向于说以下句子。

（139）张三为李四ᵢ找到了李四自己ᵢ的作业。

注意，在以下句子中，即使"他自己"被长距离约束，这一非对

165

比性的"他自己"也不能替换为"NP+自己"的形式。

（140）李四ᵢ说那本书放在*李四自己ᵢ（＝他自己）的家里。

如（139）和（140）所示，当"他自己"指称嫁接语先行语时，是用作强调代词，因此可以替换为"NP+自己"；而当它指称其约束域内的显著先行语时，则是用作非对比性反身代词，不能替换为"NP+自己"。注意，反身代词约束条件不负责对比性反身代词的约束。

在反身代词约束条件中，我将反身代词约束的可能性与 NP 的显著性联系在一起，由此可见，反身代词约束条件只是能够为反身代词计算出一个优选的解读，因为显著性是一个相对的概念，而不是一个绝对的概念。尽管复合反身代词不倾向于被嫁接语先行语约束，但如果使嫁接语变得显著，复合反身代词就可以指称嫁接语。如果让嫁接语先行语变得显著了，甚至是"自己"也可以指称嫁接语先行语。要使一个 NP 变得显著，有多种方法。语境化（contextualization）就是可能的方法之一。请看以下句子：

（141）李四找自己的照片一直没找到，最后还是张三为他ᵢ找到了自己ᵢ的照片。

3.5.3 "自己"的多次出现

根据潘海华（Pan 1995，1997，2001）的分析，"自己"在（142）中出现两次，可以得到（143a）和（143b）中可能的解读，而无法得到（143c）和（143d）中的解读。

（142）约翰认为比尔知道马克把自己的书借给了自己的

朋友。

（Pan 1997：167）

（143）a. 约翰ᵢ认为比尔ⱼ知道马克ₖ把自己ᵢ的书借给了自
己ᵢ的朋友。 166

b. 约翰ᵢ认为比尔ⱼ知道马克ₖ把自己ⱼ的书借给了自
己ⱼ的朋友。

c. *约翰ᵢ认为比尔ⱼ知道马克ₖ把自己ᵢ的书借给了自
己ⱼ的朋友。

d. *约翰ᵢ认为比尔ⱼ知道马克ₖ把自己ⱼ的书借给了自
己ᵢ的朋友。

（Pan 1997：167）

潘海华（Pan 1995，1997，2001）进一步指出，虽然在（143c）和
（143d）中，混合解读是不可能的，但在以下句子中混合解读却是
可能的。

（144）a. 约翰ᵢ认为比尔ⱼ知道马克ₖ把自己ᵢ的书借给了自
己ₖ的朋友。

b. 约翰ᵢ认为比尔ⱼ知道马克ₖ把自己ⱼ的书借给了自
己ₖ的朋友。

c. 约翰ᵢ认为比尔ⱼ知道马克ₖ把自己ₖ的书借给了自
己ᵢ的朋友。 167

d. 约翰ᵢ认为比尔ⱼ知道马克ₖ把自己ₖ的书借给了自
己ⱼ的朋友。

（Pan 1997：168）

潘海华（Pan 1995，1997，2001）指出，在（143c）和（143d）中，
不允许混合解读，因为其中的反身代词是被长距离约束的；而在
（144）中，可以得出混合解读，因为相关反身代词中有一个是被局

部约束的。基于这一事实,潘海华(Pan 1995,1997,2001)认为局部约束的"自己"与长距离约束的"自己"受不同的条件制约。

我认为,以上证据不能用来证明这些句子中存在着局部约束"自己"与长距离约束"自己"的区分。首先,在(144)给出的所有句子中,所谓的局部约束的"自己"都可以替换为代词"他"。假如它真的是局部反身代词,则无法解释其为何可以被代词替换[5]。其次,虽然很难得到(143c)和(143d)中的混合解读,但母语者发觉(144)中的混合解读也并不容易获得。对于"自己"多次出现的情况,优选的解读是它们指称同一个先行语。这一事实表明,在相关句子中获得混合解读的困难,或许并非因为这些句子中两次出现的"自己"有一个被局部约束,另一个被长距离约束,而是由某些不青睐混合解读的加工(processing)限制所致,因为对解读者而言,混合解读更难加工。再看(145)和(146),其中两次出现的长距离"自己"要得到混合解读,分别指称主句的主语和中间从句的主语。根据母语者的语感判断,在获得混合解读方面,(144)与(145—146)之间没有区别。

(145) a. $^?$老奶奶$_i$知道王小姐$_j$担心那些人$_k$会把自己$_i$的孩子从自己$_j$的家里带走。

b. $^?$老奶奶$_i$知道王小姐$_j$担心那些人$_k$会把自己$_j$的孩子从自己$_i$的家里带走。

(146) a. $^?$昨天张生$_i$喝醉了酒,莺莺小姐$_j$知道他$_i$根本就不会记得是谁$_k$把自己$_i$送到自己$_j$的家里去的。

b. $^?$昨天张生$_i$喝醉了酒,莺莺小姐$_j$知道他$_i$根本就不会记得是谁$_k$把自己$_j$送到自己$_i$的家里去的。

3.6 本章小结

在这一部分中,我已经指出,不仅要区分依存性与反身性,而且要区分 SELF 与 OTHER。我已经证明,我对照应语的特征刻画优于 R&R 的特征刻画,可以更好地揭示汉语照应语的指称特性。基于黄正德、汤志真(Huang & Tang 1991)提出的假设,我根据"自己"既缺乏 φ 特征又缺乏指称特征,推导出"自己"的长距离约束特性,并指出其与汉语复合反身代词受同样的约束条件制约。对目前的分析而言,显著性是至关重要的。正是显著性定义了反身代词的约束域,而这一点与潘海华(Pan 1998)和徐烈炯(1999)所指明的观念一致,即:显著性在汉语反身代词约束中起到至关重要的作用。潘海华(Pan 1998)认为,"他自己"这样的汉语复合反身代词同样表现出阻断效应。根据目前的分析,"他自己"是被指称特征搜索引擎选出的最显著 NP 所阻断,因为它仅缺乏指称特征。"自己"不同于"他自己","自己"既缺乏指称特征,又缺乏 φ 特征,因此必须依靠两套特征搜索引擎来定义最显著 NP,以确定其约束域。一旦"自己"的约束域由两套搜索引擎选出的两个最显著 NP 确定的集合的并集所定义,若"自己"在其约束域之外受约束,则产生阻断效应。注意,在目前的分析中,约束域是由候选项集合的大小确定的。在本项研究中,反身代词的约束域定义为包含候选项集合及反身代词的最小完整功能复合体,因此,反身代词约束域的实际大小可能大于候选项集合的实际大小,如(115a)所示,尽管在很多情况下二者大小相同。

注释

1　利兹(Lidz 2001b)认为,近反身性首先主要是照应语的一种特性,其次衍生性地讲也是谓词的一种特性。

2　这个例句是我在 2000 年 5 月构思出的,之后潘海华博士在评审一篇投稿给某期刊的论文时使用了这一例句。

3　在汉语口语中,代词不体现性的任何对比。

4　徐烈炯(个人交流)指出,由于黄正德(Huang 1983)对管辖语域的定义未考虑生命度,因此会错误地预测(79a)、(80a)、(81a)、(82a)中的"自己"与以下句子中的"自己"存在差异。

(i) 李四说那封信害了自己。

5　潘海华(个人交流)指出,在以下句子中,第二次出现的"自己"在指称内嵌句主语时,就不能被代词替换。

(i) 约翰认为比尔知道马克为自己的朋友打了自己一下。

我同意潘海华的观点,当(i)中第二次出现的"自己"指称内嵌句主语时,它是一个局部反身代词。但问题是,(i)中两次出现的"自己"也可能得到混合解读,分别指称主句的主语和中间从句的主语。例如,在(i)中,第一次出现的"自己"可以指称中间从句的主语,第二次出现的"自己"指称主句的主语。注意,在以下句子中,第一次出现的"自己"更容易指称中间从句的主语,第二次出现的"自己"更容易指称主句的主语。

(ii) a. 约翰怕比尔会让马克替自己的朋友来打自己。
　　 b. 约翰怕比尔会要求马克替自己来打自己。

在(ii)中,两次出现的"自己"可以获得混合解读,分别指称两个非局部的主语,这一事实表明,或许并不是局部约束的"自己"与长距离约束的"自己"之间的区分决定了多次出现的"自己"能否与相关主语一起进行混合解读。

4

结　语

在本书的第一部分中,我指出 Wh 疑问句必须被恰当标注句
类,且 Wh 疑问句的句类标注受以下条件制约。

（1）唯标句条件（Pure Clausal Typing Condition，PCTC）
    a. 对于 Wh 提升（wh-raising）语言,一个句子被标注为 Wh 疑问句,当且仅当其中一个 Wh 词通过不跨越任何强孤岛（strong island）的循环移位（cyclic movement）显性移位至［Spec，CP］。
    b. 对于疑问助词（Q-particle）语言,一个句子被标注为 Wh 疑问句,当且仅当其中一个 Wh 词通过一致操作（Agree operation）或选择函项应用（choice function application）而与离它最近的 $C_{[+Q]}$ 一起解读。

此外,所有的 Wh 短语都必须得到解读,Wh 解读条件如下所示:

（2）Wh 解读条件（Wh-Interpretation Condition）
    一个 Wh 短语须被恰当解读;若其在句法或语义中得到解读,则被恰当解读。

句法中的 Wh 解读与语义中的 Wh 解读定义如下:

（3）句法中的 Wh 解读（Wh-Interpretation in Syntax）

一个 Wh 词可直接在句法中得到解读,当且仅当它通过一致操作与 C 匹配(match)。

(4)语义中的 Wh 解读(Wh-Interpretation in Semantics)

若一个 Wh 词通过选择函项应用或在成对解读(pair-list reading)中解读,则它即在语义中得到解读。

172　　　以下是一致操作的定义:

(5)一致操作(Agree Operation)

探针(probe)可以在句法或逻辑式中通过标识语—中心语一致关系(Spec-head agreement)而与目标(goal)进行一致操作,当且仅当满足以下两个条件:

a. 在应用一致操作前,探针与目标彼此相距最近。

b. 目标不包含于孤岛中。

选择函项应用条件与成对解读条件如下所示:

(6)选择函项应用条件(The Condition on the Choice Function Application)

如果一个 Wh 短语可以指涉一个集合且集合中的成员具有离散特性或者可以(至少在概念上)被个体化,则它可以通过选择函项进行解读。

(7)成对解读条件(The Condition on the Pair-List Reading)

B 可与 A 在成对解读中一起解读,如果(i)A 可充当集合生成器,且(ii)B 可与由 A 生成的集合中的成员配对。

以下是集合生成器的条件:

(8)集合生成器条件(The Condition on Set Generators)

A 对于 B 而言是一个集合生成器,如果(i) A 位于 B 之前且 A 比 B 更加显著,或(ii) A 是一个天然话语连接的 (D-linked)Wh 短语,且成分统制 B 的语迹。

显著性定义如下:

(9) 显著性等级(Prominence Hierarchy)
　　a. 主语 > 非主语
　　b. 论元 > 非论元
　　c. 词汇成分 > 功能成分
　　d. 话语连接成分 > 非话语连接成分

　　本书还提出,孤岛之外 Wh 成分的解读受制于本书提出的 Wh 焦点条件。本书指出,一个 Wh 成分若能承载焦点,则可以在孤岛之外进行解读。之所以如此,是因为只有能够指涉一个可预设的由实体组成的集合的 Wh 成分,才可以被焦点化。Wh 焦点条件如下所示:

173

(10) Wh 焦点条件(Wh Focus Condition)
　　a. 一个 Wh 词可以承载焦点,当且仅当它可以指涉一个可预设的由实体组成的集合。
　　b. 一个 Wh 成分可以在孤岛之外进行解读,当且仅当它可以承载焦点。

　　由于 Wh 短语可以通过句法和语义中不同的应用进行解读,因此应当有一个原则来调控其应用的优先权。这个原则就是经济原则,如下所示:

(11) 经济原则(Principle of Economy,PE)

在任何可能的情况下均选择最经济的操作,除非是确定
要取消与之相关的解读。

a. 句法解读 > 语义解读

b. 默认解读 > 非默认解读

(A > B 表示 A 比 B 更加经济)

至此我们可以看到,Wh 疑问句的推导和解读受到唯标句条
件、Wh 解读条件、经济原则的制约。唯标句条件是一项纯局部性
条件,而 Wh 解读条件和经济原则显示的是显著性与局部性之间
的交互作用。

在本书的第二部分中,我用以下特征刻画出汉语照应语的
特性。

(12) 汉语照应语的特征表征

A.

	SELF	OTHER	R
不被控制的 Pro	−	+	−
被控制的 Pro	−	+	−
"自己"	+	−	−
代词+"自己"	+	−	−
"本人"	−	−	+
"本身"	−	−	+
"他/她本人"	−	−	−
"自己本身"	+	−	−

174

B.

	φ 特征	ref(指称)
不被控制的 Pro	+	+
被控制的 Pro	+	−

"自己"	−	−
代词+"自己"	+	−
"他/她本人"	+	+
"自己本身"	−	+

我提出,复合反身代词与光杆反身代词的约束受到相同条件的制约,如下所示:

(13) 反身代词约束条件(Reflexive Binding Condition,RBC)

　　a. 一个反身代词可在其约束域(binding domain)内受一个可及的(accessible)显著 NP(prominent NP)约束。

　　b. 反身代词的约束域为包含候选项集合(candidate set)中所有成员以及该反身代词的最小完整功能复合体(complete functional complex,CFC)。

　　c. A 约束 B,当且仅当 A 与 B 同标(co-indexed)且 A 与 B 的 φ 特征相匹配。

　　d. A 对于 B 是可及的,当且仅当 A 的标引(index)指派给 B 时不违反 $^*[_{\gamma}\ldots\delta\ldots]$,其中 γ 和 δ 具有相同的标引。

复合反身代词与光杆反身代词在约束方面的差异在于二者对最显著 NP(the most prominent NP)有不同的定义,正是最显著 NP 确定了其候选项集合的大小,进而确定其约束域的大小。由于复合反身代词仅缺乏指称特征,因此它的最显著 NP 由以下等级确定。

(14) 移情等级(Empathy Hierarchy,EH)

内在移情动词的主语 > 其他主语

（15）生命度等级（Animacy Hierarchy, AH）（Chou 1992）

［+人］>［+有生命, -人］>［-有生命］

（16）句法显著性等级（Syntactic Prominence Hierarchy, SPH）

a. 语法功能等级（Grammatical Function Hierarchy, GFH）

主语/主语—所有者 > 宾语（间接宾语 > 直接宾语）
> 嫁接语

b. 结构等级（Structural Hierarchy, SH）

成分统制者 > 子成分统制者 > 非成分统制者/非子成分统制者

（17）近距等级（Closeness Hierarchy, CH）

［+更近距］>［-更近距］

既然我们有几个等级，一项要事是如何应用这些等级来计算 NP 的显著性并确定反身代词的约束。我认为这些等级的应用，会受到类似早期生成语法中的规则排序（ordering of rules）或者优选论（Optimality Theory, OT）中相关限制条件排序这类因素的调控。其基本观点是，在 NP 显著性的计算中，一些等级的排序高于其他等级。我提出，相关等级可以排序如下：

（18）显著性等级排序（Prominence Ranking, PR）

移情等级 > 生命度等级 > 语法功能等级 > 近距等级 > 结构等级

我进一步提出，在显著性等级排序 PR 中，相关 NP 显著性的计算由以下算法调控。

（19）显著性算法（Prominence Computing Algorithm, PCA）

如果 A 在显著性等级排序 PR 所含的一个更高的等级
中位次高于 B,则 A 比 B 更加显著。

我假定约束域是由特征搜索引擎选出的最显著 NP 确定的。
由于复合反身代词仅缺乏指称特征,其约束域由指称特征搜索引
擎(referential feature search engine)根据显著性算法在显著性等级
排序 PR 中所选出的最显著 NP 来定义。光杆反身代词,则不同于
复合反身代词,既缺乏指称特征,又缺乏 φ 特征。因此,除了显著
性等级排序 PR 外,它还需要另一个显著性等级[如(20)所示]来
确定其最显著 NP。

(20) 人称等级(Person Hierarchy, PH)
第一/二人称代词 > 第三人称 NP

根据目前的分析,"自己"的最显著 NP,不仅由指称特征搜索
引擎确定,而且由 φ 特征搜索引擎(phi-feature search engine)确
定。正是与这两套搜索引擎选出的两个最显著 NP 相关联的集合
的并集,确定了"自己"的约束域。一旦"自己"的约束域被定义,
它就不能在约束域之外受约束。注意,在目前的分析中,阻断效应
(blocking effect)是从显著性条件推导出的,而显著性条件并不是
一种纯句法的限制。因此,目前的分析所推导的仅是优选的解读。
在本书中,我已证明显著性和局部性是自然语言语法中的两 176
个重要因素,二者之间往往相互联系、相互作用,从而决定相关的
语言推导和解读。虽然语言的推导和解读普遍受到显著性和局部
性的制约,但相关的显著性条件和局部性条件可能会对不同语言
结构的推导和解读产生不同的影响。从本书中可以看出,Wh 疑
问句的推导和解读更多地受到局部性的制约,而汉语反身代词的
解读更多地受到显著性的制约。在 Wh 解读中,显著性用来定义
集合生成器,以此在多重 Wh 疑问句的成对解读中允准其他 Wh

词。在反身代词约束中，显著性用来定义反身代词的约束域。虽然 Wh 解读与反身代词约束均使用显著性和局部性的概念，但这两个概念在这两个研究领域中的定义有所不同。有人或许会问：显著性和局部性是否有某种普遍的定义？如果从近距（closeness）的角度看待局部性，它似乎可以有普遍的定义；如果从局部域（local domain）的角度看待局部性，它可能很难有一个普遍的定义。相比于局部性，显著性的定义更加灵活，因为即使是针对同一语言中的不同语言结构，也很难对显著性做出统一的定义。如果我们探究显著性和局部性的本质，就可以明白为什么二者在其定义中表现出不同的特性。基于近距的局部性本质上是一种句法限制；而显著性可能不被视为一种句法限制，因为它不仅包含像成分统制这样的句法条件，而且包含像生命度等级这样的语义条件。假如所有的语言都被同一组句法条件制约，并且假如语言间的参数差异只能从句法条件中推导出来，那么寻找语言共性的任务就会变得简单。然而，现实并不是如此理想的，因为在一个语言中由句法条件所制约的，可能在另一语言中就被句法条件与语义条件联合制约。反身代词约束中显著性的定义就是这样一个例子。

参 考 文 献

胡建华,1998a,汉语长距离反身代词化的句法研究,《当代语言学》第 3 期,33—40 页。

胡建华,1998b,约束、述谓与特征核查——最简方案框架内的反身代词化研究,《外国语》第 5 期,58—64 页。

胡建华,2006,焦点与量化,汉语形式与功能国际研讨会,解放军外国语学院。

胡建华,2009,焦点与量化,程工、刘丹青主编,《汉语的形式与功能研究》,北京:商务印书馆,83—91 页。

胡建华,2018,什么是新描写主义,《当代语言学》第 4 期,475—477 页。

胡建华、潘海华,2002,NP 显著性的计算与汉语反身代词"自己"的指称,《当代语言学》第 1 期,46—60 页。

邵敬敏,1996,《现代汉语疑问句研究》,上海:华东师范大学出版社。

徐烈炯,1999,反身代词的所指对象,徐烈炯主编,《共性与个性:汉语语言学中的争议》,北京:北京语言文化大学出版社,139—158 页。

Anagnostopoulou, E. and Everaert, M. (1999). Toward a more complete typology of anaphoric expressions. *Linguistic Inquiry*, 30(1), pp. 97 – 119.

Aoun, J., Hornstein, N., Lightfoot, D., and Weinberg, A. (1987). Two types of locality. *Linguistic Inquiry*, 18(4), pp. 537 – 577.

Aoun, J. and Li, Y.-H. A. (1993). Wh-elements in-situ: Syntax or LF? *Linguistic Inquiry*, 24(2), pp. 199 – 238.

Baker, C. L. (1970). Notes on the description of English questions: The role of an abstract question morpheme. *Foundations of Language*, 6(2), pp. 197 – 219.

Baker, C. L. (1995). Contrast, discourse prominence, and intensification, with special reference to locally free reflexives in British English. *Language*, 71(1), pp. 63 – 101.

Barss, A. (2000). Minimalism and asymmetric wh-interpretation. In: R. Martin, D. Michaels, and J. Uriagereka, eds., *Step by Step: Essays on Minimalist Syntax in Honor of Howard Lasnik*. Cambridge, MA: MIT Press, pp. 31 – 52.

Battistella, E. (1989). Chinese reflexivization: A movement to INFL approach. *Linguistics*, 27(6), pp. 987 – 1012.

Battistella, E. and Xu, Y. (1990). Remarks on the reflexive in Chinese. *Linguistics*, 28(2), pp. 205 – 240.

Berman, S. R. (1994). *On the Semantics of Wh-Clauses*. New York & London: Garland Publishing.

Boeckx, C. (2012). *Syntactic Islands*. Cambridge: Cambridge University Press.

Bolinger, D. (1978). Asking more than one thing at a time. In: H. Hiz, ed., *Questions*. Dordrecht: D. Reidel, pp. 107 – 150.

Bowers, J. (1993). The syntax of predication. *Linguistic Inquiry*, 24(4), pp. 591 – 656.

Bresnan, J. (1970). On complementizers: Toward a syntactic theory of complement types. *Foundations of Language*, 6(3), pp. 297 – 321.

Bresnan, J. (2001). *Lexical-Functional Syntax*. Oxford: Blackwell.

Burzio, L. (1998). Anaphora and soft constraints. In: P.

Barbosa, D. Fox, P. Hagstrom, M. McGinnis, and D. Pesetsky, eds., *Is the Best Good Enough?* Cambridge, MA: MIT Press, pp. 81 – 105.

Chen, P. (1992). The reflexive *ziji* in Chinese: Functional vs. formalist approaches. In: T. H.-T. Lee, ed., *Research on Chinese Linguistics in Hong Kong*. Hong Kong: Linguistics Society of Hong Kong, pp. 1 – 36.

Cheng, L. L.-S. (1991). On the typology of wh-questions. Ph.D. Dissertation. Massachusetts Institute of Technology.

Cheng, L. L.-S. (1997). *On the Typology of Wh-Questions*. New York & London: Garland Publishing.

Chierchia, G. (1995). *Dynamics of Meaning: Anaphora, Presupposition, and the Theory of Grammar*. Chicago: University of Chicago Press.

Choe, J. W. (1987). LF movement and pied-piping. *Linguistic Inquiry*, 18(2), pp. 348 – 353.

Chomsky, N. (1973). Conditions on transformations. In: S. Anderson and P. Kiparsky, eds., *A Festschrift for Morris Halle*. New York: Holt, Rinehart and Winston, pp. 232 – 286.

Chomsky, N. (1976). *Reflections on Language*. New York: Pantheon.

Chomsky, N. (1981). *Lectures on Government and Binding*. Dordrecht: Foris.

Chomsky, N. (1986a). *Knowledge of Language: Its Nature, Origin and Use*. Westport, CT: Praeger.

Chomsky, N. (1986b). *Barriers*. Cambridge, MA: MIT Press.

Chomsky, N. (1991). Some notes on economy of derivation and representation. In: R. Freidin, ed., *Principles and Parameters in Comparative Grammar*. Cambridge, MA: MIT Press, pp.

417 – 454.

Chomsky, N. (1993). A minimalist program for linguistic theory.
In: K. Hale and S. J. Keyser, eds., *The View from Building
20: Essays in Linguistics in Honor of Sylvain Bromberger*.
Cambridge, MA: MIT Press, pp. 1 – 52.

Chomsky, N. (1995). *The Minimalist Program*. Cambridge, MA:
MIT Press.

Chomsky, N. (2000). Minimalist inquiries: The framework. In:
R. Martin, D. Michaels, and J. Uriagereka, eds., *Step by
Step: Essays on Minimalist Syntax in Honor of Howard Lasnik*.
Cambridge, MA: MIT Press, pp. 89 – 156.

Chomsky, N. (2001). Derivation by phase. In: M. Kenstowicz,
ed., *Ken Hale: A Life in Language*. Cambridge, MA: MIT
Press, pp. 1 – 52.

Chou, X. -L. (1992). An alternative approach to Chinese
reflexives. MA report. University of Texas at Austin.

Chung, S. (1994). Wh-agreement and "referentiality" in
Chamorro. *Linguistic Inquiry*, 25(1), pp. 1 – 44.

Cinque, G. (1990). *Types of A'-Dependencies*. Cambridge, MA:
MIT Press.

Clements, G. N. (1975). The logophoric pronoun in Ewe: Its role
in discourse. *Journal of West African Languages*, 10(2), pp.
141 – 177.

Cole, M. D. (2000). The syntax, morphology and semantics of
null subjects. Ph.D. Dissertation. University of Manchester.

Cole, P. and Hermon, G. (1994). Is there LF wh-movement?
Linguistic Inquiry, 25(2), pp. 239 – 262.

Cole, P., Hermon, G., and Lee, C. L. (2001). Grammatical
and discourse conditions on long distance reflexives in two

Chinese dialects. In: P. Cole, G. Hermon, and C. -T. J. Huang, eds., *Long-Distance Reflexives*. Syntax and Semantics Series. Waltham, MA: Academic Press, pp. 1 – 46.

Cole, P., Hermon, G., and Sung, L. -M. (1990). Principles and parameters of long-distance reflexives. *Linguistic Inquiry*, 21 (1), pp. 1 – 22.

Cole, P. and Sung, L. -M. (1994). Head movement and long-distance reflexives. *Linguistic Inquiry*, 25(3), pp. 355 – 406.

Cole, P. and Wang, C. (1996). Antecedents and blockers of long-distance reflexives: The case of Chinese *ziji*. *Linguistic Inquiry*, 27(3), pp. 357 – 390.

Comorovski, I. (1996). *Interrogative Phrases and the Syntax-Semantics Interface*. Dordrecht: Kluwer Academic Publishers.

Dayal, V. (1996). *Locality in Wh Quantification: Questions and Relative Clauses in Hindi*. Dordrecht: Kluwer Academic Publishers.

Faltz, L. M. (1977). Reflexivization: A study in universal syntax. Ph.D. Dissertation. University of California, Berkeley.

Faltz, L. M. (1985). *Reflexivization: A Study in Universal Syntax*. New York: Garland Publishing.

Fiengo, R., Huang, C. -T. J., Lasnik, H., and Reinhart, T. (1988). The syntax of wh-in-situ. *Proceedings of the 7th West Coast Conference on Formal Linguistics*, pp. 81 – 98.

Fox, D. (1993). Chain and binding: A modification of Reinhart and Reuland's "Reflexivity". Manuscript. Massachusetts Institute of Technology.

Grewendorf, G. (2001). Multiple wh-fronting. *Linguistic Inquiry*, 32(1), pp. 87 – 122.

Haiman, J. (1985). *Natural Syntax*. Cambridge: Cambridge

University Press.

Haiman, J. (1995). Grammatical signs of the divided self: A study of language and culture. In: W. Abraham, T. Givon, and S. A. Thompson, eds., *Discourse, Grammar and Typology: Papers in Honor of John W. M. Verhaar*. Amsterdam: John Benjamins Publishing Company, pp. 213 – 234.

Hamblin, C. L. (1973). Questions in Montague English. *Foundations of Language*, 10(1), pp. 41 – 53.

Haspelmath, M. (1997). *Indefinite Pronouns*. Oxford: Oxford University Press.

Heim, I. (1982). The semantics of definite and indefinite noun phrases. Ph.D. Dissertation. University of Massachusetts.

Hoji, H. (1986). Scope interpretation in Japanese and its theoretical implications. *Proceedings of the 5th West Coast Conference on Formal Linguistics*, pp. 87 – 101.

Hornstein, N. (1995). *Logical Form: From GB to Minimalism*. Oxford: Blackwell.

Hu, J.-H., Pan, H.-H., and Xu, L.-J (2001). Is there a finite vs. nonfinite distinction in Chinese? *Linguistics*, 39(6), pp. 1117 – 1148.

Hua, D.-F. (2000). On wh-quantification. Ph.D. Dissertation. City University of Hong Kong.

Huang, C.-T. J. (1982a). Move wh in a language without wh movement. *The Linguistic Review*, 1(4), pp. 369 – 416.

Huang, C.-T. J. (1982b). Logical relations in Chinese and the theory of grammar. Ph.D. Dissertation. Massachusetts Institute of Technology.

Huang, C.-T. J. (1983). A note on the binding theory. *Linguistic Inquiry*, 14(3), pp. 554 – 561.

Huang, C. -T. J. (1991). Modularity and Chinese A-not-A questions. In: C. Georgopoulos and R. Ishihara, eds. , *Interdisciplinary Approaches to Language: Essays in Honor of S. -Y. Kuroda*. Dordrecht: Kluwer Academic Publishers, pp. 305 – 332.

Huang, C. -T. J. (1998) [1982b]. *Logical Relations in Chinese and the Theory of Grammar*. New York: Garland Publishing.

Huang, C. -T. J. (1999). Chinese passives in comparative perspective. *Tsing Hua Journal of Chinese Studies*, 29(4), pp. 423 – 509.

Huang, C. -T. J. and Liu, C. -S. L. (2001). Logophoricity, attitudes, and *ziji* at the interface. In: P. Cole, G. Hermon, and C. -T. J. Huang, eds. , *Long-Distance Reflexives*. Syntax and Semantics Series. Waltham, MA: Academic Press, pp. 141 – 196.

Huang, C. -T. J. and Tang, C. -C. J. (1991). The local nature of long-distance reflexive in Chinese. In: J. Koster and E. Reuland, eds. , *Long Distance Anaphora*. Cambridge: Cambridge University Press, pp. 263 – 282.

Huang, Y. (1994). *The Syntax and Pragmatics of Anaphora: A Study with Special Reference to Chinese*. Cambridge: Cambridge University Press.

Huang, Y. -H. (1984). Reflexives in Chinese. *Studies in English Literature and Linguistics*, 10, pp. 161 – 195.

Iida, M. (1992). Context and binding in Japanese. Ph.D. Dissertation. Stanford University.

Janda, R. (1985). Echo-questions are evidence for what? Papers from the 21st Regional Meeting of the Chicago Linguistic Society.

Kamp, H. (1981). A theory of truth and discourse representation. In: J. Groenendijk, T. Janssen, and M. Stokhof, eds., *Formal Methods in the Study of Language*. Amsterdam: Mathematical Center, pp. 277 – 322.

Karttunen, L. (1977). Syntax and semantics of questions. *Linguistics and Philosophy*, 1(1), pp. 3 – 44.

Kayne, R. S. (1984). *Connectedness and Binary Branching*. Foris: Dordrecht.

Kiss, K. (1993). Wh-movement and specificity. *Natural Language and Linguistic Theory*, 11(1), pp. 85 – 120.

Kratzer, Angelika. (1995). Stage-level and individual-level predicates. In: G. N. Carlson and F. J. Pelletier, eds., *The Generic Book*. Chicago: University of Chicago Press, pp. 125 – 175.

Kuno, S. (1972). Pronominalization, reflexivizaiton, and direct discourse. *Linguistic Inquiry*, 3(2), pp. 161 – 195.

Kuno, S. (1987). *Functional Syntax: Anaphora, Discourse, and Empathy*. Chicago: University of Chicago Press.

Kuno, S. and Robinson, J. J. (1972). Multiple wh questions. *Linguistic Inquiry*, 3(4), pp. 463 – 487.

Lasnik, H. (1989). On the necessity of binding conditions. In: H. Lasnik, ed., *Essays on Anaphora*. Dordrecht: Kluwer Academic Publishers, pp. 149 – 167.

Lasnik, H. and Saito, M. (1984). On the nature of proper government. *Linguistic Inquiry*, 15(2), pp. 235 – 289.

Lasnik, H. and Saito, M. (1992). *Move α: Conditions on Its Application and Output*. Cambridge, MA: MIT Press.

Law, P. (2001). Focus and disjunctive questions in Chinese. Manuscript. Freie University.

Lee, T. H.-T. (1986). Studies on quantification in Chinese. Ph.D. Dissertation. University of California at Los Angeles.

Li, N.-C. (1991). Perspective-taking in Mandarin discourse. Ph.D. Dissertation. State University of New York at Buffalo.

Li, Y.-F. (1993). What makes long distance reflexives possible? *Journal of East Asian Linguistics*, 2(2), pp. 135 – 166.

Lidz, J. (1995). Morphological reflexive marking: Evidence from Kannada. *Linguistic Inquiry*, 26(4), pp. 705 – 710.

Lidz, J. (2001a). Anti-antilocality. In: P. Cole, G. Hermon, and C.-T. J. Huang, eds., *Long-Distance Reflexives*. Syntax and Semantics Series. Waltham, MA: Academic Press, pp. 227 – 254.

Lidz, J. (2001b). Condition R. *Linguistic Inquiry*, 32(1), pp. 123 – 140.

Lin, J.-W. (1992). The syntax of *zenmeyang* 'how' and *weisheme* 'why' in Mandarin Chinese. *Journal of East Asian Linguistics*, 1(3), pp. 293 – 331.

Liu, C.-S. (1999). Anaphora in Mandarin Chinese and binding at the interface. Ph.D. Dissertation. University of California, Irvine.

Liu, F.-H. (1986). On topic-traces in Chinese. *Proceedings of the 5th West Coast Conference on Formal Linguistics*, pp. 142 – 153.

Maling, J. (1984). Non-clause-bounded reflexives in modern Icelandic. *Linguistics and Philosophy*, 7(5), pp. 211 – 241.

Manzini, M. R. and Wexler, K. (1987). Parameters, binding theory, and learnability. *Linguistic Inquiry*, 18(3), pp. 413 – 444.

May, R. (1977). The grammar of quantification. Ph.D. Dissertation.

Massachusetts Institute of Technology.

May, R. (1985). *Logical Form: Its Structure and Derivation.* Cambridge, MA: MIT Press.

McCawley, J. (1994). Remarks on the syntax of Mandarin yes-no questions. *Journal of East Asian Linguistics*, 3 (2), pp. 179 – 194.

Miyagawa, S. (2001). The EPP, scrambling, and wh-in-situ. In: M. Kenstowicz, ed., *Ken Hale: A Life in Language.* Cambridge, MA: MIT Press, pp. 293 – 338.

Mohanan, K. P. (1982). Grammatical relations and anaphora in Malayalam. In: A. Marantz and T. Stowell, eds., *MIT Working Papers in Linguistics*, *Papers in Syntax*. Cambridge, MA: MIT Press, pp. 163 – 190.

Ning, C.-Y. (1993). The overt syntax of relativization and topicalization in Chinese. Ph.D. Dissertation. University of California at Irvine.

Nishigauchi, T. (1986). Quantification in syntax. Ph.D. Dissertation. University of Massachusetts, Amherst.

Nishigauchi, T. (1990). *Quantification in the Theory of Grammar.* Dordrecht: Kluwer Academic Publishers.

Pan, H.-H. (1995). Locality, self-ascription, discourse prominence, and Mandarin reflexives. Ph.D. Dissertation. The University of Texas at Austin.

Pan, H.-H. (1997). *Constraints on Reflexivization in Mandarin Chinese.* New York: Garland Publishing.

Pan, H.-H. (1998). Closeness, prominence, and binding theory. *Natural Language and Linguistic Theory*, 16 (4), pp. 771 – 815.

Pan, H.-H. (2001). Why the blocking effect? In: P. Cole, G.

Hermon, and C.-T. J. Huang, eds., *Long-Distance Reflexives*. Syntax and Semantics Series. Waltham, MA: Academic Press, pp. 279 – 316.

Pan, H.-H. and Hu, J.-H. (2001). An optimality-theoretic account of Mandarin complex reflexive '*ta-ziji*' (s/he-self). *Proceedings of the LFG01 Conference*, pp. 380 – 393.

Pan, V. J. (2019). System repairing strategy at interface: Wh-in-situ in Mandarin Chinese. In: J. Hu and H. Pan, eds., *Interfaces in Grammar*. Amsterdam: John Benjamins Publishing Company, pp. 133 – 166.

Partee, B. (1988). Many quantifiers. *Proceedings of the Eastern States Conference on Linguistics*. Columbus: Ohio State University, pp. 383 – 402.

Pesetsky, D. (1982). Paths and categories. Ph.D. Dissertation. Massachusetts Institute of Technology.

Pesetsky, D. (1987). Wh-in-situ: Movement and unselective binding. In: E. J. Reuland and A. G. B. ter Meulen, eds., *The Representation of (In)definiteness*. Cambridge, MA: MIT Press, pp. 98 – 129.

Pesetsky, D. (2000). *Phrasal Movement and Its Kin*. Cambridge, MA: MIT Press.

Pica, P. (1987). On the nature of reflexivization cycle. *Proceedings of the North East Linguistic Society*, 17(2), pp. 483 – 499.

Pollard, C. and Xue, P. (1998). Chinese reflexive *ziji*: Syntactic reflexives vs. nonsyntactic reflexives. *Journal of East Asian Linguistics*, 7(4), pp. 287 – 318.

Pollard, C. and Xue, P. (2001). Syntactic and nonsyntactic constraints on long-distance reflexives. In: P. Cole, G.

Hermon, and C. -T. J. Huang, eds. , *Long-Distance Reflexives*. Syntax and Semantics Series. Waltham, MA: Academic Press, pp. 317 – 342.

Pollock, J. -Y. (1989). Verb movement, universal grammar, and the structure of IP. *Linguistic Inquiry*, 20(3), pp. 365 – 424.

Progovaç, L. (1992). Relativized SUBJECT: Long-distance reflexives without movement. *Linguistic Inquiry*, 23 (4), pp. 671 – 680.

Progovaç, L. (1993). Long-distance reflexives: Movement-to-Infl versus relativized SUBJECT. *Linguistic Inquiry*, 24(4), pp. 755 – 772.

Reinhart, T. (1997). Quantifier scope: How labor is divided between QR and choice functions. *Linguistics and Philosophy*, 20(4), pp. 335 – 397.

Reinhart, T. (1998). Wh-in-situ in the framework of the minimalist program. *Natural Language Semantics*, 6(1), pp. 29 – 56.

Reinhart, T. and Reuland, E. (1991). Anaphors and logophors: An argument structure perspective. In: J. Koster and E. Reuland, eds. , *Long Distance Anaphora*. Cambridge: Cambridge University Press, pp. 283 – 321.

Reinhart, T. and Reuland, E. (1993). Reflexivity. *Linguistic Inquiry*, 24(4), pp. 657 – 720.

Reuland, E. (2001). Primitives of binding. *Linguistic Inquiry*, 32 (3), pp. 439 – 492.

Reuland, E. and Reinhart, T. (1995). Pronouns, anaphors and case. In: H. Haider, S. Olsen, and S. Vikner, eds. , *Studies in Comparative Germanic Syntax*. Dordrecht: Kluwer Academic Publishers, pp. 241 – 268.

Richards, N. W. (1997). What moves where when in which

language? Ph.D. Dissertation. Massachusetts Institute of Technology.

Richards, N. W. (1998). The principle of minimal compliance. *Linguistic Inquiry*, 29(4), pp. 599 – 629.

Rizzi, L. (1982). *Issues in Italian Syntax*. Dordrecht: Foris.

Rizzi, L. (1990). *Relativized Minimality*. Cambridge, MA: MIT Press.

Ross, J. R. (1967). Constraints on variables in syntax. Ph.D. Dissertation. Massachusetts Institute of Technology.

Rudin, C. (1988). On multiple questions and multiple wh fronting. *Natural Language and Linguistic Theory*, 6(4), pp. 445 – 501.

Safir, K. (1996). Semantic atoms of anaphora. *Natural Language and Linguistic Theory*, 14(3), pp. 545 – 589.

Saito, M. (1994). Additional-*wh* effects and the adjunction site theory. *Journal of East Asian Linguistics*, 3(3), pp. 195 – 240.

Sells, P. (1987). Aspects of logophoricity. *Linguistic Inquiry*, 18(3), pp. 445 – 479.

Shi, D.-X. (1994). The nature of Chinese wh-questions. *Natural Language and Linguistic Theory*, 12(2), pp. 301 – 333.

Simpson, A. (2000). *Wh-Movement and the Theory of Feature-Checking*. Philadelphia/Amsterdam: John Benjamins Publishing Company.

Szabolcsi, A. and Zwarts, F. (1993). Weak islands and an algebraic semantics for scope taking. *Natural Language Semantics*, 1(3), pp. 235 – 284.

Tang, C.-C. J. (1989). Chinese reflexives. *Natural Language and Linguistic Theory*, 7(1), pp. 93 – 121.

Tang, C.-C. J. (1994). A note on relativized SUBJECT for

reflexives in Chinese. In: B. Lust, G. Herman, and J. Kornfilt (eds.), *Syntactic Theory and First Language Acquisition: Cross-Linguistic Perspectives.* Vol. 2, *Binding, Dependencies, and Learnability.* Hillsdale, NJ: Lawrence Erlbaum, pp. 71 – 82.

Tang, G. W. -L. and Gu, Y. (1998). Subject orientation in the Chinese reflexive 'ziji'. In: Y. Gu, ed. , *Studies in Chinese Linguistics.* Hong Kong: Linguistic Society of Hong Kong, pp. 195 – 216.

Tang, S. -W. (2001). A complementation approach to Chinese passives and its consequences. *Linguistics,* 39 (2), pp. 257 – 295.

Thráinsson, H. (1991). Long-distance reflexives and the typology of NPs. In: J. Koster and E. Reuland, eds. , *Long Distance Anaphora.* Cambridge: Cambridge University Press, pp. 49 – 76.

Tsai, W. -T. D. (1994a). On nominal islands and LF extraction in Chinese. *Natural Language and Linguistic Theory,* 12 (1), pp. 121 – 175.

Tsai, W. -T. D. (1994b). On economizing the theory of A-bar dependencies. Ph.D. Dissertation. Massachusetts Institute of Technology.

Tsai, W. -T. D. (1999a). *On Economizing the Theory of A-bar Dependencies.* New York & London: Garland Publishing.

Tsai, W. -T. D. (1999b). On lexical courtesy. *Journal of East Asian Linguistics,* 8(1), pp. 39 – 73.

Tsai, W. -T. D. (1999c). The hows of *why* and the whys of *how*. Paper presented at the 8th Annual Conference of International Association of Chinese Linguistics.

Wang, J. -L. and Stillings, J. T. (1984). Chinese reflexives. In: X. Y. Li et al., eds., *Proceedings of the First Harbin Conference on Generative Grammar*. Heilongjiang University, pp. 100 – 109.

Watanabe, A. (1992). Subjacency and s-structure movement of wh-in-situ. *Journal of East Asian Linguistics*, 1 (3), pp. 255 – 291.

Watanabe, A. (2001). *Wh*-in-situ languages. In: M. Baltin and C. Collins, eds., *The Handbook of Contemporary Syntactic Theory*. Oxford: Blackwell, pp. 203 – 225.

Xu, L. -J. (1990). Remarks on LF movement in Chinese questions. *Linguistics*, 28(2), pp. 355 – 382.

Xu, L. -J. (1993). The long-distance binding of *ziji*. *Journal of Chinese Linguistics*, 21(1), pp. 123 – 142.

Xu, L. -J. (1994). The antecedent of *ziji*. *Journal of Chinese Linguistics*, 22(1), pp. 115 – 137.

Xu, L. -J. (1995). Definiteness effects on Chinese word order. *Cahiers de Linguistique - Asie Orientale*, 24(1), pp. 29 – 48.

Xu, L. -J. and Lee, T. H. -T. (1989). Scope ambiguity and disambiguity in Chinese. *Papers from the 25th Chicago Linguistic Society Meeting: Part One, General Session*, pp. 451 – 466.

Xue, P., Pollard, C., and Sag, I. (1994). A new perspective on Chinese *ziji*. *Proceedings of the 13th West Coast Conference on Formal Linguistics*, pp. 432 – 447.

Yang, D. W. (1983). The extended binding theory of anaphors. *Language Research*, 19(2), pp. 169 – 192.

Yu, W. X. -F. (1991). Logophoricity in Chinese. Paper presented at the 3rd North American Conference on Chinese Linguistics,

Cornell University, Ithaca, NY.

Yu, W. X. -F. (2000). *Chinese Reflexives*. Leuven: Peeters.

Zhang, Z. -S. (1997). Focus, presupposition and the formation of A-not-A questions in Chinese. *Journal of Chinese Linguistics*, 25(2), pp. 227 – 257.

Zribi-Hertz, A. (1989). Anaphor binding and narrative point of view: English reflexive pronouns in sentence and discourse. *Language*, 65(4), pp. 695 – 727.

Zubin, D. A., Chun, S. A., and Li, N. -C. (1990). Misbehaving reflexives in Korean and Mandarin. In: K. Hall and J. -P. Koenig, eds., *Proceedings of the 16th Annual Meeting of the Berkeley Linguistics Society*. Berkeley, CA: Berkeley Linguistics Society, pp. 338 – 352.

作 者 索 引^①

语　言　索　引

术 语 索 引^①

---

^①　在原书基础上有所精简。

图书在版编目（CIP）数据

语法中的显著性与局部性：Wh疑问句与反身代词
的句法和语义 / 胡建华著；杨萌萌译. — 上海：上海
教育出版社，2024.11. —（国际语言学前沿丛书）.
ISBN 978-7-5720-3098-7

Ⅰ. H314.3；H313
中国国家版本馆CIP数据核字第2024XS3148号

上海市版权局著作权合同登记号 图字0920240587号
Prominence and Locality in Grammar: The Syntax and Semantics of Wh-Questions and Reflexives,
1st edition
By Jianhua Hu / 9780367220914

责任编辑　廖宏艳
封面设计　周　吉

国际语言学前沿丛书
胡建华　主编
语法中的显著性与局部性：Wh疑问句与反身代词的句法和语义
胡建华　著　　杨萌萌　译

出版发行　上海教育出版社有限公司
官　　网　www.seph.com.cn
地　　址　上海市闵行区号景路159弄C座
邮　　编　201101
印　　刷　上海展强印刷有限公司
开　　本　640×965　1/16　印张 18.75　插页 5
字　　数　244 千字
版　　次　2024年11月第1版
印　　次　2024年11月第1次印刷
书　　号　ISBN 978-7-5720-3098-7/H·0091
定　　价　90.00 元

如发现质量问题，读者可向本社调换　电话：021-64373213